HOW TO

컨벤션 기획론

김 수 현 著

백산출판사

머리말

10년 전, 첫 번째 책을 출간했을 때 설렘과 두려움··· 그 감정이 지금 나를 설레게 한다. 그동안 16권이나 책을 간행하였지만 이번 책은 나에게 각별한 느낌이다.

컨벤션 전문가 육성이 미래 한국의 국력이란 확고한 신념하에 첫 글을 쓰던 때가 생각난다.

오랜 시간이 지나면서 초심의 각오는 퇴색되지 않았는지 자성하는 마음으로 이번 책을 세상에 내놓는다. 다만 기획이란 제호가 너무 광범위하여 본서에 모두 담을 수 없는 아쉬움이 마음을 무겁게 한다. 그러나 다음을 기약한다는 위로를 하며 최선을 다하였음을 밝힌다.

어느 날 연구소에 출근하던 나의 눈에 꽃병이 보였다.

그동안 한 번도 본 적 없는 꽃병이기에 반가운 마음으로 누가 가져왔는지 궁금하여 동료 연구원에게 물어보았다.

나는 그의 답을 듣고 황당함과 미안함을 금치 못했다.

일주일 동안 그 자리에 있었다는 것이다.

기획이란 이런 것 같다. 관심을 갖고 자세히 보는 것이며, 비로소 생명을 탄생시키는 것이다. 항상 그곳에 있었던 꽃병도 내가 봐주지 않으면 나에게는 무형지물이다. 내가 관심을 갖는 순간 그것은 가치를 인정받고 비로소 세상에 드러난다. 세상에는 모든 것이 존재한다. 기획자는 그 존재들을 재탄생시키는 산파와 같다고 하겠다.

나는 본서에서 기획자의 사고나 올바른 가치에 대해서는 말할 수 없었다. 지면의 부족과 철학적 접근으로 이어짐으로 인한 다른 논란의 우려 때문이다. 하지만 기획은 기술이 아니란 사실을 간과해서는 안된다. 기획은 기획자의 철학과 과학적 근거 그리고 객관적 개념의 정립이다. 다시 말하여 자신의 가치를 과학적 근거와 사회적 가치에 두고 대상을 재탄생시키는 작업이라 하겠다.

컨벤션산업은 나날이 발전되고 있지만 진정한 컨벤션 전문가로 거듭나기 위해서는 그만큼 시간과 열정, 인내 그리고 자기와의 싸움에서 이겨야 된다고 생각한다. 결국 현장의 행사코디네이터부터 시작하여 행사 기획, 행사 유치라는 전문성과 특수성을 함께 쌓아가야 하기 때문이다.

이러한 노력에도 불구하고 현실적으로 봤을 때 직업으로서의 대우와 작업환경은 여전히 좋다고 말할 수 없다. 그렇지만 컨벤션 기획 전문가로서 현장을 지키고자 하는 것은 하나의 국제행사가 끝나고 난 뒤에 해냈다는 자기만의 희열 때문이라 할 수 있다. 그것은 무형에서 유형을 기획하고 실행하여 성공시키는 크리에이터의 한 사람으로서의 자기만족이라 할 수 있다.

따라서 본서는 컨벤션 기획 전문가 육성에 목적을 두어, 실질적인 기획에 대한 지식에 보다 쉽게 접근하여 하나하나 기획력을 섭렵할 수 있게 체계화하는데 중점을 두었다.

제1장에서는 컨벤션 기획 전문가로 거듭나기 위해 갖추어야 할 소양에서 의의와 역할을, 제2장에서는 컨벤션 기획을 위한 기본회의에서 발상법, 정보수집, 콘셉트 잡기 내용을 정리하였으며 제3장에서는 실질적인 컨벤션 기획서 작성법에 대해, 제4장에서는 기획 실무에 대해 목차부터 예산까지 주요 항목별로 예를 들어 그 작성법을 상세히 기술하였다. 제5장에서는 사례를 넣어 직접 현장에서 본 기획서를 기본으로 작성할 수 있도록 하여 컨벤션 기획사 국가자격시험을 준비하는 지원자들뿐만 아니라 컨벤션학과, 관광경영학, 호텔경영학, 관광통역학과, 비서학과, 국제 관련학과 등에서 교재로 활용할 수 있도록 저술하였다.

아울러 기관, 단체, 협회, 회사 등 실무 현장에서 기획을 따라할 수 있도록 보다 쉽게 기술하였다.

부디 이 한 권의 책이 컨벤션에 많은 관심을 갖고 있는 독자 여러분에게 도움이 되어, 새로운 기회에 자신 있게 도전할 수 있는 활력소가 되기를 바란다.

끝으로 작은 지식을 세상에 태어나게 도와주신 백산출판사 사장님과 직원 여러분께 감사한다. 또한 늘 격려와 사랑을 아낌없이 주시는 한성자 어머니와 제주도 가족들에게 깊은 감사를 드린다.

위기는 위대한 기회다!
준비하고 도전하는 者만이 성공의 기회를 잡을 수 있다!

차례

1장 컨벤션 기획사의 의의 및 역할

Ⅰ. 컨벤션 기획사의 의의 ········ 10
Ⅱ. 컨벤션 기획사의 역할 ········ 12
Ⅲ. 컨벤션 기획사의 소양 ········ 13
Ⅳ. 컨벤션 기획사의 종류 ········ 15
Ⅴ. 컨벤션 기획사 관련 국제협회 ········ 20

2장 컨벤션 기획 기본

Ⅰ. 컨벤션 기획의 의의 및 중요성 ········ 28
Ⅱ. 기획회의 운영법 ········ 31
Ⅲ. 기획을 위한 발상법 ········ 33
Ⅳ. 정보수집법 ········ 36
Ⅴ. 콘셉트 잡기 ········ 38

3장 컨벤션 기획서 작성법

Ⅰ. 기획의 방향과 기본 구상 ········ 42
Ⅱ. 기획서의 주요구성 ········ 47
Ⅲ. 기획서 작성 시 반드시 지켜야 할 3가지 포인트 ········ 54

Ⅳ. 기본계획 수립 ······ 57
Ⅴ. 실행계획서 작성 ······ 58

4장 실전 컨벤션 기획서 작성법

Ⅰ. 국제회의 기획 시 주요 체크항목 ······ 66
Ⅱ. 국제회의 주요 항목별 기획서 작성법 ······ 91
Ⅲ. 전시회 기획 시 주요 체크항목 ······ 139
Ⅳ. 주요 홍보전략 및 계획수립법 ······ 162
Ⅴ. 예산편성법 ······ 169

5장 컨벤션 기획 사례

Ⅰ. 자동차환경포럼 ······ 184
Ⅱ. 아시아영상기술세미나 ······ 220
Ⅲ. 서울·중국 산업 EXPO ······ 251
Ⅳ. 부산국제교육산업전 ······ 279
Ⅴ. 2004년 동계 안전캠프 ······ 305

■ **참고문헌 | 326**

■ **부록(CD 삽입)**

• 본문 5장 자료 제공

1. Meeting Planner Guide
2. 연도별 국제회의 캘린더 2010~2019 : International MICE in KOREA (2010~2019)

제1장

컨벤션 기획사의 의의 및 역할

Ⅰ 컨벤션 기획사의 의의

Ⅱ 컨벤션 기획사의 역할

Ⅲ 컨벤션 기획사의 소양

Ⅳ 컨벤션 기획사의 종류

Ⅴ 컨벤션 기획사 관련 국제협회

Ⅰ. 컨벤션 기획사의 의의

컨벤션 기획사는 대규모 컨벤션에서는 '총괄 기획사'라 부르며, 일반적으로 컨벤션 기획가는 국제회의 유치 · 기획 · 준비 · 진행 등 제반업무를 조정 · 운영하면서 회의목표의 설정, 예산 관리, 등록기획, 계약, 협상, 현장관리, 회의 평가 등의 직무를 수행하는 자로 정의 내리고 있다.

한국산업인력공단에서 매년 개최하고 있는 자격증 시험에서도 국제회의 기획사의 업무를 상위의 개념을 그대로 활용하여 전문 인력을 배출하고 있다.

그러나 현실적으로 컨벤션 기획사의 활동영역이 상당히 한정되어 있고 좁으며 그 임무를 수행하는 데 많은 어려움이 있다. 외국 컨벤션 기획사에 비해 실행권한, 예산집행 등에 있어서 전면적으로 위임받는 경우는 적다. 단지 실행의 일부분을 위임받던가, 컨설턴트(Consultant)로 주최 측에 아이디어만 제공하는 경우 등이 있다.

이와 같이 컨벤션 기획사의 입지가 불투명한 것은 한국 컨벤션의 짧은 역사와 주최 측의 컨벤션에 대한 이해 부족 및 국제회의 유치 · 기획 · 준비 · 진행 등 제반업무를 조정 · 운영하면서 회의목표 설정, 예산 관리, 등록기획, 계약, 협상, 현장관리, 회의 평가 등의 직무를 수행하는 진정한 전문가의 부족 등을 들 수 있다.

그러나 컨벤션산업 시장의 확대와 질적인 향상, 그리고 개최 후의 직 · 간접적인 파급효과를 볼 때 컨벤션산업에 대한 올바른 인식 확대와 더불어 전문 기획사 육성에 대한 관련 기관, 협회, 단체 등에서의 지원 및 여러 개선책이 필요하다.

⋙ 직무별 컨벤션 전문가 분류

컨벤션 전문가는 직무별로 컨벤션 운영 전문가(Coordinator), 컨벤션 기획 전문가(Planner), 컨벤션 유치 전문가(Convention & Marketer)로 분류할 수 있다.

구분	내용
컨벤션 운영 전문가 (Convention Coordinator)	현장 운영 및 관리 전문인 · 연사, VIP, 참가자, 행사(본회의, 사교행사, 관광) 행사장 등 · 필요 직능 - 행사 운영 실무 능력 - 외국어 능력(영어, 일어, 중국어 등) - PC 활용능력(MS office)
컨벤션 기획 전문가 (Convention Planner)	연사 및 참가자 유치·관리, 행사 프로그램 운영 준비 및 관리 기획 전문가 · 필요 직능 - 마케팅 및 기획 능력 - 외국어 능력(영어, 일어, 중국어 등) - PT 능력
컨벤션 유치 전문가 (Convention Marketer)	국내외 행사 유치, 국내외 기관·업체·협회·참가자 유치 전문가 · 필요 직능 - 유치 마케팅 및 기획 능력 - 외국어 PT 능력 - 협상 능력

국제회의산업 육성에 관한 법률[2009. 06. 09 법률 제9770호]에 의한 국제회의 및 관련 정의

구 분	정 의 내 용
국제회의	상당수의 외국인이 참가하는 회의(세미나 · 토론회 · 전시회 등을 포함한다)로서 대통령령으로 정하는 종류와 규모에 해당하는 것
국제회의산업	국제회의의 유치와 개최에 필요한 국제회의시설, 서비스 등과 관련된 산업
국제회의시설	국제회의의 개최에 필요한 회의시설, 전시시설 및 이와 관련된 부대시설 등으로서 대통령령으로 정하는 종류와 규모에 해당하는 것
국제회의도시	국제회의산업의 육성 · 진흥을 위하여 제14조에 따라 지정된 특별시 · 광역시 또는 시를 말한다.
국제회의 전담조직	국제회의산업의 진흥을 위하여 각종 사업을 수행하는 조직
국제회의산업 육성기반	국제회의시설, 국제회의 전문인력, 전자국제회의체제, 국제회의 정보 등 국제회의의 유치 · 개최를 지원하고 촉진하는 시설, 인력, 체제, 정보 등을 말한다.

Ⅱ. 컨벤션 기획사의 역할

컨벤션 기획사는 컨벤션의 규모와 개최 내용 및 형식에 따라 기획의 범위와 더불어 그 역할이 달라진다. 대규모 컨벤션의 경우는 기본 개념, 기본 구상, 기본 기획 등의 안을 작성하여 주최 측과의 합의에 의해 행사의 내용과 형식이 결정된다. 그러나 일반적인 규모의 컨벤션 개최 및 진행에서는 기본구상부터 얼마만큼 효과적으로 실행할 것인가를 전제로 하여 실행을 위한 계획안을 수립한다.

컨벤션 기획사는 컨벤션의 목적, 목표, 테마의 설정, 참석 대상자의 범위와 유치를 위한 권유 및 홍보 고지, 장소, 일시, 행사의 내용 및 연출, 후원, 협찬사의 결정, 행사장 내의 기초공사, 기초 부스, 조형시공 · 설치, 행사장 운영 관리, 전시물의 보관, 반입 · 반출, 예산 집행, 평가 등에 대한 책임이 따른다.

따라서 컨벤션 기획사는 주로 다음과 같은 역할을 수행한다.

① 컨벤션에 대한 기획입안 업무
② 관련 기관, 단체, 협회, 개최지 주민과 접촉
③ 참가자(출전자) 유치 · 동원을 위한 제 작업
④ 실행운영을 위한 제 작업
  • 컨벤션 관련 업체의 선정
  • 업무별 진행 요원 선정
  • 주최자에 대한 컨설팅
⑤ 예산의 관리와 체크
⑥ 전체의 관리 운영과 체크
⑦ 평가를 위한 제 작업과 보고 등

위와 같이 컨벤션 기획사는 기본구상, 기본기획, 실행계획 단계에서 컨벤션의 개념, 테마, 기본 방침, 전체의 구성, 행사기간, 사업비 등에 관한 기본기획 및 컨벤션 준비, 설치, 운영 관리 등의 실행에 따른 계획을 수립해야 한다.

따라서 컨벤션 기획사의 채용과 기획사의 조직을 만드는 경우에는 전문 컨벤션 기획사로서의 권한과 임무를 명확히 해 자신의 의견과 생각을 컨벤션 개최·실행에 충분히 반영할 수 있도록 입지를 확립하는 것이 매우 중요하다.

Ⅲ. 컨벤션 기획사의 소양

뛰어난 컨벤션 전문가가 되기 위해서는 기획단계에서 실행단계에 이르기까지 컨벤션산업 특성에 의해 무에서 유를 창조하는 종합예술가로서의 전문성과 자기만의 개성과 열정, 인내력이 있어야 한다.

첫째, 독특한 아이디어·아이템 등을 개발하는 능력, 독창적인 발상력이 있어야 한다. 시대변화와 트렌드를 읽어 내는 신선한 아이디어, 아이템 등을 돌출시킬 수 있는 능력 즉, 기존개념에 사로잡히지 않고 자기 나름대로 수단, 방법을 발견하는 능력인 창의력과 발상력이 갖추어져 있어야 한다.

둘째, 뚜렷한 목표 및 전략하에 기획을 입안하고 실행까지 철저한 전략적 사고하에서 작업할 수 있는 능력이 있어야 한다. 즉 아이디어가 아이디어로 끝나는 구상단계에서 실행단계로 구체화할 수 있는 계획력이 필요하다.

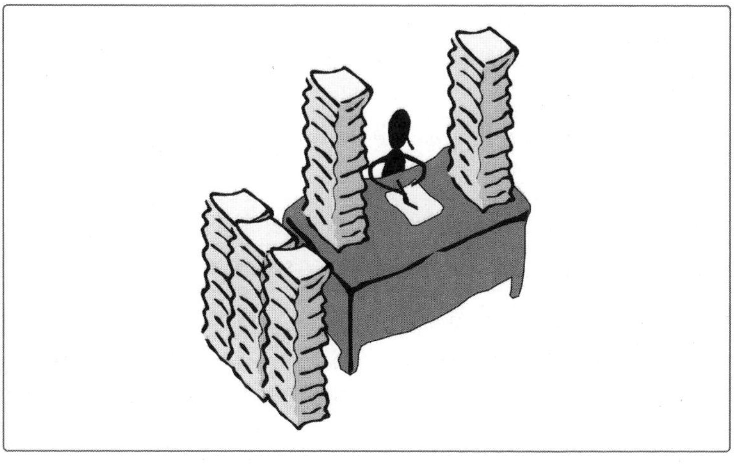

셋째, 제3자의 이해와 공감을 얻을 수 있는 설득력이 필요하다. 훌륭한 기획력이 있고 발상이 풍부하고 구상이 탁월해도 '기획서'라고 하는 형태의 정리된 구성력이 없으면 제3자의 이해를 얻을 수가 없다. 즉, 기획서는 여러 가지 풍부한 발상과 독창성이 있어서 그 기획서를 읽는 사람의 이해를 얻어야 하고 또한 감동시킬 수 있는 것이 없으면 안된다.

무엇인가 감동을 주지 않거나 독창성이 없는 것은 기획서라고 부를 수 없으며 훌륭한 기획서는 그 내용에 독창성, 차별성, 합리성을 갖춘 구성의 훌륭한 표현력과 설득력을 가지고 있지 않으면 안된다.

넷째, 실행단계에서 사업성과를 증명하는 힘으로써 일의 추진 도중에 오는 실현 불가능한 현실, 내/외부의 의견 불일치 및 변경 요구에 동요됨이 없이 강력하게 업무를 추진할 수 있는 실행력과 열정이 있어야 한다.

〈표 1-1〉 컨벤션 기획사의 소양 항목

구 분	내 용
계획성	뚜렷한 목표 및 전략하에서 기획을 입안하고 제작, 진행, 실행까지 철저한 전략적 사고하에서 작업할 수 있는 능력이 있어야 한다.
실행력	일의 추진 도중에 오는 실현 불가능한 현실, 내/외부의 의견 불일치 및 변경 요구에 동요됨이 없이 강력하게 업무를 추진해야 한다.
결단력	출연진의 약속 불이행, 기후관계 등의 예기치 못한 일이 발생할 경우 차선의 대책을 즉각 실행에 옮겨야 한다.
인간관계	광고주, 내부전문가, 외부관계자 등의 많은 사람을 설득하고 커뮤니케이션을 원활히 하기 위해서는 인간관계가 좋아야 한다.
조직력 및 리더십	적재적소에 유능한 인재를 배치하여 조화시키고, 지휘 감독이 일사불란하게 되어야 한다.
낙천성	행사 진행 및 실행 시 부딪히는 많은 난제들을 긍정적인 면에서 처리해야 한다.
창의력	독특한 테마의 개발 능력, 독창적인 연출감각이 있어야 한다.
수익감각	예산 수립, 배분과 그에 따른 수익률에 대한 안목도 있어야 한다.
연출력 감동성	다른 사람을 감동시키기 위해서는 자기 자신이 감동을 해야 한다.
마케팅력	기획과 컨벤션산업의 특성에 의해 고객과 시장 개념에 대한 인지 마인드가 없이는 기획에서부터 실행단계에 이르기까지 고객 만족과 사업에 대한 직·간접적인 효과와 성과를 내는 데 있어 차별성과 전문성이 결여된다.

기획력	기획안을 작성하기 위해서는 우선적으로 필요한 정보를 빠짐없이 수집하고 그 본질을 파악하는 정보수집력에 의해 시대변화와 트렌드를 읽어야 한다. 또한 얼마만큼 목적하는 프로젝트에 맞게 평가, 분석하여 논리적이고 현실감 있게 접근하느냐가 1차적인 관건이 된다. 이렇게 분석된 자료는 미래 시장에 대한 예측력을 갖고 어떤 전략과 전술로 차별화된 기획을 해 나갈 것인가에 대한 판단에 의해 기획안을 작성한다. 이때 기획안은 '기획서'라고 하는 형태에 정리된 정보가공력이 있어야 하며, 제3자의 이해를 얻을 수 있는 설득력도 갖추어져 있어야 한다.

Ⅳ. 컨벤션 기획사의 종류

컨벤션 기획사는 기업만을 위해 일하는 기업회의 기획가와 협회, 조합 및 각종 단체와 같은 조직에서 일하는 협회회의 기획가, 그리고 협회 및 기업 등과 계약을 통해 용역을 제공하는 독립회의 기획가 등으로 분류된다. 이외에도 행사 전문 기획사와 여행사에서도 회의, 컨벤션, 박람회 등의 기획에 많은 관심을 기울이고 있으며 적극적인 활동을 전개해 나가고 있다.

〈표 1-2〉 회의 기획가의 유형

회의기획가		
	협회회의 기획가	모든 협회회의 기획(지역, 국가, 국제회의)
	기업회의 기획가	사업체, 기업회의 기획
	독립회의 기획가	기업과 계약, 기업회의 기획가와 협회회의 기획가와 연계
	정부회의 기획가	정부만의 회의기획
	여행사	비즈니스 및 관광
	PCO	회의행사 대행

출처 : 안경모 & 이광우, 국제회의 기획경영론(1999), p. 27.

① 협회회의 기획가(Association Meeting Planners)

협회회의 기획가는 협회회의를 기획하는 것을 목적으로 한다. 협회에 소속되어 연차적으로 각종 소규모 회의를 기획·실행하며, 회원에 대한 회의 관련 서비스를 제공한다. 협회에 있어 회의는 주요 수입원이므로 많은 참가자들을 회의에 참석시키기 위한 프로모션 활동은 협회회의 기획가의 중요한 역할 중의 하나이다.

협회회의 참가자들은 자발적으로 회의에 참여하며, 비용도 자비로 부담하기 때문에 회의 개최 장소에 따라 참석 비율이 달라진다. 따라서 협회회의 기획가는 잠재 참여자의 욕구를 파악하여, 참석 회원의 욕구에 부합하는 회의 장소 및 회의 공간을 선정해야 하며 행사 프로그램에 있어서도 회의 이외에 사교행사, 관광 등을 결합시켜 회의를 기획해야 한다.

② 기업회의 기획가(Corporate Meeting Planners)

최근 기업회의 기획가는 인기 직종의 하나로 떠오르고 있다. 기업회의 기획가는 기업이 주최하는 회의와 관련된 모든 행사를 주관하여 회의기획에서 실행, 평가까지 책임을 지고 업무를 수행한다.

대기업에서는 회의를 담당하는 부서가 있거나 회의 기획가를 자체적으로 고용한다. 기업회의 기획가들은 경영회의, 교육훈련 회의, 판매촉진 회의, 보상여행, 세미나 같은 다양한 형태의 회의를 주관한다.

반면 기업회의는 특성상 해마다 반복적이고 동일한 참가자들이 참가하므로, 단순한 경영상의 필요사항만 전달하는 무미건조한 회의보다는 참가자들의 욕구를 파악하여 신선하고 유쾌한 회의가 될 수 있도록 기획하는 데 능숙해야 한다.

③ 독립회의 기획가(Independent Meeting Planners)

독립회의 기획가는 회의와 컨벤션의 전문지식을 갖춘 사업자이다. 조직 내에 회의부서를 별도로 두지 못하거나, 정식직원의 회의 기획가를 고용하지 않은 협회 혹은 기업은 독립회의 기획가와 계약을 하게 된다. 이 경우 기업 측에서 볼 때는 비용을 절감할 수 있어 경제적이라 할 수 있다.

독립회의 기획가들은 회의에 대한 책임만을 가지며, 기업 정식직원인 기업회의 기획가 또는 협회회의 기획가와 연계하여 업무를 수행한다. 이 경우, 독립회의 기획가는 프로젝트에 자신의 전문지식을 제공하는 지원적 역할을 한다.

이러한 독립회의 기획가들은 회의분야에서 회의 기획가들 간의 교육과 커뮤니케이션의 활성화를 꾀하기 위해 독립회의 기획가협회(AIMP : Association of Independent Meeting Planners)를 설립하였다.

④ 정부회의 기획가(Government Meeting Planners)

정부회의 기획가는 정부만을 위한 일을 기획한다. 이들은 기업회의 기획가의 업무와 비슷하며, 정부 부처의 모든 부분과 직위와 관련되어 있다.

정부회의 기획가는 예산에 대한 제약이 공무원에게 있으므로 한정된 예산 운영에 맞게 기획하는 능력이 있어야 한다.

⑤ 여행사(Travel Agency)

회의산업에 있어 여행사는 회의기획가의 새로운 주자로 부각되고 있다.

과거 여행사는 회의 개최, 운영에 있어 회의 기획가에게 개최지 선정, 교통, 숙박 등에 관한 정보를 제공・지원하기만 하였으나, 최근에 One Stop Shopping법을 도입하여 사내직원을 교육시켜 회의기획가로 만들어 직접 주최조직으로 활동을 전개해 나가고 있다.

최근 여행사들은 회의 참가자 중 비즈니스와 함께 오락을 즐기고 싶어 하는 참가자와 가족들을 위한 관광과 여가활동의 제공에 있어 회의 관련 여행 패키지 상품을 만들어 독자적인 회의 기획・운영을 하거나 회의기획가와 공동으로 작업하여 회의 기획사로서의 변모를 꾀하고 있다.

⑥ PCO(Professional Congress Organizer)

PCO는 국제회의와 관련된 다양한 업무를 행사 주최 측으로부터 위임받아, 부분적 또는 전체적으로 대행하는 전문기업 혹은 개인들을 가리킨다.

이러한 PCO들이 제공하는 서비스는 다음과 같다.

PCO는 성공적인 국제회의 개최를 위하여 국제회의 개최 준비・운영・관리에서 발생되는 모든 업무를 장기간에 걸쳐 지원하는 업무를 담당하며 주최자와 참가자의 니즈에 맞게 회의 개최조건을 고려하여 회의 취지를 최대한 구체화시키는 코디네이터로서의 역할을 한다. 따라서 PCO는 종합적인 코디네이터로서 매니지먼트 기능과 탁월한 제작기능을 종합적으로 갖고 있어야 한다.

〈표 1-3〉 PCO의 부문별 세부 업무

구 분	주 요 활 동
기 획	· 기본 및 세부 추진계획서 작성 · 회의장 및 숙박장소 선정 · 예산서 작성 · 행사 준비 일정표 작성 · 행사 안내 전문요원 모집 및 선정 · 행사 결과 보고서 작성
회의준비	· 각종 회의장 확보 · 회의장 배치도면 작성 · 회의 진행시간표 작성 · 연설문/발표문 등 원고 접수 및 편집 · 회의록 작성 · 프로그램 기획 및 제작 · 전문인력 확보 및 교육 · 각종 기자재 수급 · 회의용 물품에 관한 면세 통관
등 록	· 등록절차 계획 수립 · 등록 시 소모물품 목록 작성 · 참가등록신청서 기획 및 발송 · 참가등록서 전산 입력 및 자료 관리 · 현장등록장소 선정 및 배치도 작성 · 등록안내요원 선정 및 교육 · 참가등록자 명단작성 및 명찰 발급 · 현장 등록대 설치 및 운영 : 전산처리
숙 박	· 객실 확보 계획 수립 · 호텔과의 객실사용에 관한 계약 · 회의 참가자에게 숙박에 관한 예약양식 작성 및 발송 · 숙박 예약 및 예약금 접수 · 숙박지별 자료 처리(호텔명, 객실 타입별) · 각 호텔에 예약 명부 및 예약금 전달 · 객실배정계획 수립 · 예약 후 사용하지 않은 객실에 대한 처리 계획 · 전체 숙박명부 작성 및 현장 배포

수송/관광	· 수송 및 관광 종합계획 수립 · 입/출국 버스 운영계획 수립 · 셔틀버스 운행계획 수립 · 관광지 선정 및 답사 · 관광 프로그램(동반자 프로그램 포함) 개발 및 신청서 제작 · 공식 지정 여행사 선정 · 참가 예정자에게 관광신청서 발송 및 접수 · 관광 안내 데스크 운영 · 관광차량 수배 및 계약
의 전	· 출입국 절차 계획 · VIP 공항 귀빈실 이용에 따른 제반 절차 수립 · 공항 영접대 설치 · 미수교국 참가자 입국절차 및 경호 계획 · 참가자 출국 확인
홍보/출판	· 홍보계획 수립 · 행사 안내서 기획, 디자인 및 제작 · 참가자들의 편의 제공을 위한 안내책자 제작/배포 · 보도자료 및 기자회견 준비 · 프레스센터 운영 · 현장 전속 사진기자 수배 및 추천 · 가두 설치물 제작 · 뉴스레터 제작/배포
사교행사	· 각 행사별 시나리오 작성 · 초청인사 선별, 초청장 제작/발송 · 초청인사 참가 여부 확인 · 행사장 도면 작성 · 행사 진행프로그램 작성 · 행사별 요원선정 및 교육 · 사회자 수배 및 연설문 작성 · 행사장 설비 및 장비 점검
재 정	· 전체 예산에 따른 세부 실행계획 수립 · 자금 확보 및 지원계획(스폰서 모집) · 회계장부 관리 및 지원계획 · 조달계약 및 출납관리 · 대회 결산보고서 작성

출처 : 한국관광공사, 1994 한국국제회의 산업현황(1994), pp. 15-17.

Ⅴ. 컨벤션 기획사 관련 국제협회

컨벤션과 기획 전문가 관련 국제 주요 협회는 다음과 같이 연합되어 활동하고 있다.

1) 국제컨벤션뷰로협회(IACVB)

① 명칭 : 국제컨벤션뷰로협회
(International Association of Convention and Visitor's Bureaus)

② 성격 : 미국의 주요도시 컨벤션 뷰로의 협회로 시작되어 미국을 중심으로 하는 국제적 국제회의 협력기구

③ 설립연도 : 1914년

④ 본부 : 미국 일리노이주

⑤ 설립 목적

- 지속적인 교육으로 국제회의산업계의 전문성 제고
- 국제회의산업에 관련된 조직적인 정보교환수단
- 미국뿐만 아니라 국제적으로 국제회의산업에 종합적인 영향력 행사

⑥ 주요 활동

- 국제회의 도시에 대한 설명회 개최
- 국제회의 주최자와 국제회의산업과의 중개역할
- 각종 모임의 운영관리
- 정부와 업계 간의 중개역할
- 다른 국제회의기구와의 유대관계 유지

2) 아시아컨벤션협회(AACVB)

① 명칭 : 아시아컨벤션협회
(Asian Association of Convention and Visitor's Bureau)

② 성격 : 아시아지역 국제회의 전문기관 및 관련업체의 협력체제 구축을 위한

지역협력기구

③ 설립연도 : 1983년 2월 5일

④ 본부 : 필리핀 마닐라

⑤ 설립 목적

- 아시아 국제회의 잠재력 개발 및 아시아를 이상적인 국제회의 목적지로 발전시킴으로써 지역 협력체제 구축. 회원국가가 교대로 개최함으로써 지역 내 컨벤션산업을 발전시킴
- 회원국의 국제회의 개최능력을 향상시키기 위하여 국가 또는 도시의 국제회의 관련기구 지원
- 각종 국제회의를 유치, 개최함에 있어 전문적인 관행을 개발, 진흥함으로써 컨벤션산업 전문화에 기여
- 설립 목적을 달성하기 위한 교육 프로그램 개발

⑥ 주요 활동

- 정보 교환
- 마케팅 협력 프로그램
- 합동국제회의(Joint Convention)
- 교육 프로그램
- 정보은행(Data Bank) 운영

⑦ AACVB 회원국 현황

〈표 1-4〉 AACVB 회원국 현황

Members

China
China National Tourist Office (CNTO)
Tel: +8610-65201816/ +136 5135 9301
Fax: +8610-65122851
Website: http://en.cnta.gov.cn

Hong Kong
Meetings & Exhibitions Hong Kong (MEHK)
Address: Meetings & Exhibitions Hong Kong, 9-11/F Citicorp Centre, 18 Whitfield Road, North Point, Hong Kong
Contact person: Ms. Connie Wong, Senior Executive of Conventions
Tel: (Direct) +852 2807 6379; (Main) +852 2807 6543
Fax: (Direct) +852 2503 6379; (Main) +852 2807 6589
Website: http://www.mehongkong.com

Korea
Korea Tourism Organization (KTO)
Address: KTO Bld., 40 Cheonggyecheonno, Jung-gu, Seoul 100-180, Korea
Contact person: Mr. Kim Kuensoo (Kenny), Director of MICE Support Team
Tel: +82 2 729 9561
Fax: +82 2 778 2326
Website: http://www.visitkorea.or.kr

Macau
Macau Government Tourist Office (MGTO)
Address: Macau Business Tourism Centre, Largo do Senado, No 9, Edf. Ritz., Macau
Contact person: Engo. João Manuel Costa Antunes, Director c/o AACVB Secretariat Office
Tel: +853 8396 3098 / +853 8396 3015
Fax: +853 28703213
Website: http://www.macautourism.gov.mo

Malaysia
Malaysia Convention & Exhibition Bureau (MYCEB)
Address: Ministry of Tourism, Malaysia, 19th Floor, Menara DatoÓnn, Putra World Trade Centre (PWTC), 45, Jalan Tun Ismail, 50480 Kuala Lumpur, Malaysia
Contact person: Mr. Zulkefli Shariff, Managing Director, MyCEB
Tel: +603 2615 8188
Fax: +603-4042 5135
Website: http://www.tourismmalaysia.gov.my

Philippines
Philippine Convention and Visitors Corporation (PCVC)
Address: 4F Legaspi Towers 300, Roxas Boulevard, Metro Manila, Philippines 1004, P.O. Box Ea-459
Contact person: Mr. Daniel L. Corpuz – Executive Director c/o Ms. Leah Marie C. SY – Division Chief of Admin Department
Tel: +632 525 9318 (TO 27); 632 525 6202
Fax: +632 521 6165
Website: http://www.dotpcvc.gov.ph

Singapore
Singapore Exhibition & Convention Bureau (SECB)
Address: Tourism Court, 1 Orchard Spring Lane, Singapore 247729
Contact person: Ms. Melissa Ow – Assistant Chief Executive; c/o Ms. Jessie S T Lim – Manager
Tel: +65 6736 6622
Fax: +65 6736 9423
Website: http://www.stb.gov.sg

Thailand
Thailand Convention and Exhibition Bureau (TCEB)
Address: Siam Tower, 27th Floor, 989 Rama 1 Road, Pathumwan, Bangkok 10330, Thailand
Contact person: Ms. Suprabha Moleeratanond, Director of Conventions c/o Ms. Jittanun Techasarin, Senior Manager of Conventions
Tel: +66 2 694 6020 / 022
Fax: +66 2 658 1411
Website: http://www.tceb.or.th

출처 : http://www.aacvb.org/member.html

3) 국제PCO협회(IAPCO)

① 명칭 : 국제PCO협회(International Association of Professional Congress Organizers)

② 성격 : 국제회의 용역업(PCO)의 공동문제를 연구 검토하며, 국제회의의 조직 · 행정에 있어서의 전문성을 획득 · 유지하는 단체

③ 설립연도 : 1968년

④ 본부 : 벨기에 브뤼셀

⑤ 설립 목적 : 각국의 PCO만을 위해 설립된 비영리조직

⑥ 주요 활동

- PCO와 관련된 문제를 논의하고 연구함
- 관련업계 회원들의 전문교육계획 및 실시
- 회원 간의 전문서비스 호환의 편리도모

〈표 1-5〉 IAPCO 회원국 현황

대 륙	회 원 국
미 주	아르헨티나, 브라질, 캐나다, 미국
아시아	호주, 홍콩, 일본, 한국
유 럽	오스트리아, 벨기에, 덴마크, 독일, 이스라엘, 이탈리아, 네덜란드, 노르웨이, 슬로베니아, 스페인, 스웨덴, 스위스, 터키, 영국

출처 : IAPCO Homepage(http://www.iapco.org/).

4) 세계국제회의전문협회(ICCA)

① 명칭 : International Congress and Convention Association

② 성격 : 국제회의산업의 발상지인 유럽 중심의 범세계적인 종합국제기구

③ 설립연도 : 1961년

④ 본부 : 네덜란드

⑤ 설립 목적 : 모든 형태의 국제적인 모임. 즉, Conference, Congress, Convention 및 전시, 박람회를 합법적인 수단과 방법으로 발전시키는 데 기여함

⑥ 주요 활동

- 국제회의 관련 정보 수집, 평가, 작성 및 배포

• 국제적인 모임, 전시회 본래의 취지에 대한 이해촉진
• 관련업계 회원들의 전문교육계획 및 실시
• 회원 간의 전문서비스 호환의 편리도모

5) 국제협회연맹(UIA)

① 명칭 : Union of International Associations

② 성격 : 유럽 중심의 가장 오랜 역사와 전통의 범세계적 각종 국제기구, 협회 단체의 연맹으로서 국제회의에 관한 정보수집기능을 집대성한 각종 정보 자료를 수록한 연감 등 책자발행을 주요사업으로 하고 있는 학술연구협력 단체의 성격

③ 설립연도 : 1907년

④ 본부 : 벨기에 브뤼셀

⑤ 설립 목적

• 전 세계적 비영리기구 특히 비정부 자생협회 활동의 활성화 도모
• 각종 국제기구에 대한 조사, 연구활동
• 국제협회의 법적 지위확립을 위한 진흥활동
• 국제기구의 이권 대변, 이해증진, 정보수집, 정보의 활동
• 이와 같은 설립목표를 위한 범세계적 유대관계 유지

⑥ 주요 활동

• 20,000개 이상의 국제적 정부, 비정부기구의 각종 자료수집, 분석 및 출판
• 각종 국제기구에 대한 조사 연구활동
• 국제협회의 법적 신분보장을 위한 진흥활동

6) 인센티브트래블전문가협회(SITE)

① 명칭 : Society of Incentive Travel Executives(SITE)

② 성격 : 인센티브트래블 전문의 유일한 비영리 국제기구로서, 정보교환 및 전문교육센터 기능 수행

③ 설립연도 : 1973년

④ 본부 : 미국 뉴욕주

⑤ 설립 목적 : 보상 여행 관계자 간의 정보 교환 및 원활한 의사소통 도모

⑥ 주요 활동

- 연차총회 및 각종 교육 프로그램 주관
- 회원 간 정보 및 경험 교류를 통한 자문 및 협력 지원 활동

7) 미국단체간부협회(ASAE)

① 명칭 : American Society of Association Executives(ASAE)

② 성격 : 국내 각종 단체 대표들로 구성 · 설립된 조직으로 현재는 캐나다를 비롯 전 세계적으로 만 4천 명이 넘는 회원이 가입하여, 협회 운영 전문성의 고취 및 기술 축적에 커다란 기여를 하고 있음

③ 설립연도 : 1920년

④ 본부 : 미국 워싱턴디시(D.C.)

⑤ 설립 목적 : 협회의 관리능력 진흥 및 자생적 협회 발전 진흥을 위한 회원 교육

⑥ 주요 활동

- 국제회의 관련 회의 및 전시회 개최
- 교육 프로그램 실시

8) 국제회의전문운영협회(PCMA)

① 명칭 : Professional Convention Management Association

② 성격 : 미국 내의 의학, 보건과 관계된 각종 단체의 책임자로 구성되어 각종 전문교육 프로그램, 정보자료 교환을 통한 회의운영, 전문화를 도모하는 비영리 국제회의 전문 운영기구

③ 설립연도 : 1958년

④ 본부 : 미국 앨라바마주

⑤ 설립 목적 : 의료부분회의의 효율적인 개최능력 제고

⑥ 주요 활동

- 회의산업 관련자들의 교육활동
- 국제회의 개최의 전문성 고취를 위해 책자발간

〈표 1-6〉 세계의 주요 국제회의 관련 주요사업 기구

기구명	설립연도	본 부	목 적
유럽컨벤션도시연합 (EFCT)	1964	벨기에 브뤼셀	국제회의 개최지로 적합한 유럽도시들의 연합
국제회의간부협회 (ACE Int'l)	1971	영국 런던	각종 회의 및 전시회 관련 제반 시설 및 서비스 제공자와 이용자 간의 협력
국제컨벤션센터협회 (AIPC)	1958	유고슬라비아	국제적 평가수준에 부합하는 컨벤션센터의 연합
국제PCO협회 (IAPCO)	1968	벨기에 브뤼셀	국제회의 용역업(PCO)이 공동문제 연구검토, 국제회의조직/행정에 있어서의 전문성 획득 유지
국제회의번역가협회 (AITC)	1962	스위스 제네바	국제회의 분야의 번역가, 작가, 편집자 등의 관행에 관한 제 문제 연구
국제통역사협회 (AIIC)	1953	스위스 제네바	회원의 언어사용 수준평가 및 직업강령 발행 및 직업적 협력 통역사의 권익 보호
국제번역사연맹 (FIT)	1953	벨기에	번역사그룹의 인권옹호 및 번역사그룹의 부재 지역에 설치 권장
국제전시국 (BIE)	1928	프랑스 파리	국제적 전시회 개최 규제 및 국제회의 개최 신청 심사
국제박람회연맹 (UFI)	1925	프랑스 파리	회원이 운영하는 무역박람회 개최에 따른 조직과 효율적인 운영방법 협력
회의기획가협회 (MPI)	1972	미국 오하이오주	국제회의관련 교육 프로그램 및 조사연구서비스 제공

출처: 한국관광공사, 국제회의전문기구현황. [참조: 김수현 저, 컨벤션산업론, MJ미디어, pp. 127-135]

제2장

컨벤션 기획 기본

Ⅰ 컨벤션 기획의 의의 및 중요성

Ⅱ 기획회의 운영법

Ⅲ 기획을 위한 발상법

Ⅳ 정보수집법

Ⅴ 콘셉트 잡기

Ⅰ. 컨벤션 기획의 의의 및 중요성

1. 컨벤션 기획의 의의

국제회의는 공인된 국내·외 기관, 협회, 단체 등이 상호 협의성을 전제로 공통된 특정목적을 달성하기 위한 수단으로 개최된다고 할 수 있다. 그 특정목적을 실현하기 위해 치러질 행사의 전체상을 구상하고, 성립시키기 위해서는 각각의 요건과 그 기본구조들이 명확해지면, 실제의 개최 준비를 위해 구체적인 지침서로 기획안을 작성한다. 즉, 초기단계에서 제작된 기본적인 실행방법과 방향이 명시된 기본기획은 그 개최 회의의 준비에 관한 근거점이 된다. 이러한 역할을 하는 것이 바로 기획안이다. 구상안과 기획안은 회의 개최에 따른 각종의 준비 프로세스 중에서도 가장 중요한 업무 중 하나이다. 그러나 유감스럽게도 천태만상의 기획서 중에서 이러한 기대에 부응하는 것은 많지 않다. '개최 의의와 목적, 위치 설정이 애매한 콘셉트와 테마', '내용이 없는 비현실적인 구성', '마크와 로고' 등으로 멋있게 외형 장식에만 신경을 써 '눈에 띄기만을 원하는 기획서', 주체 측 담당자 역시 '로고와 마크 디자인을 어떻게 할 것인가?', '외형적인 장식과 행사장을 어떻게 장식할 것인가?' 등의 형식에만 신경을 쓰는 계획서는 결국 일에 있어 내실 있는 진척보다는 후퇴의 결과를 낳게 할 것이다. 그러나 현실적으로는 기획업무의 기능과 역할, 기대 내용과 정도 등에 대해 사회의 기본적인 이해와 인식이 충분하지 않다는 데 문제가 있으며 '기본 구상'과 '기본계획'을 우선으로 하는 개념과 정의에 대한 용어만이 조금씩 발전되어 가고 있다.

본서에서는 이러한 기획과 계획에 대한 개념을 다음과 같이 정의하고자 한다. '기획(Planning)이란 실행 여부와는 관계없이 넓은 범주의 전체상을 서술하는 것이며, 그 기본적인 기획을 바탕으로 실행을 하기 위해 세부적으로 서술하는 것을 계획(Plan)이라 한다.'

기획업무에는 실행 준비의 프로세스에 응하는 '기본 구상', '기본계획', '실행계획'의 3단계가 있다. 단계가 진전됨에 따라 그 대상과 범위는 넓어지며, 업무의 밀도 역시 높아진다.

기획업무가 갖는 의의는 다음과 같다.

① 명확한 전체구조를 제시한다.

컨벤션은 목적이 아니고 수단에 불과하다. 컨벤션은 무엇을 위해 무엇 을 목표로 하고 있는가? 그 목적을 달성하기 위해서는 어떤 내용을 어 떻게 구성해야 하는가?라는 컨벤션 전체의 개념과 그것을 실현하기위한 구조를 명확하게 할 필요가 있다. 이러한 준비의 지침이 되는 것 이 기획안이다. 이것은 또한 시간이 경과함에 따라 점차 구체적인 결과로 이어지며 일관된 판단기준을 준비하지 않으면 안된다.

② 공통의 이해와 인식을 갖게 한다.

컨벤션은 전문분야가 각기 다른 다수의 관계자가 관련되어 있다. 이러 한 관계자의 인식의 통일과 의사소통은 실무를 진전시켜 나가는 데 큰 과제가 된다. 이러한 문제점을 해결하기 위해 관계자 간의 공통된 의지와 의사를 준비하는 것이 기획안이다. 각자의 경력과 입장이 다른 사람들이 모여 움직이기 때문에 오해 없이 공통의 이해를 갖기 위해서는 될 수 있는 한 명확하고 구체적으로 기술하는 것이 중요하다.

③ 실무방향의 지침이 된다.

컨벤션의 실무현장 담당자는 한정된 시간 속에서 많은 업무를 처리하지 않으면 안된다. 그러나 유감스럽게도 똑같은 환경과 조건에서 행사가 반복되는 경우는 거의 없다. 따라서 컨벤션의 개최 준비는 항시 처음부터 시작되므로 실무 담당자가 안심하고 업무를 진행시킬 수 있도록 방향을 제시하는 것이 기획안이다.

④ 시뮬레이션의 계기가 된다.

행사의 목적과 목표는 같아도 이를 실현하기 위한 수단과 방법은 무한대라 할 수 있다. 컨벤션 기획은 제시된 조건과 제약을 충족시키면서 그 효과를 극대화시킬 수 있는 방법을 선택하는 작업이다. 어떤 선택을 했던 간에 그에 대한 장단점이 있기 때문에 그 국제회의가 갖고 있는 외형을 모색하는 계기가 된다. 즉, 초기의 단계에 있어 시뮬레이션의 계기가 되는 것이 기획안이다.

⑤ 기초 자료가 된다.

컨벤션을 둘러싸고 있는 환경과 조건은 계속적으로 변화하고 있다. 따라서 준비를 진행시키는 과정에서도 어떠한 변수가 작용되기 때문에 유연하게 그 변수에 대한 대응을 하지 않으면 안된다. 그러므로 처음부터 개최될 행사의 전체상을 그리는 것은 매우 중요하며, 일부의 내용 수정이나 조정이 필요할 경우, 그 기초 자료가 되는 것이 기획안이라 할 수 있다.

컨벤션의 준비 프로세스에 있어서 전체상을 잡지 않고 그냥 흘러가듯이 업무를 진행시켜서는 결코 안되는 사항이다. 예를 들면 당초 기획을 수정하지 않고 그대로 준비를 진행시키면 하나의 요인 변화가 어디에서 어떻게 영향을 미치고 전체상이 어떻게 변해 가는가를 실무자도 파악할 수 없어 현장마다 어떤 변화에도 대처할 수 없게 된다. 따라서 기획안에는 그 컨벤션의 전체상을 명확히 하는 것과 동시에 목표하는 방향을 가능한 한 구체적으로 명시해야 한다. 물론 기획단계에서 많은 조건이 확정되지는 않지만 전체상을 그리며 기획안을 수립해야 한다. 그 이후 진행과정 속에서 다소의 수정이 불가피할 것을 전제로 하지만 그 기본적인 방법과 틀은 확고하게 확립해 둘 필요가 있다. 따라서 일관된 논리적인 주관에 의해 기획서가 작성되어야 한다.

2. 컨벤션 기획의 중요성

국제회의 개최를 위한 여러 준비단계가 있지만 특히 기획단계의 중요성이 강조되는 것은 회의가 갖고 있는 그 구조적 성질 때문이다.

컨벤션 특성상 기획이 중요한 이유는 다음과 같다.

① 어떤 행사든 뚜껑을 열어 보지 않으면 모른다 할 정도로 정도의 차이가 많고 어떤 경우라도 여러 가지의 리스크를 갖고 있기 때문에 철저히 준비하지 않으면 안된다.

② 회의 개최 준비는 기본적으로 일관된 논리적인 주관을 가지고 진행시키지

않으면 안된다. 완전히 같은 조건이 반복되어 즉, 전례를 그대로 반복하여 좋은 결과를 얻은 경우는 거의 없다.

③ 컨벤션에서는 일반적인 상품과 같이 테스트 판매에서 그 상황을 보면서 서서히 방향을 변화시켜 가는 것은 불가능하다. 리허설 없이 갑자기 기본 행사로 들어가는 것과 같다. 그러므로 기획단계에서의 조사분석과 방향성이 중요하다.

④ 컨벤션을 둘러싸고 있는 조건과 요소는 항시 변하고 있기 때문에 이것들이 상호적으로 서로 결합되어 하나가 변하면 전체가 변하는 구조라는 것을 이해해 나가야 한다.

이러한 조건에서 사태가 변하고 대책이 없는 컨벤션이라는 난제를 좀 더 줄이는 것도 중요하지만 당초의 목적을 성공시키기 위해서는 사전에 어느 정도 리스크의 원천을 최소화시키는 것이 성공의 포인트이다. 따라서 사전에 면밀한 검토와 내용이 있는 데이터의 수집으로 기획단계에서 면밀한 검토가 이루어져야 상황 변화에도 냉정하게 대응할 수 있다.

Ⅱ. 기획회의 운영법

기획회의 운영에는 기획입안 조직이 중심이 되어서 관련 조직이나 전문가와 함께 기획회의를 열고 기획을 정리하는 방법이 있고 조직위원회가 기획을 입안하여 그것을 하부의 각 부분에 전달하는 방법과 사무국이 중심이 되어 기획을 정리하는 방법도 있다. 또 컨벤션 기획사가 주최자로부터 위임받아 각 책임자를 소집하여 기획회의를 열고 컨벤션 기획사의 지도로 기획을 정리하는 경우도 있다.

컨벤션 기획의 정리방법에는 여러 가지 스타일이 있으며 규모에 따라서는 수년 전부터 준비하여 기획을 수립하는 경우도 있다. 어느 경우든 이러한 기획 입안은 컨벤션을 총괄하는 주최자의 결정을 얻지 않으면 안된다. 주최자라고 해도 대형 컨벤션의 경우는 그 실시에 있어서 컨벤션을 주최하는 조직의 결정을 얻어야 한다. 그러나 조직이라는 많은 사람의 손을 거치는 시스템으로부터 오는 기획에 대한 인식과 기획의 부족함이 종종 불평의 원인이 된다. 게다가 컨벤션을 실시할 때에는 적극적으로 참가하고 흥미를 보이지만 기획할 때에는 인식 부족으로 실시하는 때만큼 활력을 얻기가 거의 불가능한 경우가 있다. 실제로 중요한 것은 기획의 단계로 동원계획, 개최계획(운영계획), 자금계획 등 컨벤션 실시의 기본이 되는 이러한 모든 것들은 기획에서 결정된다.

1. 기획회의에서 컨벤션 콘셉트를 기초로 결정할 사항

① 컨벤션 목적 확인 및 행사형태 결정
② 컨벤션 테마결정
③ 컨벤션 실시 프로그램 작성
④ 홍보 Tool의 기획·제작 등 컨벤션의 계획을 결정해야 한다.

2. 기획회의 운영

컨벤션의 기획서는 막대한 예산과 조직, 그리고 많은 사람들과의 상호관계가 필요한 만큼 모두가 협의하여 조직적으로 기획을 수립해야 한다.

여러 가지 문제가 일어나기 쉽고 트러블 또한 발생하기 쉽기 때문에 이런 것들은 전문가에게 맡겨 조직적으로 협력하는 것이 가장 중요하다. 컨벤션의 규모가 커질수록 조직의 통제가 필요하며 거기에는 Staff 전원이 컨벤션을 성공적으로 이끄는 목적의식을 갖고 그 목적에 맞추어 기획을 입안해야 한다. 컨벤션의 조직규모, 예산, 단계별 내용에 따라 기획회의를 하는 방법도 달라지며 컨벤션의 아이디어를 정리하는 방법도 여러 가지가 있다.

Ⅲ. 기획을 위한 발상법

기획에서 발상법은 기획회의에 참여하는 개개인의 의사와 사고에 대한 움직임을 파악하고 보다 효율적인 아이디어를 내기 위해 활용된다. 컨벤션 기획을 위한 시스템적 사고와 브레인스토밍 발상법, 체크리스트법, 강제연상법인 NM발상법은 다음과 같다.

1. 시스템적 사고(System Thinking)

컨벤션 기획과 실무 특성상 전체 시스템을 파악하고 구성요소 간 상호관련성을 분석·파악하여 업무의 효율성을 높인다는 점에서 컨벤션 기획가가 가져야 할 기본 사고방식이라고 할 수 있다.

즉 단계별로 진행되는 상황을 부분적인 시각에서 종합적인 시각으로, 문제의 영역을 좁은 시야에서 넓은 시야로, 단기적인 시야에서 장기적인 시야로, 문제의 정적인 파악에서 동적인 파악으로 진행되어야 하기에 컨벤션 기획 구상단계에서 실행, 평가에 이르기까지 시스템적 사고가 필요하다고 할 수 있다.

이러한 시스템적 사고를 하기 위해서는 문제를 파악할 때 충분한 내외부적 상황과 관련된 데이터를 갖고 검토·분석하고 종합적인 계획을 수립·추진해야 한다.

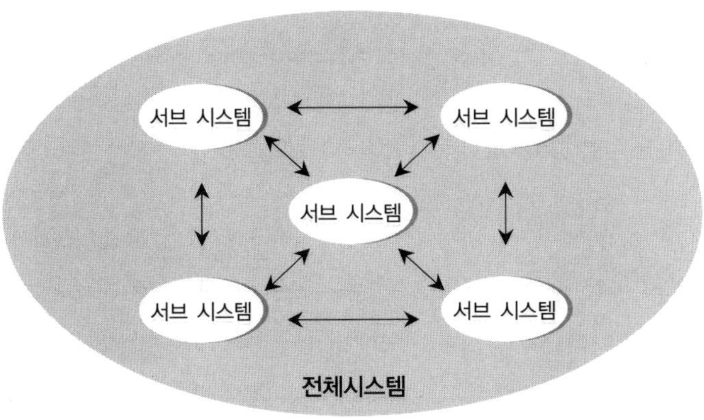

2. 브레인스토밍(Brainstorming, 약칭 BS법)

자유롭고 풍부한 아이디어를 낼 수 있는 효과적인 발상법으로서 일반적으로 가장 쉽게 많이 활용되고 있다.

본 발상법 진행 시 지켜야 할 10가지 규칙은 다음과 같다.

① 구체적으로 테마를 정한다.
② 회의 참석 구성원을 이끌어가는 의장을 선정한다.
③ 발언 내용을 기록할 수 있도록 녹취 및 기록을 위한 준비를 한다.
④ 시간은 60분 이내에서 진행한다.
⑤ 긍정적이고 폭넓은 시각에서 자유롭게 의견을 제시한다.
⑥ 각 분야별 참가자는 생각나는 대로 자기가 갖고 있는 의견을 제시한다.
⑦ 과격한 발언도 배제하지 않는다.
⑧ 입사연차, 직위에 상관없이 자유롭게 의견을 제시한다.
⑨ 타인의 의견을 부정하지 않는다.
⑩ 농담이나 허위사실은 발언하지 않는다.

브레인스토밍	논의될 주제(문제, 대책)와 관련된 많은 아이디어 제시
정보 정리	정보 그루핑 또는 우선순위 결정
해결책 제시	대안 및 개선안 작성

3. 체크리스트법(Check List) : 유추연상법

아이디어 산출을 위한 체크리스트법은 사고의 출발점 또는 문제해결의 착안점을 미리 정해 놓은 상태에서 다각적인 사고를 전개함으로써 능률적으로 아이디어를 얻는 방법이다. 이 방법은 발상 아이디어에 대해 넓은 각도로 점검해 나갈 수 있는 방법으로 개인기법으로 아이디어를 창안하는 데 널리 이용되고 있으며 아이디어의 새로운 창출과 연쇄적인 파생효과를 얻고자 하는 데 그 목 적이 있다. 그러나 체크리스트법은 첫째, 체크리스트에 너무 의지하면 새로운 문제에 필요한 것들을 빠뜨릴 우려가 있으며, 둘째, 없는 것까지 체크하고 시 간을 낭비할 수가 있고 셋째, 체크리스트에 너무 의지하면 자기 자신의 생각을 하지 않을 수 있다는 단점이 있다.

기법의 전개

① 다른 것으로의 전용은? 사용용도(다른, 새로운, 개조사용 등)
② 다른 응용은? 비슷한(이것과, 과거에, 모방할 수 있는, 무언가 보고 등)
③ 확대하면? 무언가 첨부, 시간, 빈도, 보다 강하게, 높게, 길게, 두껍게 등
④ 축소하면?
⑤ 대응하면?
⑥ 재배열하면?
⑦ 역전시키면?
⑧ 결합시키면?

4. NM발상법 : 강제연상법

본 기법은 강제연상법으로서 일본의 창조공학연구소장인 나카야마 마사카즈 씨가 고안했으며 본 기법의 특징은 무의식이나 이미지 기억계인 오른쪽 뇌를 우선적으로 기능하게 만들어 자연스럽게 아이디어가 나오도록 하는 기법 중 하나이다. 본 기법 전개 시에는 어떤 조건도 필요로 하지 않다. 즉 도구, 참가자, 장소, 시간 등의 제한을 두지 않고 각 부분마다 아이디어를 카드화하여 단계별로 진행한다.

① 문제의 설정 : 가능한 구체적이고 절실한 것으로 해야 한다.
② 키워드의 결정(KW) : 과제의 본질 또는 기능, 기대 희망, 부가적인 기능을 Key Word화한다.
③ 유추 발상(QA) : KW에 질문(Question Analogy)을 하고 생각되는 대로 유추되는 실례를 탐색해 간다. 이 경우 주제에 직접관계가 없어도 상관없으며,

구체적 유추 발상이 중요하다.

④ QA의 배경 탐색(QB) : QA마다 "그것에서는 무엇이 일어나고 있을까?"라는 질의(Question Background)를 한다. 즉 각 QA에 대해 "그 배경은 어떻게 이루어져 있을까?"를 탐색한다.

⑤ 아이디어 발상(QC) : QB에서 만들어진 이미지가 "과제(Question Conception)에 무엇인가 힌트를 주고 있지 않은가?"를 생각하는 것으로 QB의 이미지를 넓게 끈질기게 과제와 연결시켜 발상하도록 한다.

⑥ 해결안 결정 : 여러 각도에서 대량으로 나온 QC카드를 여러 각도로 짜맞추어 정리한다. 행사에서 색다른 아이디어나 소품개발을 위해 본 기법이 활용되기도 한다.

Ⅳ. 정보수집법

정보수집은 기획서의 문제의식이라는 골격에 수집된 정보로 살을 붙이는 작업이라 할 수 있다. 제안되는 기획에 대한 방향 설정과 더불어 기획에 대한 설득력을 보다 많이 획득하기 위해서 정보수집은 매우 중요하다고 할 수 있다. 설득력 있는 훌륭한 기획서를 작성하려면 주제에 맞는 최신 내외부 환경과 시장에 대한 질 높은 정보를 수집하고 제안할 사업 또는 아이디어와 연계시킬 수 있어야 한다. 그러기 위해서는 사업 주최처에 대한 내외부 환경 및 정황을 파악하는 것도 중요한 전술 중의 하나라고 할 수 있으며, 제안처에 특별히 자사의 전문성과 차별성을 제시하기 위해서는 자사의 장단점을 파악하고 약점은 보강하는 대책을 마련하여 제안서를 작성토록 한다. 특히, 사업 주최처와 제안처의 대화 또는 실무자 미팅은 기획 제안 목적과 배경, 기간, 조건(납기, 실시 예정, 예산 등), 방법, 기타 희망사항을 파악할 수 있는 좋은 기회이므로 기획 전 사전 실무자 미팅 역시 좋은 정보수집법 중 하나가 될 수 있다.

1 **공개정보**

- 인쇄매체(신문, 잡지 등) : 관련 분야 현황 및 현재의 국내외 트렌드 체크
- 관련 전문서적 : 전문적 자료수집
- 인터넷 DB : 국내외 자료수집
- 사내자료 : 사내에 축적된 노하우
- 조사보고 : 전문적으로 정리된 자료 등

2 **비공개**

- 주최처 담당자, 주최처와 관련된 타사인, 지인 및 주최처 일을 담당하고 있는(했던) 사내 스태프 등

기획서 작성 시 활용되는 정보원으로는 여러 가지가 있다. 대표적으로 아래와 같이 사람, 시중, 매스컴, 데이터베이스로 구분할 수 있다.

1. 주요 정보원을 통한 정보수집법

정보원 구분		특 성	정보수집
사 람	지인, 친구, 동료, 상사, 조사 대상층	· 정보가 주관적이기는 하나 현장의 생생한 목소리를 들을 수 있다.	· 폭넓은 세대와 접한다. · 다른 업종에 종사하는 사람들과 교류한다. · 명함교환을 성실히 한다. · 관련 커뮤니티의 교류활동을 한다.
시 중	점포, 쇼룸, 공공시설(역, 공원), 상가, 전시 및 박람회	· 광고, 쇼윈도, 트렌드의 변화 등 최근의 살아 움직이는 정보를 얻을 수 있다. · 국내외 관련업체, 기관, 협회, 단체 담당자와 교류 및 정보를 얻을 수 있다.	· 관찰요점을 정한다. · 가볍게 기록, 메모하면서 사진을 찍는다. · 정보수집이 목적이라는 사실을 늘 염두에 둔다.
매스컴	인쇄매체(신문/잡지 등), TV, 라디오, 서적, VTR	· 모든 정보가 공개자료이므로 개개의 정보가치는 비교적 낮다. 정보를 제2의 가공, 편집에 의해 가치를 높일 수 있다.	· 신문, 잡지의 기사를 항목별로 스크랩하여 보관한다. · 프로그램표를 보고 체크한다. · 녹화를 성실히 해둔다.
DB (데이터베이스)	도서관, 서점, 기업자료실, 상용 DB	· 공개된 정보를 광범위하게 수집할 수 있으나, 사용료가 부가되므로 타깃(표적)을 좁힌 정보검색이 필요하다.	· 각 데이터베이스의 장점을 파악해 둔다. · 시간이 있을 때마다 도서관에 가는 습관을 들인다.

2. 정보수집 시 유의사항

① 개인정보의 사용 : 성명, 생년월일 등은 개인정보이다. 악용과 유용을 방지하기 위해서는 한정된 범위에서 이용된 기획서 및 제안서라도 개인정보는 될 수 있는 한 게재하지 않도록 한다.

② 인용 문구와 용어는 신중히 사용 : 서적, 논문, 강연기록, 신문기사, 지도, 사진, 홈페이지 등은 저작물이므로 저작권법에서 허용되는 범위 안에서 사용한다.

3. 주체 측 분석

① 주체의 설립 목적
② 주체의 장단기 목표
③ 조직원의 사기 및 단결도, 속성
④ 주체를 둘러싼 사회, 경제, 정치적 환경
⑤ 그 주체에 대한 일반 대중의 요구 및 이미지
⑥ 주체의 문제점, 강점, 약점, 기회
⑦ 타 조직 간의 관계(경쟁관계, 보완관계, 대체관계, 협력관계 등)
⑧ 주체의 자금 규모 및 자금 동원 능력
⑨ 관계 법령에 대한 분석 등

Ⅴ. 콘셉트 잡기

콘셉트(Concept)라는 용어는 전문 개념에서만 사용되는 게 아니라 개인생활에까지 보편화되고 있다. 단순하게 사전적 정의로서의 '개념'이라는 이해에서 디자인 콘셉트, 마케팅 콘셉트, 광고 콘셉트, 상품 콘셉트, 비즈니스 콘셉트, 개인의 헤어스타일 콘셉트, 복장 콘셉트 등에 이르기까지 생활용어로 사용되고 있다. 정확한 콘셉트가 없이는 무한경쟁시대에 변화의 대응력, 경쟁력도 없다고 할 수 있을 정도로 기업에서 개인에 이르기까지 그 특수성과 전문성을 나타내기 위한 성공 스킬 중 하나로서 콘셉트에 대한 중요성이 대두되고 있다.

따라서 어떤 종류의 사업이든 행사든 콘셉트에 의해 모든 것이 시작된다고 해도 과언이 아니다. 행사의 목적의식이 뚜렷해야 성공적인 행사 개최를 보장받을 수 있듯이 '무엇을 위하여 행사를 개최하는가'라는 것이 말로 표현되고 행동으로 나타날 수 있어야 보다 나은 행사 개최의 결과를 갖고 온다고 할 수 있다.

컨벤션은 눈에 보이지 않는 커뮤니케이션을 통해 사람, 조직, 물건을 만들어 내는 것인 만큼 '무엇을 위하여'라고 하는 콘셉트에 따라 목적의식을 갖는 것이 가장 중요하다. 따라서 컨벤션의 콘셉트가 확실하면 컨벤션의 기획, 전개, 운영, 효과의 평가를 종합해서 판단할 수 있게 된다.

따라서 어떤 사업이든 행사든 콘셉트를 잡기 위해서는 우선 주어진 문제 혹은 과제에 대해 주요 목적의식을 갖고 어떤 방식(방법)으로 해결할 것인가와 그 과정 중 나타난 특징을 기획에 최대한 함축시켜 기획 전체를 개괄할 수 있어야 한다.

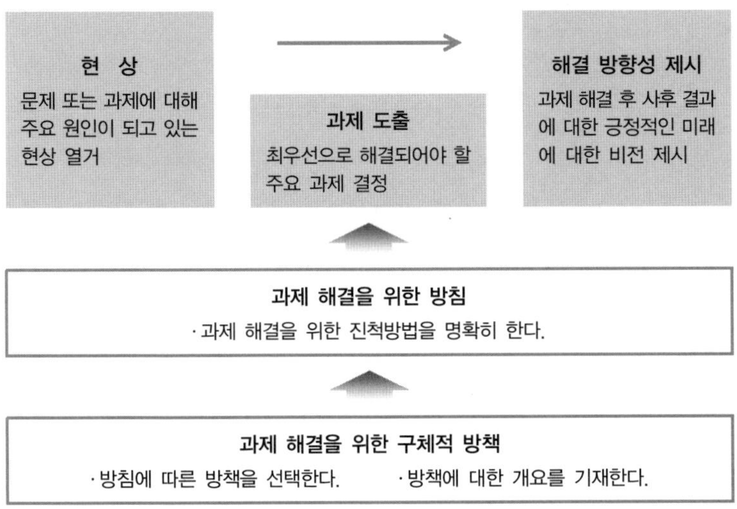

콘셉트 설정 시 체크사항

- 목표 및 전략에의 부합성
- 대상의 니즈와의 부합성
- 공존, 공유, 공감대 형성의 가능성
- 화제성 및 의외성
- 전파성, 독창성, 안정성
- 실현가능성
- 예산의 효율성
- 타 행사와의 차별성
- 시기와의 부합성

제3장

컨벤션 기획서 작성법

Ⅰ 기획의 방향과 기본 구상

Ⅱ 기획서의 주요구성

Ⅲ 기획서 작성 시 반드시 지켜야 할 3가지 포인트

Ⅳ 기본계획 수립

Ⅴ 실행계획서 작성

Ⅰ. 기획의 방향과 기본 구상

기획서란 컨벤션 기획사가 구상한 전체의 상을 전달하고자 하는 대상에게 생각한 내용을 전달하는 커뮤니케이션에 대한 도구라고 할 수 있다. 따라서 저마다 다른 독특한 아이디어, 성격, 목적을 지니고 있어 일반적이고 보편화된 기획서는 이것이다라고 지적하기는 힘들다고 할 수 있다. 이러한 다양성 때문에 기획서는 정해진 형식보다는 주최처와의 공감적인 커뮤니케이션을 이루는 데 중점을 두는 것이 더욱 중요하다고 할 수 있다.

1. 기획 방향

기획 방향을 설정하기 위해서는 기획에 관한 여러 가지 요소인 목적, 상황, 기간, 주최 측 정황, 예산, 난이도 등을 파악해 어느 정도까지 기획 제안을 할 것인가에 대해 범위를 정한다.

기획을 제안하는 경우, 상대의 의향을 전혀 모른 상태에서 A에서 Z까지 망라한 기획을 하여 상대측을 놀라게 하는 것보다 우선 한 단계 한 단계 협의한 후, 파악된 포인트를 갖고 상호 이해한 상태에서 폭넓게 내용을 망라한 기획서를 제출하는 것이 보다 효율적이라 할 수 있다.

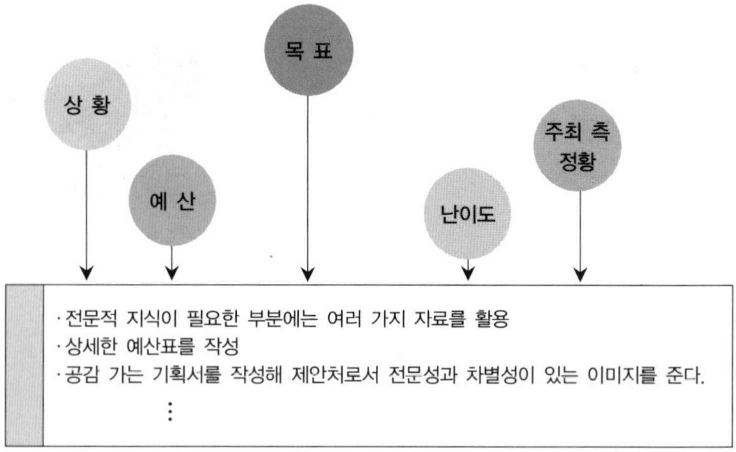

2. 기본 구상

일반적으로 어떤 행사를 기획할 경우 우선 착수해야 하는 것이 기본기획 구상 단계의 수립이다. 기본구상은 기획하는 행사가 목표하는 방향과 결과가 지향하는 기본적인 사고방법을 가리킨다. 즉 기본구상은 행사의 구조와 전체구성을 명확히 하는 것과 함께 계속적인 준비작업의 지침을 표시하는 것이다.

그러나 기본구상단계에서 중요한 것은 과정 없이 전체상을 구축하는 것이다. 부분별로 구체적 작업이라 할 수 있는 기본구상은 그 의미와 정도가 다르다. 이러한 관점에서 보면 기본구상은 '기본기획이 수행해야 할 역할의 일부분을 담당하고 있다'고 말할 수 있다. 또한 기본구상은 컨벤션 개최의 여부를 검토하기 위한 판단재료가 된다는 측면도 동시에 갖고 있다. 일례로 지방자치단체가 대규모 컨벤션을 기획하는 경우를 생각해 보자. 프로젝트의 검토가 시작되고 관청 내 '준비실'이 만들어지면 그곳에서 우선적으로 착수해야 하는 업무가 기본구상의 책정이다. 실제로 기본구상이 완성되면 그것을 기본으로 (책정작업의 과정에서) 많은 관계자가 각종 검토를 해야 한다. 그 결과, 여러 가지의 문제점과 곤란한 과제가 명확해지면 방침의 기본적인 전환을 시작하고 최악의 경우에는 중지하게 된다.

즉, 이 경우 기본구상은 '그 컨벤션을 실시해야 하는지의 여부, 실시할 경우의 틀 구조는 어떻게 되어야만 하는가'라는 기본적인 방침을 결정하기 위한 자료라고 할 수 있다. 일반기업이 신규사업으로의 진출 여부를 검토할 경우에는 자사의 현황과 문제점, 그 사업으로의 진출 시 장단점, 그 사업을 둘러싼 환경과 장래의 전망, 진출 시 해결해야 할 과제 등을 판단하기 위해 각각의 검토자료를 준비한다. 그러나 기본구상에 요구되는 레벨과 수행해야 할 역할 역시 어떤 의미에서 이것과 비슷하다고 할 수 있다.

따라서 기본구상에는 개최 실시의 여부를 포함한 고차원의 판단에서 얻을 수 있는 내용과 질이 요구되며, 현실적인 문제점과 해결해야 할 과제를 정직하게 드러내 주최자가 정확하게 판단할 수 있는 기본 및 자료가 되게 해야 한다고 할 수 있다.

기획과정이 시작되는 첫 단계로서의 기본구상은 사업의 목적을 달성하기 위한 추진 방향과 목표, 내용을 결정하는 지침이 되며, 추진할 사업의 전체상을 구축해 준다. 기업이 신규사업 진출에 대한 가부를 검토할 경우, 자사 내외부의 상황과 여건, 문제점, 사업 진행현황, 추세, 전망 등을 판단하기 위해 각각의 검토자료를 준비한다. 그러나 기본구상에 요구되는 레벨과 수행해야 할 역할 역시 어떤 의미에서 이것과 비슷하다고 할 수 있다.

따라서 기본구상에는 사업 추진 여부를 판단할 수 있는 내용과 질이 요구되며, 현실적인 문제 인지와 명확한 상황진단과 분석이 이루어져야 한다.

1) 6하원칙에 의한 기본구상법

① WHO(누가) ……… 주체 분석(주최, 주관 조직 등)
② WHY(무엇을 위해) ……… 목적, 목표, 효과, 테마
③ WHOM(누구에게) ……… 대상 고객
④ WHAT(무엇을) ……… 내용, 구성
⑤ WHEN(언제) ……… 시기 결정
⑥ WHERE(어디에서) ……… 장소(지역) 선정, 행사장 계획
⑦ HOW(어떻게) ……… 운영방침, 형식, 방법, 스케줄
⑧ HOW MUCH(얼마에서) ……… 예산, 수지

(1) Who(누가) : 주체 분석, 명확한 의사결정 조직체계 구축

기본 기획단계에 있어서 중요한 과제 중 하나로 주최 조직의 문제를 들 수 있다. 과거의 사업 실패사례를 보면 조직문제가 아닌 타 요인이 원인과 같이 보이지만 실제 조직의 문제가 적지 않다. 특히 의사결정의 체계를 어떻게 만들 것인가?가 가장 큰 과제로서 사업을 진행해 가는 과정에서 발생하는 여러 가지의 문제에 대해 누가 어떻게 의사결정을 할 것인가? 그 결과에 대해 누가 책임을 질 것인가? 등을 명확히 해 놓는 것이 매우 중요하다.

① 주체 설립 목적
② 주체의 장/단기 목표
③ 조직원의 사기 및 단결도, 속성

④ 주체를 둘러싼 사회, 경제, 정치적 환경
⑤ 그 주체에 대한 일반 대중의 요구 및 이미지
⑥ 주체의 문제점, 강점, 약점, 기회
⑦ 타 조직 간의 관계(경쟁관계, 보완관계, 대체관계, 협력관계 등)
⑧ 주체의 자금 규모 및 자금 동원 능력
⑨ 관계 법령에 대한 분석 등

(2) What(무엇을 위해) : 명확한 목적과 목표

기획과정의 모든 단계에서 중요한 역할을 수행한다. 목적 없이 사업을 실행하는 사람은 없지만 그 목적을 막연하게 세우기 때문에 전략을 필요로 하는 경우가 적지 않다. 기본방침을 초기단계에서 명확히 해 놓는 것은 기획에 있어 필수조건 중 하나이다.

우선 본 기본 구상단계에서는 설정된 목표를 달성할 수 있는 구체적 대안들을 모색해야 하며, 대안의 선택단계에서도 각 대안들의 예측되는 결과가 추구하는 목표에 얼마나 부합되는지를 비교·평가하여 최선의 대안을 선택하게 된다.

또한 실행단계의 경우 기획이 성공적으로 집행되기 위해서는 목표가 실무자에게 명확하게 전달되어야 하며, 평가단계에서도 공식적인 목표가 무엇인지 확인되어야 평가를 진행할 수 있다.

>>> 목표 및 과제 설정 사례 예

- 궁극적 목표의 유형 : 판매 촉진, 수익 창출, 고객 확보, 문화 수준 향상, 지역사회의 개발 등
- 과제의 유형 : 기업 인지도 제고, 붐업을 통한 관심 고조, 충성도 제고, 리마인디드 효과 등

(3) Whom(누구에게) : 타깃 고객 설정

프로젝트 수행에 있어 참가 대상 고객의 속성과 예상 참가 인원수 등의 참가자의 구조는 계획 전반에 있어서 큰 영향을 주는 매우 주요한 요인이다. 사전에 참가대상을 어느 정도 정확하게 파악할 수 있는가에 따라 계획의 정도(精度)와

프로젝트의 성패가 결정된다고 할 수 있다.

(4) What(무엇을) : 기본적인 콘셉트와 구조

기본구상은 구체적인 세부 내용을 확정해 나가는 단계는 아니므로 기본구상 단계에서는 각 부분의 세부적인 사항까지 확실하게 결정해 두면 차후에 실행계획을 담당하는 각각의 전문가들의 수족을 묶어놓는 격이 되기 때문에 유연성을 두어 작성하도록 한다. 즉 각 부문별로 수정해야 할 사항이 속출하기 때문에 유연성과 탄력성 있게 작성한다.

본 단계에서는 프로젝트 전체에 있어서의 콘셉트와 그 결정 콘셉트를 실현하기 위한 구조를 구축하는 것, 즉 그 사업의 개념과 방향을 명확히 하는 것과 더불어 콘셉트를 효과적으로 실현하기 위해서는 어떤 요소가 어떻게 구성되어야 하는가?를 결정해야 한다.

따라서 기본구상은 구체적인 준비작업에서 착오 없이 수행시키기 위해 정해 놓은 기본 전제조건이라 할 수 있다.

(5) When(언제) : 타이밍(최적의 시기)

사업 추진시기는 사업 경영의 효율을 좌우하는 중요한 요소이기 때문에 시기에 대한 검토는 매우 중요하다. 참가 대상의 입장을 고려하지 않고 실행시기를 선정하게 되면 현장에서의 실행기간과 상관없이 사업의 운영 효율이 저하된다. 따라서 실행시기에 있어서는 참가 대상의 속성을 고려하여 동원의 난이도에 중점을 두어 기상조건, 휴일 분포, 또는 그 사업이 갖는 이미지 등을 종합적으로 판단해 최적의 시기를 선택한다.

(6) Where(어디서) : 적합한 행사장 선정

사업을 실행하기 위해 필요한 조건을 정리하고 그 조건에서 좀 더 나은 조건의 장소를 선정하는 것이 중요하다. 장소가 미리 결정되어 있는 경우에는 그 장소의 조건과 제약들 속에서 목적하는 사업을 실현하기 위한 어떠한 구성이 있는가를 검토해야 한다.

(7) How(어떻게, 얼마 How Much)에서 : 예산과 공정의 설정

구상단계에서 특히 중요한 것은 전체의 예산 구성 원안과 준비 공정의 개요를 설정하는 것이다. 적어도 실현 가능한 것은 기획안에 있어서 최저 조건이며 그러한 현실 가능성을 지탱하는 좀 더 기초적인 조건이 예산과 공정이다.

이 두 가지 요소가 현실적이지 못하면 그 행사는 물리적으로 성립되지 않는다. 따라서 전체적인 구성안을 지탱하고 있는 현실적인 예산안 그리고 추진계획이 설정되는 것이 기본구상이라 할 수 있다.

즉, 기본구상은 '이념을 실현하기 위한 전체상의 구축'이라 할 수 있으며 논리적인 판단능력을 요하는 '계획 업무'라 할 수 있다.

Ⅱ. 기획서의 주요구성

기획서는 나와는 다른 사람들이 듣고 이해할 수 있는 형식으로 만들어져야 한다. 따라서 기획서는 상대에게 의견을 전달하고 이해시키기 위한 커뮤니케이션의 도구라 할 수 있으며 상대방이 읽기 쉽고, 알기 쉽게, 설득력 있게 작성되어야 한다.

기획력이 뛰어나 발상이 풍부하고 구상이 탁월해도 '기획서'라고 하는 형태의 정리된 구성력이 없으면 상대방인 제3자의 이해를 얻을 수가 없다. 기획서의 구성과 내용이 기획서의 질을 결정하며 보기 쉽고, 알기 쉬운 레이아웃과 기획의 목표를 요점만 간략하게 나타내는 문장으로 전달하는 것이 기획서 작성의 포인트라 할 수 있다. 또한 기획서에는 풍부한 발상과 독창성이 있어서 그 기획서를 읽는 사람을 설득하는 것과 감동시킬 수 있는 것이 없으면 안된다. 기획서 구성에 따른 빈칸 내용 채우기에 급급하기보다 상대에게 설득력 있는 메시지를 전달해야 하는 것이 무엇보다 중요하다.

일반적으로 기획서의 구성은 기획 내용과 종류에 따라 달라지며 기획서를 작성하는 회사나 개인에 따라서도 차이가 있다. 여기서 일반적으로 구성되어야 할 주요구성 항목을 중심으로 살펴보면 다음과 같다.

1. 기획서의 주요구성

구 분	항 목	구 성 내 용
1	기획서 표지	행사명, 제출 일자, 제출 회사명
2	기획서 목차	목차는 흐름이 있게 구성
3	기획 의도(배경)	현상 분석이나 미래 예측을 제시한다. 기획의 과제를 기술한다. 서론, 본론, 결론으로 구성
4	사업 목적(목표)	사업에서 추구하는 주요목표(목적)
5	사업 개요	전체 스토리의 포인트, 기본 구상 기획의 전체 이미지, 핵심 아이디어 사업내용을 개략적으로 함축시킨 내용을 기술한다.
6	사업 내용	추진사업 내용을 기술한다.
7	사업 조직	준비조직 및 실행조직 계획을 기술한다.
8	업무 분장	각 조직의 부서별 업무내용
9	업무 추진일정	분담된 업무별로 추진해 가는 일정
10	운영 관리계획	사업 실행을 위한 운영 세부내용
11	홍보 마케팅계획	사업 홍보 및 참가자 동원방법
12	예산계획	실행에 필요한 자금 및 제반 경비
13	종료 후 평가계획	프로젝트 시작에서 종료까지의 평가내용, 결과 보고서 작성 등

2. 매수별 기획서의 구성요소

항 목	1페이지 제안 시	2~3페이지 제안 시	5~6페이지 제안 시
기획서 표지	△	△	○
기획서 목차			△
기획 의도(배경)	△	△	△
사업 목적(목표)	○	○	○
사업 개요	○	○	○
사업 내용	○	○	○
사업 조직	△	○	○
업무 분장			○
추진일정	○	○	○
운영 관리계획			△
홍보 마케팅계획		○	○
예산계획	○	○	○

주: ○-주요 기재 항목/ △-상황에 따라 결정.

1) 1페이지 기획서 구성

타 이 틀

▷ 행사 목적 및 의의

▷ 행사 개요

- 일　　시
- 장　　소
- 테　　마
- 참가대상
- 참가자수(예상)

▷ 행사 내용

▷ 추진 일정

▷ 예산(추정)

2) 3페이지 기획서 구성

① 1페이지

타 이 틀

▷ **행사 목적 및 의의**

- 사업 배경 및 의의
- 사업 현황 및 문제점
- 추진 방향 및 과제 제시

▷ **행사 개요**

- 행　사　명
- 행 사 주 체(주최, 주관, 후원, 협찬)
- 행 사 기 간
- 행 사 장 소
- 참가예상인원

② 2페이지

▷ 행사 내용(구성)

▷ 행사 추진조직

▷ 홍보 마케팅 계획

③ 3페이지

▷ **사업 추진 일정**

주요 사업 추진일정 기간을 명시한다.

▷ **예산계획(추정)**

간단한 정산 근거를 제시한다.

Ⅲ. 기획서 작성 시 반드시 지켜야 할 3가지 포인트

아이디어라는 무형에서 출발해 하나의 유형으로 현실화시켜 나가기 위해서는 반드시 기획과정을 거쳐야 한다. 기본틀이 갖춰진 기획서를 작성하고 제안하기 위해서는 다음과 같은 3가지 포인트에 주의하면서 작성해야 한다.

1. 기획서 작성 룰(Rule)을 정한다

기획의 콘셉트나 구성과 상관없이 기획서 제출일자에 급하다고 해서 갑자기 기획서를 작성하다 보면 어떤 작성 룰도 없이 자신만의 기획서로서 페이지를 메우는 데만 급급할 수 있다. 체계적이고 훌륭한 기획서가 되기 위해서는 초기에 결정된 콘셉트와 구성에 따라 다음과 같은 룰을 정해 작성하도록 한다.

단계	내용
1단계	· 전체 기획서의 매수를 결정한다. · 각 구성마다 매수의 분량(Volume), 배치 레이아웃을 결정한다.
2단계	· 문장과 도표를 어떻게 활용해 작성할 것인지 결정한다(MS Word 또는 Powerpoint, 한글 등).
3단계	· 기획에 대한 내용을 좀더 효과적으로 표현하기 위한 방법으로서 일러스트 · 이미지사진, 비주얼 이미지 등을 어떻게 활용하여 구성할 것인지 결정한다. · 오늘날과 같은 비주얼시대에 PT의 최대효과를 얻기 위해 이미지 표현을 많이 활용하고 있다. **기획서 표현방법** · 문장 표현 - 개념적인 설명에 적합함 - 조목별로 간추려 쓰는 등 간결한 문장을 쓰면 내용을 정확하게 전할 수 있음 · 차트 표현 - 선, 도표 등을 사용하여 논리의 흐름을 명확하게 표현할 수 있음 - 도해화하여 복잡한 관계성도 용이하게 이해시킴

3단계	· 데이터 사용 - 그래프, 표 등을 사용하여 수치를 시각적으로 제시하기 때문에 상대에게 쉽게 이해시킬 수 있음 - 기획자의 분석작업을 행하는 데에도 유효함 · 이미지 표현(사진, 그림) - 말만으로는 표현할 수 없는 미묘한 뉘앙스를 전할 수 있음 - 이미지 표현을 첨가하여 설명하면 리얼리디가 증가될 수 있음

4단계	· 기획된 내용을 좀 더 논리적으로 알기 쉽게 설명하기 위해 플루차트를 사용하여 기획서 제안순서의 흐름을 정리한다. · 정확하게 기획된 내용을 전달하기 위해 읽기 쉽게 문장을 작성한다.

5단계	· 제안될 기획 스토리의 일관성과 오자, 탈자를 체크한다. · 전체적으로 용어와 표현을 통일시킨다.

2. 기획의 본질을 명확히 한다

기획서에서는 '나는 이것이 좋다.'라고 하는 차별화된 주장이 필요하다. 그 주장은 논리적이고 간략한 문장으로 알기 쉽게 양식에 의해 표현되어야 한다.

순 서	항 목	내 용
I	표지 타이틀	타이틀은 전체 내용을 이미지화할 수 있을 정도로 명확하고 확실하게 작성
II	현황인식	현황분석, 기획배경, 제안이유 등
III	문제의식	기획목적, 제안내용, 제안개요, 기본적인 방향 또는 기획자 의견 등
IV	해결방안(대안)	대안책, 해결책, 구체적 실시책 등을 고려
V	예산, 일정	숫자로 명확히 표현

따라서 기획의 콘셉트로서 무엇을 말하고, 무엇을 주장하고 싶은 것인지 목적과 목표를 명확히 한다. 기획서에서는 지루한 설명은 피하고 결론을 먼저 서술한다. 왜 이렇게 되는가의 설명과 상세한 자료 제시 등은 기획서 후면에 기재하는 것이 매우 합리적이다.

3. 기획서에 필요한 적절한 문장 구사력

기획서 작성 시에는 단문의 명쾌한 문장을 사용하도록 한다. 문장이 길고 읽기 어려운 현학적인 문장은 되도록 피하는 것이 좋다. 기획서에 의해 수주가 가능한지, 예산을 짜는 것이 가능한지 등을 기술한다. 기획서의 역할은 이렇게 중요하다. 따라서 내용이 충실한 단문으로 기획의 의도를 이해시킬 수 있는 기획서가 이상적인 기획서라 할 수 있다. 예부터 명문이라 일컫는 것에는 단문이 많다.

하나의 문장이 길어지면 주어와 술어의 관계가 애매모호하게 되어 이해하기 어려워지므로 보통 50자 이내의 문자로 작성하도록 한다.

1) 기획서 작성 시 주의해야 할 문장

(1) 목적과 목표가 확실하지 않은 문장

(2) 서론이 길고 결론이 불명료한 문장

(3) 의미 불명의 표현이 많은 문장(예 : '…이겠지', '…라고 추측된다', '…라고 생각된다' 등)은 특히 기획서에 사용해서는 안된다.

(4) 너무 길어서 읽기 어려운 문장

(5) 내용이 정리되어 있지 않은 문장

(6) 구성, 레이아웃이 잘못되어 읽고 싶은 생각이 없는 문장

(7) 4가지 문장 원칙에서 벗어난 문장

① 문장표현의 원칙

가. 문체를 '~이다' 또는 '~입니다'로 통일한다.

나. '~같다'는 식의 애매한 표현을 피한다.

다. 간결하고 읽기 쉬운 문장을 사용한다.

가) 한 문장에 한 테마를 넣어 문장을 간결하고 짧게 작성한다.

나) 반복되는 문장과 구절, 단어가 없도록 한다.

다) 1단락 행수가 많지 않도록 한다.

라. 전문용어나 약어, 콩글리시는 가급적 사용하지 않는다.

마. 가능한 한 구어체, 문서체 등의 딱딱한 문체는 피한다.

바. 서로가 이해할 수 있는 범위의 평이한 언어로 이해하기 쉽게 표현한다.

② 논리표현의 원칙

복잡한 사항을 표현하기 위해 flow차트를 이용한다. 플로차트란 논리의 흐름을 그림으로 표현한 것이다.

③ 수치해석의 원칙

수치에 의한 데이터를 이용할 때 단순한 숫자의 나열이 아니라 그래프를 이용해서도 표현할 수 있다. 이러한 경우 숫자만의 나열 시 이해하기가 어렵고, 흥미를 끌지 못하는 단점을 극복할 수 있다.

④ 이미지 표현

행사 또는 행사장 구상도나 전시장의 투시도처럼 언어로 표현할 수 없을 때 이미지 표현을 사용한다.

기획서는 무형에서 유형을 창조하기 위한 작업과정의 하나로 기획이라는 창조된 생각을 커뮤니케이션할 수 있는 비즈니스 문서라 할 수 있기에 그만큼 목적이 되는 결론을 확실히 하고 가능한 한 조목별로 정리된 단문으로 쉽게 작성하도록 한다. 아이디어와 기획능력이 있다고 해도 기획서를 정리하는 구성능력이 없으면 제3자에게 설득력이 약해진다. 따라서 컨벤션 기획서 작성 시에는 간결하면서도 요점을 정리한 기획서 작성에 항상 주의를 기하는 것이 매우 중요하다고 할 수 있다.

Ⅳ. 기본계획 수립

기본계획이란 사업을 추진하기 위해 구체적인 실행수단과 방법을 검토하고, 그중에서 실현가능하고 콘셉트에 적합한 수단을 선택하는 작업이라 할 수 있다. 따라서 기본구상이 결정되면 기본계획이 수립되어야 하며 기본계획 단계에서는 실행수단을 선택하는 경우의 문제점을 추출하고 계획을 실현하기 위해서는 그

문제점들을 극복하기 위한 해결책을 검토하는 것이 중요하다.

이렇게 수립된 기본계획은 컨벤션 개최의 주체인 조직위원장에게 공식적으로 승인되어 개최 준비단계에 있어 구체적인 지침서가 된다.

기본구상을 '내부 검토자료'라고 할 수 있다면 기본계획은 실행하고자 하는 컨벤션 주최 측의 '경영계획'이라고 할 수 있다. 따라서 기본구상은 처음 읽는 사람들에게 그 컨벤션의 전체상을 대략적으로 제시하지만 기본계획은 기본구상을 수용하는 실무조직의 담당자가 다음날부터 곧바로 업무를 실행할 수 있도록 한다.

즉 구체적인 운영방침을 어떻게 결정할 것인가, 진행과정에서 발생될 문제점은 무엇인가, 단계별로 어떻게 진행해 나가면 좋을까, 성공적인 운영을 위해 누구와 어떠한 협상을 하면 좋을까?라는 구체적 방침과 과제가 명료하게 작성되어야 한다. 따라서 사무국에서 합의된 객관적이고 논리적인 기본계획을 바탕으로 실행조직 내부의 각 담당자는 부분별의 구체적 업무계획, 즉 실행계획을 수립해 나간다.

»» 기본계획서 작성 시, 주의사항

- 행사의 목적과 효과에 따른 구체적인 콘셉트를 결정한다.
- 기본구상에서 결정된 기본적인 틀과 행사 전체 구성을 흩뜨리지 않도록 한다.
- 5W 1H를 활용하여 구체적인 사업내용과 운영방법을 검토한다.
- 조직체계, 총무, 회계 및 재정, 예산, 스케줄을 검토한다.

Ⅴ. 실행계획서 작성

실행계획이란 기본계획을 중심으로 보다 현실성 있는 운영방법을 제시검토하기 위한 작업과정이라 할 수 있다. 이러한 실행계획은 수립 후 추진사업이 곧바로 현장으로 옮겨지기 때문에 좀 더 구체적이고 현실적으로 작성되어야 한다.

따라서 컨벤션 실행계획은 행사를 실행하기 위한 현실적인 실무집행에 관한 책정사항이라 할 수 있다.

1. 실행계획서 작성 시 주의사항

① 일관된 판단기준(전 단계의 기본기획을 기준으로 함)에 의해 실행계획 업무를 진행한다.
② 제반여건을 고려한(실행가능성) 운영방법과 수단을 선택한다.
③ 주최자, 대상고객(또는 참가자), 운영자 입장을 고려한 합리적 진행방법을 선택하도록 한다.
④ 업무수행과정에 있어서의 변수요건을 고려한 대책방법을 모색한다(시간, 천재지변, 예산, 긴급사태 등).
⑤ 실행계획에는 일정, 인력(체제) 및 예산계획이 반드시 포함되어야 한다.
⑥ 추진 일정계획은 총일수, 개시일, 최종일, 개별 업무별 준비기간 등을 표시하며, 일반적으로 업무별 시간계획표(Gant Chart)나 프로그램 평가검토기술 PERT(Program Evaluation and Review Technique), 플로차트(Flow Chart) 등을 사용한다.
⑦ 예산계획에는 총비용, 개별기획 소요비용, 작업 항목별 비용 등을 표시하되, 산출근거를 명시한다.
⑧ 실행을 원활히 하기 위해서는 체제를 편성해야 한다. 체제에는 기획안 실행을 위한 조직도, 주요 기능, 역할 등을 구체적으로 명시한다.

2. 실행계획서 주요항목

1) 회의장 구성계획

컨벤션 회의장을 레이아웃하여 프로그램별 회의장, 전시코너, 조형물의 설치장소, 설비(조명, 음향, 영상, 그 외), 입장 문, 퇴장 문, 인포메이션 데스크, 협의코너, 휴게소 등 회의장 안을 어떻게 구성하는가에 대한 계획이다.

2) 프로그램(행사) 연출계획

컨벤션 회의장에서 행해지는 프로그램의 연출계획은 무엇을 행하는지에 따라 달라진다. 연출에 따른 것은 진행대본에 있고, 진행대본에 의해 협의가 이루어지고 리허설이 진행된다.

프로그램의 연출계획은 진행대본을 이해하고, 참가자, 발표자, 출연자, 영상, 음향, 조명의 각 담당자가 연출자를 중심으로 프로그램의 요점이 되는 결과를 얻기 위해 노력해야 한다.

3) 전시계획

전시계획은 어떻게 전시물을 전시하면 컨벤션 콘셉트에 맞는 전시가 가능한가를 생각하는 계획이다. 그를 위해 평면도, 입면도가 작성된다. 그리고 가장 효과적인 전시방법이 검토된다.

4) 조형물의 디자인

컨벤션 회의장에서 사용되는 조형물의 디자인에 관한 것으로 예를 들면 게이트, 인포메이션 코너, 등록대, 행사장 및 무대장식, 전시코너, 휴게코너, 판매코너, 보도실 등 컨벤션 회장에 설비되고 사용되는 조형물의 디자인에 맞는 시공업자에 의해 만들어지며 설치된다.

5) 그래픽 표현 계획

시각적인 그래픽 표현은 컨벤션에 사용되는 조형물의 장식과 고지, PR용의 포스터, 전단, 신문, 잡지, TV 등의 광고와 스태프 유니폼, 관련 소품에 이르기까지 컨벤션에 이용되는 모든 디자인과 컬러는 컨벤션의 이미지(Event Identity)를 향상시킬 수 있으므로 매우 중요한 요소 중 하나이다.

최근에 많은 컨벤션의 심벌 마크, 심벌 컬러, 캐릭터 등 독창적이고 근대적이며 미적 감각이 뛰어난 디자인들이 늘어났다.

색상과 유니폼에서 깃발까지 참가자의 눈에 들어오고, 감동을 일으키는 것은 시각적 표현에 있다. 그러므로 그래픽의 표현플랜은 신중하게 세울 필요가 있다.

훌륭한 회장을 구성하고 준비를 하였다 해도 체계적인 그래픽의 표현계획이 없으면 행사의 이미지가 낮아지고 준비가 덜된 이미지를 줄 수 있다.

그래픽 표현Plan의 발상에 기초하는 것은 컨벤션의 콘셉트이다. 그리고 컨벤션 콘셉트를 어떻게 시각적으로 표현하는가가 포인트가 된다.

6) 행사 인쇄물 Copy 계획

컨벤션의 타이틀, 테마, 캐치프레이즈가 되는 Copy Plan에 따라서 컨벤션의 성공에 영향이 있으며 목적과 목표를 하나로 표현하는 캐치프레이즈의 Copy는 컨벤션의 콘셉트에서 나오는 것이 아니면 안된다. 그러므로 그래픽의 표현Plan과 같이 표현되는 것이 컨벤션의 고지나 홍보에 뛰어난 효과가 있다.

컨벤션을 어떻게 표현하고, 어떤 인상을 부여하는가는 Copy Plan에 달려 있다고 해도 과언이 아니다.

7) 홍보에 의한 동원계획

컨벤션에 참가자들을 동원하는 데에는 홍보Plan이 매우 중요하며 이는 컨벤션 경영의 근간이 되는 매우 중요한 포인트이다.

홍보에는 유료매체(TV, 라디오, 신문, 잡지, 포스터, 전단, 옥외광고, 그 외)에 의한 방법과 무료의 퍼블리시티(Publicity)에 의한 방법이 있다.

퍼블리시티는 매스컴에 보도자료(뉴스 릴리스)를 보내고 기사화하는 방법이다. 뉴스 릴리스는 기자가 기사 쓰는 것을 돕기 위해 컨벤션의 요점을 이해할 수 있는 간결한 보도자료를 전달한다.

보도자료는 컨벤션 이름, 기간, 장소, 개최 취지, 후원, 협찬단체, 참가 대상국가, 참가회원, 전시 참가 대상국가, 출전 대상기업, 입장 예정자 등 컨벤션의 기본적인 항목을 정리하여 기재한 것이다.

또 기자회견을 하여 컨벤션의 개요를 설명하는 경우, 개최요강을 준비한다. 개최요강에는 각종 데이터, 개최이유, 컨벤션의 메리트 등을 설명한다. 결론적으로 컨벤션의 홍보에 매체를 사용하는 경우는 유료, 퍼블리시티는 무료로 하는 것이 원칙이며 퍼블리시티의 경우 기자의 흥미를 끌기 위한 기사내용이 아니면 채택되기 어려우므로 확실한 것이어야 한다.

8) 예산계획

컨벤션은 많은 시간과 많은 비용을 필요로 하는 종합 프로젝트이며 예산에 관해서는 계획적인 수입과 지출의 안배가 필요하다. 수입확보의 방책과 지출관리 등의 예산 관리능력, 조정능력이 필요하게 된다.

많은 사람들이 관련되므로 타인에게 맡기면 책임의 소재가 불명확해질 위험이 있기 때문에 주의를 요한다. 또한 비용효과의 문제도 포함해서 주최자 측의 책임자, 예산관리 책임자, 기획사가 더욱 관심을 가져야만 된다.

9) 컨벤션의 운영계획

컨벤션을 어떻게 운영할 것인가를 위한 계획이다.

우선 컨벤션 회장의 운영에 대하여 개회(장) 시의 참가자(입장자), 프로그램의 진행과 전시물, 조형물의 반입·반출, 스태프의 관리와 교육, 화재예방과 도난방지, 컨벤션 회장의 종합 체제구축 등 컨벤션 전체를 운영하기 위한 계획을 가리킨다.

컨벤션 운영계획은 크게 관리와 운영으로 나눌 수 있다. 관리는 장소와 사람, 사물의 관리이고 운영은 컨벤션 회장에서의 프로그램과 전시물의 취급이 주된 업무가 된다. 프로그램과 전시는 조직상에 정해진 각각의 업무분담과 진행 업무들을 대본대로 실행하면 되며 대본대로 실시되는지 준비와 리허설을 소홀히 하지 않도록 한다.

(1) 운영 매뉴얼

실제 컨벤션 실시에 있어서 원활하게 컨벤션이 운영되도록 실시 운영의 지휘, 명령지시, 사고, 트러블, 연락, 긴급사고 대책, 대처방법 등의 수단을 매뉴얼 북에 정리하여 누가 보아도 알기 쉽도록 해둔다. 대본의 말미에 긴급 시의 연락망, 출연자·스태프의 연락망, 주차장 약도 등을 적어두면 생각지 못한 경우에 도움이 된다.

컨벤션에서 돌발사고의 대응이 불충분하면 생각지 못한 혼란이 일어난다. 그러므로 관리 담당을 비롯해서 스태프에 이르기까지 운영 매뉴얼을 늘상 염두에 둔다. 그를 위해서는 스태프의 교육연수를 시행할 필요가 있다.

(2) 진행대본

컨벤션의 진행과 내용을 소책자로 정리한 것을 진행대본이라고 한다. 컨벤션의 시간 배분과 진행내용이 써 있으며, 이 진행대본을 중심으로 컨벤션이 진행된다.

컨벤션 진행대본의 크기는 B5판으로 분량은 컨벤션 내용에 따라 다르지만 많게는 60페이지 정도에서 20~30페이지 정도가 일반적이다. 표지에는 컨벤션 타이틀과 테마, 일시와 장소, 그리고 주최, 공동주최, 협찬, 후원, 기획제작 회사명 등이 쓰여 있다. 그 다음 페이지에는 프로그램, 출연자, 운영스태프, 약도, 진행표, 역할분담표, 조직표와 진행대본으로 이어지는 것이 일반적이다.

컨벤션 진행대본 작성 시 주의사항은 반드시 현장을 헌팅하는 것이다. 또 스태프와 의견일치를 보아 출연자와 협의해 두어야 한다. 그 외 컨벤션에 관련된 사람들을 반드시 사전에 만나서 이야기해 보는 것이다. 그리고 실제로 현장에 서 보고, 움직여 보고, 진행에 맞게 시간배분을 할 필요가 있다. 움직여 보고 그 자리에서 대사를 해 보면 계산상으로는 나타나지 않던 뜻밖의 일을 발견할 수도 있다.

즉 실제로 움직여 보고 시계를 상대로 진행대본을 재현하고 확인해 보는 것이다.

그것이 가장 실수를 적게 하는 방법이다. 회장을 빌려서 행하는 경우는 특히 회장의 다양한 사람들과의 협력(커뮤니케이션)이 필요하다.

(3) 진행대본의 작성방법

컨벤션 진행대본의 구성에 대해서 특별히 정해진 것은 없지만 보기 쉽고, 알기 쉽고 사용하기 쉽게 하는 것이 가장 중요하다. 대본 작성 시 상단에 진행시간표, 중단에 음향 · 조명 · 연출, 하단에 대사를 쓴다.

또 상부에 시간, 그 다음 단에 무대상의 연출 · 움직임, 3단째에 조명, 4단째에 음악과 효과음, 5단째에 사회자 · 출연자 등의 대사가 오는 것도 있다.

(4) 반입, 설치운영

컨벤션을 실시하는 경우 가장 중요한 작업은 컨벤션 관련 물품의 반입과 회장을 만드는 설치작업이다. 반입은 반입 문, 동선, 주차장, 임시보관소, 하역 작업장소, 설치장소, 반입시간, 반입 스케줄, 금지사항 등 많은 제약 가운데 차량에 의해 반입을 행하기 때문에 사무국은 사전에 반입에 필요한 정보를 주고 반입을 관리·감독해야만 한다.

또 설치에 관해서도 컨벤션 회사, 디자인 관계사무소, 기초공사, 부스, 조형물, 장식의 시공회사, 경비회사, 전기, 가스, 수도, 제조회사로부터 제품을 반입하는 업자, 그 외 많은 관계자들이 서로 연관되기 때문에 현장 책임자는 항상 세심한 배려와 계획이 있어야 실행 시 원활한 관리운영을 할 수 있다.

(5) 입장자의 유도안내

컨벤션 행사장에 입장하는 사람들을 친절하게 안내하고, 작업의 흐름이 원활하게 이루어지도록 유도하며 많은 사람들이 한 장소에 집중되는 것을 방지하는 등의 교육을 스태프들에게 시켜야 사고를 방지할 수 있다.

또 입장하는 사람들뿐만 아니라 자동차의 유도도 필요하다. 생각지 못한 사고가 발생할 가능성이 있으므로 주의를 요하며 유도에 관계된 스태프의 업무와 경비회사의 업무에 관하여 상세한 사전협의가 필요하다. 또한 경찰서에 안전경비를 의뢰하는 것도 생각해 두어야 한다. 최근 컨벤션 행사장에서의 사고는 전시장 입구의 혼란이나 컨벤션 행사장의 각종 시설의 관리 미숙에 의한 사고가 많다.

(6) 철거 및 반출

컨벤션 행사가 끝나면 반입한 조형물, 전시품 등의 반출작업이 행해지며 철거도 반입과 같이 스케줄을 정하여 실시하지 않으면 혼란이 생긴다. 컨벤션의 형식과 내용에 따라서도 순서를 정하지만 시간의 배분을 고려하여 철거해야 한다. 따라서 출전자, 참가자에게 반입에 관해서 사전에 설명할 때 철거에 관해서도 설명해 둘 필요가 있으며 특히 귀중한 전시품 등의 반출에 대해서는 신중을 기해야 한다.

제4장

실전 컨벤션 기획서 작성법

- Ⅰ 국제회의 기획 시 주요 체크항목
- Ⅱ 국제회의 주요 항목별 기획서 작성법
- Ⅲ 전시회 기획 시 주요 체크항목
- Ⅳ 주요 홍보전략 및 계획수립법
- Ⅴ 예산편성법

Ⅰ. 국제회의 기획 시 주요 체크항목

일반적으로 행사 기획서는 행사의 목적에 따라 매우 다양하게 작성된다. 국제회의 기획 시, 우선 주요 회의 프로그램 및 관련 행사(전시, 관광 및 동반자 프로그램 등)가 결정되어야 이에 따른 준비 업무별 세부계획이 세워진다.

1. 회의 프로그램

국제회의의 개최 시, 주요 행사인 회의 프로그램은 어떤 구성과 형태, 진행방법에 의해 이루어지는지가 결정되면 그 후 실행을 위한 단계별 준비작업이 진행된다.

1) 프로그램 구성

(1) 주최측인 국제본부의 프로그램에 대한 요구나 의견, 회의유치 시에 작성한 개최 제안서상의 프로그램을 참고하여 본 회의 프로그램을 구성한다.

(2) 프로그램의 구성과 내용에 따라 회의의 성공여부가 결정된다. 즉 이는 회의 프로그램에 따라 회의 참가자의 수가 증가하기 때문이다.

(3) 프로그램의 편성권이 국내 조직위원회에 있을 경우, 국제본부와 조정해 나가면서 테마의 선정, 주요 의제의 결정, 분과회의 테마 등을 결정한다. 설혹 회의 프로그램의 편성권이 조직위원회에 있다 해도 국제본부와 조정을 거치는 것이 좋다.

(4) 회의 프로그램의 일정 내용 : 등록접수, 개회식, 폐회식, 기조강연, 초대강연, 심포지엄, 분과회의, 패널 디스커션, 커피브레이크, 포스터 섹션, 파티, 리셉션, 동반자 프로그램, 시찰여행, 관광, 전시회 등의 일정을 세운다.

(5) 회의의 목적 : 회의의 목적을 달성하기 위해 필요한 각종 활동과 가장 효과적인 실행방법, 적절한 시간을 결정해야 한다.

(6) 가능한 한 참가자의 관심을 끌 수 있는 주제와 연사를 선정, 다양한 진행방법을 사용해야 한다.

(7) 프로그램을 구성할 때 과거 프로그램 내용을 참고로 하여 그 회의만의 독창성을 살려야 하며 참가자의 입장에서 프로그램을 작성해야 한다.

(8) 최근에는 포스터 섹션, 소수의 나이트섹션, 워크숍, 영상섹션이 늘고 있는 경향을 보인다.

(9) 프로그램은 오전과 오후로 배정하며, 적어도 커피브레이크 시간은 오후 한 번은 배정(약 15~30분 정도)토록 한다. 무리하게 많은 프로그램을 넣어 참가자들에게 피로감과 무료함을 주어서는 안된다.

2) 회의 프로그램의 형태

참가자 전원을 대상으로 개최되는 전체 회의와 소수의 회원이 참가하는 소집단회의(분과회의)를 적절히 배정하여 참가자들이 흥미를 잃지 않도록 하는 것이 좋은 프로그램 편성방법이다.

(1) Plenary Sessions / General Sessions
개, 폐회식 등 전체회원이 참가하는 회의

(2) Breakout Sessions

① 주제를 심도 있게 다루기 위해 일부 참가자만을 대상으로 한 분과회의로 Workshop 또는 Round Tables라고도 한다.

② 보다 작은 범위의 고유의 토픽에 대해 참가자가 자유로운 입장에서 각각 의견을 말하고 분석적으로 문제를 파고든다는 특징이 있다.

가. Concurrent Session : 같은 시간대에 서로 다른 주제를 다루는 여러 개의 소집단회의가 동시에 개최되는 경우로 20개에서 200개까지의 Session이 한꺼번에 개최될 수도 있다.

나. Prerequisite Sessions : 소집단회의의 일종으로 일정한 조건에 의해 참가대상이 제한되어 있는 회의

3) 회의시간 배정

회의의 하루 스케줄은 보통 09 : 00 – 17 : 00까지 지속되는데 이 시간 중 3~4개

의 Session을 개최하는 것이 바람직하며 일반적으로 사람이 정신적으로나 육체적으로 정신을 집중할 수 있는 시간은 1시간 50분에서 2시간 이내이다. 따라서 각 회기는 50분 정도로 편성하고 2회기가 끝난 후에는 반드시 커피브레이크 등 휴식시간을 배정해야 한다.

강의 형식이나 어려운 주제가 취급되는 Session이라면 정신적·육체적으로 좋은 컨디션을 유지할 수 있는 오전 09 : 30 - 12 : 00 사이에 배치하고 참가자가 회의 참가를 위해 사전에 많은 준비를 해야 하는 Session이라면 휴식시간 뒤에 배치하도록 한다.

4) 회의 진행방법

최근의 회의 진행방법을 보면 참가자들에게 좀 더 적극적인 참여를 요구한다. 가만히 앉아서 청취하는 수동적인 방법보다는 첨단 기자재를 이용하고 이벤트를 개최하는 등 참가자의 흥미와 참여를 유도하는 방법이 사용되고 있다. 아래에 제시된 진행방법들을 잘 혼합하여 회의 진행을 입체적으로 하는 것이 좋은 프로그램을 구성하는 요령이라 할 수 있다.

(1) 강연회

주로 전체회의에 사용되는 방식으로 보통 저명인사의 연설을 듣는 것만을 주로 하며 질의 응답은 하지 않는다. 질의 응답을 하는 경우에는 사전에 강사에게 알려 승낙을 받아야 한다. 강연자는 강의 시에 관련 영상물, 비디오, 각종 PT자료 등 강의 내용의 이해를 도울 수 있는 시청각 교재를 이용하여 참가자의 관심을 유도하도록 한다.

① 특별강연
② 기념강연
③ 문화강연

(2) 패널(Pannel) / 심포지엄(Symposium) / 포럼(Forum)

전체회의와 소규모회의 모두에 사용될 수 있으며 청중의 참가를 유도할 수 있는 효과적인 방법이다. 제각기 목적과 성격이 다르나 형태적으로는 별 차이가 없다.

심포지엄을 예로 들어 보자. 우선 사회자가 섹션의 취지와 목적을 설명하고 각 스피커를 소개하며, 제각기 다른 역할이 주어져 있는 스피커들이 사회자의 소개로 주어진 시간 내에 스피치(하나의 주제에 대해 서로 견해를 달리하는 2~8명의 연사/패널리스트가 각자의 의견을 발표함)를 하게 된다. 이때 각 스피치를 종합해 보면 청중은 과제 전체를 이해할 수 있다. 각 스피커의 스피치 후에 사회자 주재로 각 발표자 간의 디스커션이 이루어지고, 중간중간에 사회자가 청중으로부터 질문을 받아 청중과 발표자 간에 디스커션이 이루어지게 한다. 청중의 질문은 그 장소에서 직접 접수받는 경우도 있으나, 미리 질문표를 제출받아 사회자가 질문의 요지를 파악한 후에 질문을 허락해야 불필요한 질문, 중복 질문 등을 피할 수 있다.

(3) 소집단회의(Round Table, Workshop)

사전적 의미로서는 회합 및 훈련회의를 워크숍이라고 지칭하며, 참가자의 적극적인 참여를 유도할 수 있는 또 다른 방법으로 참가자들을 소단위 그룹으로 편성하여 주어진 문제의 해결방법을 찾도록 하는 것이다.

(4) Poster Session(Presentation)

포스터 세션은 학술회의/과학, 기술 회의에서 많이 사용되는 방식으로서 회의에서 발표의 한 방법인 동시에 전시방법의 하나이기도 하다. 구두로 설명하는 것보다 그림, 사진을 곁들여 문자로 설명하는 편이 이해하기 쉽고 발표내용을 연속적으로 게시해 두고 싶은 경우에 흔히 사용되는데 발표자가 공고판에 발표내용을 게시하고 게시판 주변에 대기하고 있으므로 그 테마에 관심이 있는 참가자와 토론을 할 수 있다. 이 Poster Session의 경우 사전에 발표자에게 반입·반출 시 Poster의 크기, 설치방법, 운영방식을 알려야 한다.

(5) Free Communication, Free Paper, Prompt Paper

일반공모 테마에 가장 많이 주어지는 발표형식으로 같은 테마의 연제를 하나의 섹션으로 잡고, 발표자 한 사람당 통상 5~15분 정도의 시간이 주어진다. 사회자의 소개에 의해 한 사람씩 자신의 시간 내에 발표를 하고, 토론은 각 발표자의 발언이 끝난 후 각각 2~5분 정도의 시간이 할당되는 경우와 2~3제마다 또는 섹션을 통틀어서 토론시간이 주어지는 경우가 있다.

2. 회의관련 행사

국제회의에는 국내・외 각지에서 각계각층의 사람들이 참가한다. 이들 참가자에게는 회의 중 또는 전, 후에 행해지는 관광과 리셉션 등의 관련 행사가 큰 즐거움이자 참가 목적의 하나가 될 수 있다. 매력 있는 관련 행사의 기획은 참가자 증가의 관건이 될 수 있으며 주요 관련 행사와 그 기획상의 주의점은 다음과 같다.

1) Coffee Break

회의 중간 참가자들이 음료수와 간식을 하면서 담소하는 휴식시간이 필요하며 프로그램 작성 시에 반드시 반영해야 한다. 행사의 형식을 따르지는 않으나 참가자, 발표자 간의 대화의 장으로서 중요한 역할을 한다. 오전, 오후 각 1회씩 개최하는 경우와 오후 1회만 개최하는 경우가 있는데 휴식시간은 1시간당 15~30분 정도를 할애하는 것이 좋다. 휴게실을 별도로 준비하거나 로비 등을 이용하는 경우가 많다.

2) 식사 / 리셉션

리셉션은 회의참가자 간의 친목을 깊게 하고 개최지 관계자와의 의견교환의 장이 되며 회의를 성공적으로 이끌어 가는 윤활유의 역할을 하게 된다. 대부분의 국제회의에서는 주최기관, 개최도시 등이 비용을 부담하여 참가자 무료초대에 의한 식사/ 리셉션을 개최하고 있으나 참가자로부터 회비를 받아 치러지는 경우도 있다. 식사/ 리셉션은 주최 측의 비용 부담여부에 관계없이 프로그램상에 반드시 그 시간이 반영되어야 하며, 리셉션의 종류나 수는 과거 회의의 관습에 따르는 것이 무난하다. 또한 해외 참가자들을 고려하여 한국적 분위기를 살려 특색

있게 연출하도록 한다.

리셉션은 공식행사이기 때문에 반드시 사전 홍보하고 프로그램에 기재하는 등 참가자에게 사전에 충분히 주지시켜야 한다. 특히 정식 리셉션의 경우는 반드시 초대장을 송부하여 참가여부를 확인할 필요가 있다.

또한 사무국에서는 공식행사와 비공식 사교행사 계획을 파악하여 행사시간이 중복되는 경우가 없도록 조정해야 한다. 경우에 따라서는 행사장까지 셔틀버스가 운행되어야 하며 동일한 성격의 리셉션이 연속되지 않도록 한다. 즉 대개 국내에서 개최되는 국제회의의 경우 비슷한 리셉션이 연속되어 참가자가 지루해하는 경우가 많다는 점에서 사무국은 리셉션 형식이나 메뉴, 참가자의 자유시간이나 휴식을 고려하여 즐겁고 유익한 사교행사가 되도록 한다.

(1) 주최자별 식사 / 리셉션의 분류

① 공식적인 리셉션(식사)

가. 회의 주최 국제기구와 조직위에서 주최하는 것

나. 관련 관청에서 주최하는 것

다. 지방자치단체에서 주최하는 것

② 행사를 후원하는 리셉션(식사)

가. 관련 기업, 단체가 주최하는 것

나. 차기 주최국에서 주최하는 것 등이 있다.

(2) 식사 / 리셉션의 형식

① 정식 만찬(Dinner Party) : 격식에 따라 Formal, Semi-formal, Informal로 구별된다. 의례적으로 착석(Sit Down)하여 진행된다.

② 오찬(Luncheon) : 주류는 좀 줄이고 회의장 내에서 행해지는 경우가 많다. 임원, 초대자 등 소수의 인원을 대상으로 한 리셉션에 주로 이용된다.

③ 뷔페(Buffet) : 리셉션의 형식으로 가장 많이 행해진다. 회장 내의 이동이 자유롭고 부담 없이 환담을 즐길 수 있으며 주최자로서도 준비가 간편하다.

④ 칵테일(Cocktail) : 음료가 중심이 되고 안주 정도의 가벼운 식사가 제공

되는 파티로 통상 저녁 전에 개최된다. 격식은 없고 편안하게 퇴장이 가능하다.

(3) 레이아웃 설정 시 체크사항

① 연회장의 크기를 정확히 파악
② 프로그램 및 메뉴를 사전에 확정
③ 연회에 필요한 장비의 크기를 숙지
④ VIP테이블의 결정
⑤ 참가자의 안전을 위한 소방 통로를 고려
⑥ 참가자의 인원을 확정
⑦ 고객의 동선과 서비스 동선을 고려
⑧ Entertainment 및 시청각 기자재의 사용 유무
⑨ 연회장의 각종 시설물을 숙지

(4) 장소 예약 시 고려사항

① 수용 공간 : 인원수, 장비, 무대 등
② Table Layout : U Type, A Board Director Type, Schoolroom Type 등 수용 인원 차이
③ 행사 전후의 예약사항 : 준비시간 고려
④ 행사장 간의 예약사항 : 소음, 기업체 간 비밀 보장
⑤ 법 규정에 의한 안전, 소방 등 고려
⑥ 장애자를 위한 편의시설의 제공
⑦ 적정수용인원에 맞는 행사장 예약이 주요함
⑧ 취소 가능일을 예약 후 2주, 행사 30일 전

(5) 인력 배치

① 행사 인원에 맞는 직원의 배치
② Set Menu, Buffet, Cocktail 등에 따른 소요직원 산출
③ 행사 준비를 위한 관련 부서의 인력 배치 : 주방, 시설, 객실 정비, 음료 등

④ 업무의 분장 : Function Book Coordinator, Service, Person, Catering Manager 등
⑤ 준비에서 종료까지 문제 발생의 최소화
가. 음식의 부족
나. 예상 밖의 인원수 증가
다. 장비의 오작동
라. 장비 작동을 요청하는 고객
마. 안전사고, 화재경보
바. 출연진의 도착 지연 및 취소 등

(6) 진행 시 체크 포인트
① 안내 문안(Lobby Posting, Plancard, Backboard 등)
② 메뉴의 문안, 메뉴 표기, 특히 메뉴의 이해
③ VIP별 음식의 기호도, 와인, 음료
④ 인원 및 VIP : VIP 대기실
⑤ Head Table
⑥ 패용 꽃
⑦ 안내 순서, 방법 : 연단과 연설문
⑧ 명찰의 탈자
⑨ 공연의 경우 공연자 리허설 및 도착시간
⑩ 시청각 기자재, 마이크, 조명 등의 사전 점검

3) 관 광

국제회의에서는 대체적으로 회의 전후에 여행을 계획하지만 참가자의 휴식을 위해 회의 중에 관광을 실시하는 경우도 있다. 또 일반적으로 관광과는 별도로 회의내용을 보충하기 위한 시찰도 실시된다.

(1) 회의 전 관광

일반적이지는 않지만 회의 종료 즉시 귀국하지 않으면 안되는 참가자의 편의를 위해서 실시하는 경우가 있다. 등록 전이기 때문에 참가인수의 파악이 어렵고

변경될 확률이 높기 때문에 주의할 필요가 있다.

⑵ 회의 중 관광

회의 전후의 관광이 참가자의 부담으로 행해지는 것에 비해 회의 중 관광은 주최 측에서 부담하는 경우가 많고 기간도 짧다. 회기 중의 1일을 Excursion Day로 프로그램에 넣어두는 경우도 있으나 회기가 3~4일의 단기간일 때에는 실시하지 않는 경우가 많다.

⑶ 회의 후 관광

대부분의 회의에서 실시되며 주로 2~3일 코스와 5~6일 코스를 2~3종류 기획하는 경우가 많다. 주최자가 초대하여 실시하는 회기 중 여행은 주최자 측의 일원이 동행하여 알선을 담당하지만 회의 전후 여행은 여행사에 일임하기 때문에 주최 측이 동행하는 경우는 많지 않다. 관광 프로그램에 관해서는 신뢰성 있는 여행사에 위탁하며 회의장 내에 전담 여행사의 데스크를 설치하여 참가자의 편의를 도모하는 것이 좋다.

⑷ 학술관련 시설의 견학

전문기술회의와 학술회의가 개최되는 경우 이 회의에 관련한 시설의 견학이 종종 행해진다.

⑸ 산업시찰

공장견학은 회의내용과 같은 목적으로 회의내용의 보충을 위해 실시하는 경우와 주최국의 기술현장을 견학케 하려는 관광·홍보적 측면에서 실시되는 경우가 있다.

4) 동반자 프로그램

회의의 취지와 목적에 따라 행사 내용과 진행방법이 상이하지만 회의만 충실하다고 해서 회의가 성공적이라고 할 수는 없다. 함께 참가하는 동반자 프로그램을 좀 더 고객 마인드로 기획·진행함으로써 적극적인 참가자 유치와 참가 대상자들의 만족도를 높일 수 있다.

동반자 프로그램은 주로 한 장소에서 참가자가 이동하지 않고 여러 가지 프로그램을 실시하는 방법과 참가자를 버스로 수송하여 다른 장소를 방문 체험하게 하는 두 가지 방법이 있다.

일반적으로 동반자 프로그램은 체험 관광, 쇼핑, 한국 전통문화의 소개를 중심으로 편성되나 단지 관광 그 자체보다 전통음식 만들기, 다도나 도예 같은 체험 프로그램의 구성은 참가자들에게 더욱더 큰 매력을 주기 때문에 정형적인 형태를 벗어나 새로운 프로그램 개발이 우선되어야 한다.

따라서 참가신청 시, 참가자와 동반자의 취미를 조사하여 취미와 관련된 프로그램 구성이 고려되어야 하며, 진행상에 어려움이 없다면 여러 가지의 취미 프로그램 및 관련인과 함께하는 프로그램의 진행 역시 회의 참가자들에게는 큰 의미를 부여할 수 있다.

〈G20 정상부인들, 창덕궁서 한국의 美에 '푹'〉

한복패션쇼 관람하는 G20 참가 정상 부인들 ① : 김윤옥 여사를 비롯한 G20 서울정상회의 참가국 정상 부인들이 12일 오전 서울 창덕궁 연경당에서 열린 한복패션쇼를 관람하고 있다. [2010.11.12 mtkht@yna.co.kr(서울 = 연합뉴스 김현태 기자)]

추운 날씨에도 한복패션쇼에서 감탄사 연발

[(서울=연합뉴스) 노재현·유현민·김연숙 기자] 서울 G20(주요 20개국) 정상회의에 참가한 각국 정상 및 국제기구 대표들의 부인 14명이 12일 오전 종로구 율곡로 창덕궁을 찾아 한국의 아름다움에 흠뻑 빠졌다.

조선시대 궁궐 중 원형이 가장 잘 보존돼 있고 빼어난 경치로 유명한 창덕궁 관람은 G20 정상들의 배우자에게 한국의 전통문화를 알리는 차원에서 기획됐고, 한복패션쇼를 비롯한 다채로운 일정으로 꾸며졌다.

G20 정상회의 준비위원회는 전날 밤 서울에 황사경보가 발령됨에 따라 한복패션쇼 장소를 창덕궁에서 정동극장으로 옮기는 방안을 검토했지만 이날 새벽 날씨가 좋아지면서 예정대로 행사를 진행했다.

행사에 참가한 G20 정상들의 배우자는 이명박 대통령의 부인인 김윤옥 여사를 비롯해 로린 하퍼 캐나다 총리 부인, 구르사란 코르 인도 총리 부인, 게흐트위 반 롬퓌이 EU(유럽연합) 상임의장 부인, 크리스티아니 헤라와티 인도네시아 대통령 부인, 에미네 에르도안 터키 총리 부인, 마르가리따 사발라 고메스 델 깜뽀 멕시코 대통령 부인, 클로리아 본기 은게마 남아공 대통령 약혼녀 등 8명이다.

한복패션쇼 관람하는 G20 참가 정상 부인들 ②

여기에 초청국 정상의 배우자인 쩐 타잉 끼엠 베트남 총리 부인, 호 칭 싱가포르 총리 부인, 아젭 메스핀 에티오피아 총리 부인, 칼리스타 무타리카 말라위 대통령 부인과 국제기구 대표의 배우자인 유순택 유엔 사무총장 부인, 룰루 구리아 OECD(경제개발협력기구) 사무총장 부인도 포함됐다.

창덕궁 체험은 물 속에 돌기둥을 세워 만든 금천교부터 시작됐다.

정상부인들은 오전 10시께 차례로 창덕궁에 입장한 뒤 금천교 앞에서 유인촌 문화체육관광부 장관의 영접을 받은 뒤 한복을 차려입은 창덕궁 문화해설사들의 안내에 따라 낙엽이 쌓인 궁궐을 5분간 걸으면서 한국의 가을정취를 만끽했다.

이들은 바람이 동반된 추운 날씨에 두꺼운 외투를 입었지만 창덕궁의 아름다움에 시종일관 웃음을 잃지 않았다.

한복의 아름다움 : 김윤옥 여사를 비롯한 G20 서울정상회의 참가국 정상 부인들이 12일 오전 서울 창덕궁 연경당에서 열린 한복패션쇼를 관람한 가운데 모델이 한복의 아름다움을 선보이고 있다. [2010.11.12 mtkht@yna.co.kr(서울 = 연합뉴스 김현태 기자)]

이들은 이어 숙정문에서 친환경 전기차를 타고 1km 이동한 뒤 네모난 연못인 부용지에서 김 여사의 영접을 받았다. 이때 국립국악원 정악단원 7명이 연주하는 대금독주곡 '청성자진한잎'과 관현합주 '현악영산회상' 음악이 흘러나왔고 정상부인들은 부용지 옆에 마련된 온돌의자에 앉아 연꽃차와 국화차를 마시면서 담소를 나눴다.

행사의 백미는 오전 11시께 창덕궁 내 민가형식의 목조건물인 연경당 안마당에서 펼쳐진 한복패션쇼였다.

정상부인들은 연경당에 들어서기 전 문앞에서 '계수나무 괴석에 새겨진 두꺼비를 만지면 행운이 온다'는 설명을 듣고서 직접 다가가 돌을 쓰다듬은 뒤 서로에게 "You're lucky(당신은 운이 좋다)"라고 말하면서 웃음을 터뜨렸다.

창덕궁 관람하는 G20 참가 정상 배우자들 : 김윤옥 여사를 비롯한 G20 서울정상회의 참가국 정상 부인들이 12일 오전 서울 창덕궁을 방문해 관람하고 있다. [2010.11.12 mtkht@yna.co.kr(서울=연합뉴스 김현태 기자)]

패션쇼에서는 해금 및 가야금 음악이 연주되는 가운데 한복 디자이너 김영석 씨와 이영희 씨가 전통미와 현대미를 조화시켜 준비한 작품 24벌이 선보였다.

패션쇼가 시작되자 정상 부인들은 직접 카메라를 들고 사진을 찍고 박수를 치느라 바빴고 일부는 추위에 코끝이 빨개지기도 했지만 형형색색의 한복을 곱게 차려입은 모델들에서 좀처럼 시선을 떼지 못했다.

특히 고메스 델 깜뽀 멕시코 대통령 부인은 행사 내내 계속 웃으면서 즐거움을 감추지 못했고 여기저기서 'Beautiful!(아름답다!)'이라는 감탄사가 터져나왔다.

정상 부인들은 패션쇼가 20분 만에 끝나자 아쉽다는 듯 모델들과 함께 기념촬영을 한 뒤 버스를 타고 오찬 장소인 성북구 성북동의 한국가구박물관으로 이동했다. [출처: 연합뉴스 2010.11.12]

3. 국제회의 기획 시 주요 체크항목

1) 행사개요

항 목	내 용	비 고
1. △△△ 개요(메인회의)	1) 목적 및 연혁 2) △△△ 역대 개최현황 3) 운영위원회 명단	
2. 제○차 △△△ 회의 개요	1) 제○차 △△△ 회의 유치경위 2) 개최 목적 3) 회의기간 및 회의장소 4) 주최 및 참가 규모 5) 회의 공용어 6) 회의 주제 ① 전체회의 ② 분과회의 7) 회의 일정 8) 주요행사 ① 운영위원회 ② 회의 ③ 산업시찰 ④ 동반자 행사 ⑤ 연회 9) 기대효과	
3. 제○차△△△ 회의개최 준비방침		
4. 제○차 △△△ 회의조직위원회	1) 조직 명칭 2) 규정제정 경위 3) 조직의 기능 4) 조직 구성 5) 조직부서별 업무 ① 조직위원회 ② 자문위원회 ③ 실행위원회 ④ 사 무 국 6) 위원회 명단 ① 고문 및 조직위원회 위원 ② 자문위원회 위원 ③ 실행위원회 위원	

항 목	내 용	비 고
4. 제○차 △△△ 회의조직위원회	7) 제10차 △△△ 조직위원회 규정 제1조 : 목적, 제2조 : 운영 제3조 : 임무, 제4조 : 구성 제5조 : 이사회, 제6조 : 분과위원회 제7조 : 실행위원회, 제8조 : 사무국 부칙 8) △△△ 유관기관 명단	
5. 사무국	1) 운영방침 2) 사무국 인원현황 3) 업무별 세부조직 편성	
6. 정부 및 관련 기관 협조사항	1) 관련 기관, 단체, 협회 등에 업무협조 ① 입출국 관련 ② VIP 의전 ③ 수송 및 숙박 ④ 관광 및 사교행사 ⑤ 기타	
7. 추진 일정	1) 단계별 추진 일정 2) 행사별 추진 일정	

2) 업무별 세부계획

① 등 록

항 목	내 용	비 고
1. 개 요	1) 기본 방향 2) 조직 3) 등록비 ① 국외 ② 국내	
2. 사전 준비업무	1) 등록신청서 제작, 발송 및 접수 ① 등록신청서 내용 양식(국외, 국내) ② 등록신청서 발송 ③ 등록신청서 접수	

<table>
<tr><td>2. 사전 준비업무</td><td>2) 등록자 List 작성
① 등록자 리스트 출력 양식
㉠ 등록사항
㉡ 등록비, 예치금 사항
㉢ 숙박사항
㉣ 관광사항
㉤ 이외에 Arrival, Departure Date, Industrial Tour 등
3) Confirmation / Receipt 제작 및 발송
① 제작(양식, 방법, 부수)
② 발송
4) 등록의 변경 및 취소
① 등록의 변경
② 등록의 취소
5) Registration Card 제작 및 작성
① Registration Card 양식
② 제작 및 작성
6) Name Tag
① 운영방침
② Name Tag의 제작
㉠ 카테고리별 구분 표시
㉡ 개인 신상정보 표시
㉢ Name Tag 도안
㉣ 카테고리별 인쇄 수량
7) Tag Bag
① Tag Bag 내용물
② 제작(방법, 크기, 수량)
8) Congress Kit
① Congress Kit용 가방 제작
② Congress Kit 내용물
③ Kit 작업
9) 기타 등록관련 인쇄물
① 회의자료 교환권(양식, 제작, 수량)
② 현장 등록신청서
③ 현장 등록비 청구서 및 영수증(양식, 제작, 수량 등)
④ Name Tag 재발급 신청서(양식, 제작, 수량)</td><td></td></tr>
</table>

항 목	내 용	비 고
3. 현장 진행계획	1) 등록데스크 운영방침 2) 요원 계획 ① 요원 인원 계획 및 담당 업무 ② 요원 교육 3) 등록 절차 4) 업무처리 절차 ① 전 데스크 공통 ② 사전등록 데스크 ③ 현장등록 데스크 ④ 회의자료 지급 데스크 ⑤ 안내데스크 ⑥ 보조요원 5) 등록데스크 준비물품 6) Name Tag의 사전 교부 및 재교부 ① 사전 교부 ② 재교부 ③ 임시 Name Tag 교부 7) 등록데스크 설치물 ① 설치계획 ② 사양 ㉠ 데스크 유도판 ㉡ 데스크 안내판 ㉢ 데스크 명패	
4. 추진 일정표	· 준비단계별 추진 일정 - 기간별 - 업무별	

② 숙 박

항 목	내 용	비 고
1. 개 요	1) 기본 방향 2) 조직 3) 총예상 소요 객실	
2. 사전 준비사항	1) 사전 객실 확보 현황 2) 객실 예약상황 통보 3) 예약의 취소 및 변경 4) 예약접수 및 배정 ① 예약신청 접수 ㉠ 숙박신청서 송부 ㉡ 객실 예약비 ㉢ 송금방법 ㉣ 신청서 접수 ② 숙박리스트 작성 ③ 객실 배정 기준 ④ 객실료 지불방법	
3. 현장 진행계획	1) 숙박데스크 설치 운영 설치장소 및 운용기간 2) 요원 계획 ① 요원 인원 계획 및 담당 업무 ② 요원 교육 3) 숙박업무 처리절차 ① 숙박현황 통보 ② 숙박관련 정보의 제공 ③ 숙박관련 불만사항 처리 ④ 타 호텔 투숙자 안내	
4. 진행 일정	1) 준비단계별 진행 일정표 2) 업무별 일정표	

③ 회 의

항 목	내 용	비 고
1. 개 요	1) 기본 방향 2) 조직 3) 회의 일정	
2. 사전 준비업무	1) 회의장 선정 및 준비 2) △△△ 운영위원회 준비 ① 개요 ② 참석자 파악 ③ 회의자료 준비 3) 의장, 연사 합동회의 ① 개요 4) 개회식 준비 ① 개요 ② 개회식 진행순서 및 연설문 준비 ㉠ 진행순서 ㉡ 연설문 ③ 사회자 및 초청자 선정 ④ 단상 인사 ⑤ 개회식 프로그램 제작 ⑥ 세부 진행시간표 개회식 진행순서 ⑦ 개회식장 준비 ㉠ 단상 설치계획 ㉡ 단상 인사명패 제작 ㉢ 단상 인사 배치도 ㉣ 사회자 연단 ㉤ 개회식장 배치도 ㉥ 시스템 계획(음향, 조명, 영상) ⑧ 리허설 5) 폐회식 준비 ① 개요 ② 폐회식 진행순서 및 연설문 준비 ㉠ 진행순서 ㉡ 연설문 ③ 폐회식 프로그램 제작 ④ 세부 진행시간표 폐회식 진행순서 ⑤ 폐회식장 준비	

2. 사전 준비업무	6) 전체회의 및 분과회의 준비 ① 회의별 의장 선정 ② 연사 선정 ③ 요약집 ㉠ 논문 접수 마감일 설정 ㉡ 논문 의뢰 ㉢ 요약집 제작 ㉣ 배포 ④ 회의장 준비 ⑤ 회의 기자재 수급 ㉠ 회의별 수급 기자재 및 물품 ㉡ 필요 물품 조달방법 7) 요원 계획 ① 요원 인원 계획 및 담당 업무 ② 요원 교육 8) 연사 대기실 운영 9) 회의실 점검사항	
3. 추진 일정표	· 단계별 추진 일정표	

④ 통역 / 번역

항 목	내 용	비 고
1. 개 요	1) 기본 방향 2) 조직	
2. 사전 준비업무	1) 통역 언어 결정 2) 통역사 수급 및 통역기기 임대 계획 ① 회의별 통역인원 ② 통역기기 임대 계획 3) 동시통역업체 선정 및 계약 ① 통역업체 선정 기준 ② 통역업체 계약 4) 동시통역 현장 진행 ① 수신기 관리계획 ② 요원계획 및 현장 진행 5) 번역계획	
3. 추진 일정표	· 단계별 추진 일정표	

⑤ 행 사

항 목	내 용	비 고
1. 개 요	1) 기본 방향 2) 행사 조직 및 행사 종류	
2. 사전 준비업무	1) 점검사항	
3. 세부업무	1) A행사 개요 ① 준비 및 착안사항 ② 협조사항 ③ 관광안내 진행계획 ④ 요원 계획 ㉠ 소요인력 및 활용방안 ㉡ 요원 교육 ⑤ 교통관리 계획 ㉠ 소요 차량 ㉡ 승하차 및 주차장 ⑥ 세부 진행시간표 2) B행사 개요 ① 준비 및 착안사항 ② 협조사항 ③ 관광안내 진행계획 ④ 요원 계획 ㉠ 소요인력 및 활용방안 ㉡ 요원 교육 ⑤ 교통관리 계획 ㉠ 소요 차량 ㉡ 승하차 및 주차장 ⑥ 세부 진행시간표	
4. 추진 일정표	· 단계별 추진 일정 · 업무별 추진 일정	

⑥ 연 회

항 목	내 용	비 고
1. 개 요	1) 기본방향 2) 조직 및 임무	
2. 사전 준비사항		
3. Welcome Party	1) 개요(일시, 장소, 주최, 참석대상, 라인업 인사, 행사내용 등) 2) 행사장 운영계획 ① 행사장 Layout(도면) ② 뷔페 스탠드 배치계획 ③ 칵테일바 배치 및 운영계획 ④ 기타 주요시설물 준비계획 ㉠ 무대, 조명, 음향시설 ㉡ 병풍 및 칸막이 시설 등 3) 행사진행 시간계획 ① 행사준비작업 시간계획 ② 세부진행 시간계획 4) 요원 계획 ① 요원 교육 및 활용방안	
4. Reception	1) 개요(일시, 장소, 주최, 참석대상, 라인업 인사, 행사내용 등) 2) 행사장 운영계획 ① 행사장 Layout ② 뷔페 스탠드, 칵테일바 배치계획 ③ 주요시설물 준비계획 및 운영계획 ④ 기타 행사관련 준비물 3) 행사진행 시간계획 ① 행사준비 작업 시간계획 ② 세부진행 시간계획 4) 요원 계획 ① 요원 교육 및 활용방안	
5. Grand Banquet	1) 개요 2) 준비 및 착안 사항 3) 행사장 운영계획 ① 행사장소, 일정 검토 및 장소계약 ② 초청자 명단작성 및 초청장 제작 ③ 행사장 운영방안 ㉠ Menu 및 Drink류 선정 ㉡ Food Table 배치 및 운영 ㉢ Reception Desk	

항　목	내　용	비　고
5. Grand Banquet	㉣ Head Table 설치계획 ㉤ Cocktail Bar 배치 및 운영 ㉥ Dinner Table 배치 및 운영 ㉦ 무대조명, 음향시설 계획 ㉧ 인원분리 및 공연장 이동계획 ㉨ 만찬장 이동 ㉩ 공연장 이동 ㉪ 행사관련 준비물 ㉫ Dinner 서브요원 ㉬ 출연진 안내원 ㉭ 안내, 영접계획 4) 행사진행 시간계획 ① 행사준비작업 시간계획 ② 세부진행 시간계획 5) 여흥프로그램 기획 및 진행 ① 민속무용 세부 진행계획 ② 배경음악 방송 6) 요원계획 ① 소요인력 및 활용방안 ② 요원 교육	
6. 오　찬	1) 개요 2) 준비 및 착안 사항 〈Meal Ticket 문안〉 3) 행사장 운영계획 ① 행사장 Layout ② 뷔페 스탠드 배치 계획(안) ③ 기타 시설물 준비계획 ④ 행사진행 시간계획(안) ㉠ 행사진행 준비작업 시간계획 ㉡ 세부진행 시간계획 ⑤ 요원 계획 ㉠ 소요인력 및 활용방안 ㉡ 요원 교육	
7. Coffee Break	1) 개요 ① 일 시 ② 제공음료 2) 진행방침	
8. 추진 일정표	· 업무별 추진 일정	

⑦ 의 전

항 목	내 용	비 고
1. 개 요	1) 기본 방향 2) 조직 및 주요 업무	
2. 사전 준비사항	1) 입국자 명단 2) VIP 영접예정자 3) 일반참가자 영접진행표	
3. 세부 진행계획	1) 공항 영접 ① 개요 및 사전 준비사항 ② 현장 운영 ③ 영접 제작물 설치현황 ④ 영접요원의 임무 ㉠ 귀빈 영접순서 ㉡ 일반 대표 영접순서	
4. 추진 일정표	· 단계별 추진 일정 · 업무별 추진 일정	

⑧ 수 송

항 목	내 용	비 고
1. 개 요	1) 기본 방향 2) 조직 및 주요 업무	
2. 사전 준비사항	1) 사전 준비(수송, 대외 협조, 안내책자)	
3. 세부 진행계획	1) 차량동원 및 대절 기본방향 2) 일자별 수송계획 3) 대표단 수송계획(공항 : 호텔 입국수송) 4) 사전준비사항(표지물 설치 등) 5) 운송차량 소요내역	
4. 진행 일정표	· 담당 업무별 추진 일정 · 행사별 추진 일정	

⑨ 홍 보

항 목	내 용	비 고
1. 개 요	1) 기본방향 2) 조직 3) 주요 업무 4) 사전준비사항	
2. 세부 진행계획	1) 회의 안내책자 제작 및 배포 ① 제작 내역 ② 배포 대상 2) 기념품 제작 및 증정 제작 내역 3) 사진전시 및 판매 ① 기본방향 ② 전속사진업체 선정 ③ 진행방법 ④ 기록영화(비디오 테이프) 제작 ⑤ 보도용 사진 제공 ⑥ 기념앨범 제작 ⑦ 사전 조치사항 4) 포스터 제작 및 배포 5) 스티커 제작 및 배포 6) 국내홍보 ① 기본 방향 ② 단계별 전략 ③ 매체별 전략 7) Press Room 설치 운영 8) 환영 시설물 설치 9) 홍보책자 배포	
3. 진행 일정표	· 단계별 진행 일정 · 매체별 진행 일정	

Ⅱ. 국제회의 주요 항목별 기획서 작성법

어떤 기획서를 작성하건 간에 기획서의 목차 구성은 매우 중요하며 그 형태 역시 다양하다. 일반적으로 작성 시 기본이 되는 목차 구성과 그 항목별 내용은 다음과 같다.

기획서 목차 구성

1. 기획서 표지	행사명, 제출일자, 제출처(회사명)
2. 기획서 목차	목차는 흐름이 있도록 구성
3. 기획 의도(배경)	서론, 본론, 결론으로 구성
4. 컨벤션 목적(목표)	컨벤션이 추구하는 메인 목적
5. 컨벤션 개요	행사를 개략적으로 함축시킨 내용
6. 컨벤션 프로그램	공식, 회의, 부대행사 등
7. 컨벤션 조직	컨벤션 준비조직 및 실행조직
8. 업무 분담	각 조직의 부서별 업무내용
9. 업무 추진 일정	분담 업무별로 추진하여 가는 일정
10. 운영 관리계획	컨벤션 실행을 위한 운영 세부내용
11. 홍보 마케팅계획	컨벤션 목적홍보 및 참가자 동원방법
12. 예산계획	실행에 필요한 자금 및 제반 경비
13. 종료 후 평가계획	컨벤션 시작에서 종료까지의 평가내용 결과보고서 작성 등

1. 표지 제작

표지 제작의 목적은 기획서의 파손방지도 있지만, 그 기획서가 내포하고 있는 내용을 표지에 함축시켜 하나의 이미지(Project Identity)로 표현하는 데 있다. 따라서 표지는 기획서를 읽는 사람이 기획서와 처음 접하는 이미지 페이지로 기획서의 얼굴이라고 할 수 있다.

표지 제작 시 행사명, 제출시기, 제출일자를 기입하도록 하며 구상하는 행사 프로그램 내용에 알맞은 사진자료나 이미지 컷 등을 넣어 본 행사의 이미지가 한눈에 들어올 수 있도록 행사내용을 고려하여 적절하게 배치한다.

① 기획서 표지

株式會社 0000 귀중 ←기획서 제출선名

→ 서브 타이틀

000 국제회의 企劃書 (案)

0 0 0 0 0 0 0

← 어떤 기획서인지

제출일자 → 0000 년 00월

社 名 (個人名) ← 제출 회사명

주소, 전화번호, E-mail 주소 등

② 기획서 속표지 : 표지의 첫 표지를 보조하는 표지의 내용

책임 기획사 명

담당 기획사 명

경　　력

책임 기획사

주요 경력만 기재

담당 기획사

상세한 경력사항 기재

③ 기획서의 표지 사례 1

『The 28th Korea-Japan Real Estate Exchange Seminar』

기 본 기 획 (案)

20**年 7月

A-Pex 국제 컨벤션 컨설팅

서울시 광진구 000동 000타워 000호
Tel: 02) 0000 - 0088 Fax: 02) 0000 - 0088
Homepage: www.000.000 E-Mail: 000@a-pex.org

④ 기획서의 표지 사례 2

ICSID 2001 SEOUL
2001 세계산업디자인대회

실 행 계 획 서

20**. **

(주)00기획

SAMSUNG
삼성그룹 토털 커뮤니케이션 전략
SAMSUNG
제출일: 0000. 0. 0
회사명
COMMUNICATIONS

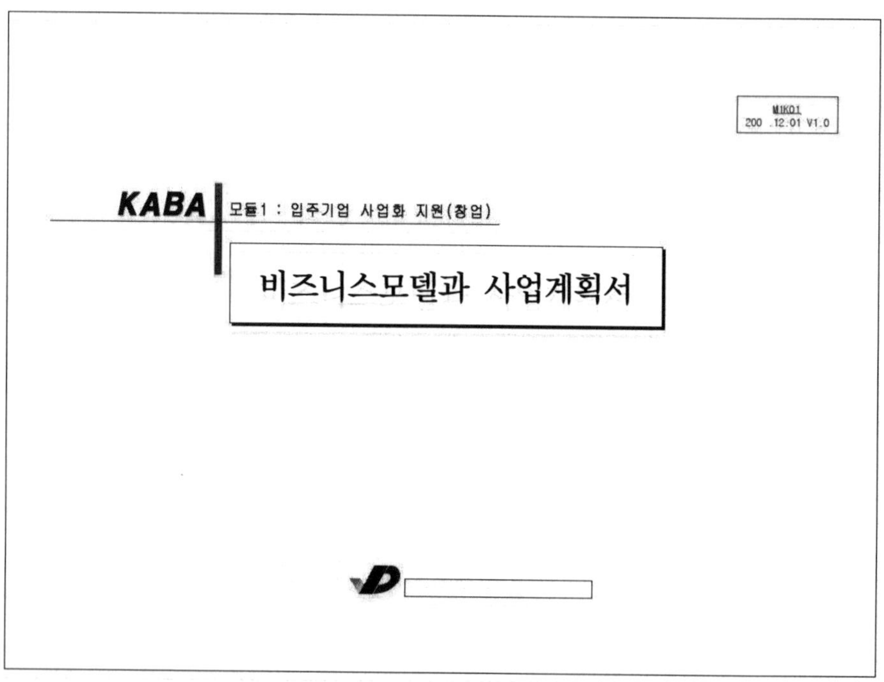
KABA
모듈1 : 입주기업 사업화 지원(창업)
비즈니스모델과 사업계획서

2. 목 차

목차는 기획자와 기획서를 읽는 사람과의 인식에 엇갈림을 방지하고, 내용의 이해를 원활하게 한다. 따라서 기획서 작성에 있어 목차의 구성이라 함은 구상단계에서 생각한 내용을 전달하고자 하는 대상과 커뮤니케이션을 이루기 쉽도록 정리 정돈한 항목의 배열이라 할 수 있다. 목차의 구성은 기획 내용 전개에 있어 무엇보다도 중요하므로 항목별 목차를 전체 흐름과 더불어 신중히 결정하도록 한다.

① 컨벤션 기획서 목차 사례 1

1. 기획 의도(배경)
2. 컨벤션 목적(목표)
3. 컨벤션 개요
4. 컨벤션 프로그램
5. 컨벤션 조직
6. 업무 분담
7. 업무 추진일정
8. 운영 관리계획
9. 동원 계획
10. 홍보 마케팅계획
11. 예산계획
12. 사후 평가계획

② 컨벤션 기획서 목차 사례 2

100. 기본계획
200. 주제 및 목표
300. 전개 전략
400. 행사 개요
500. 환영연
600. 개회식
700. 총회 및 분과회의
800. 관광, 동반자 프로그램
900. 폐회식 및 환송연
1000. 회장 디자인계획
1100. 시스템 계획
1200. 운영계획
1300. 업무 추진계획
1400. 예산계획

③ 컨벤션 기획서 목차 사례 3

목 차

Ⅰ. 00000 2001 Seoul 개요

1. 대회 개요 ....
2. 00000 2001 Seoul 위원회 명단 ....
3. 대회일정 ....
4. 주요업무 분장 ....

Ⅱ. 대회장 운영

1. 대회장 평면도 ....
2. 대회장 사용 ....
3. 회의관련 소규모 Room 사용계획 ....

Ⅲ. 부문별 업무 실행계획

1. 등록 ....
2. 회의 ....
3. 공식행사 및 사교행사 ....
4. 숙박 ....
5. 통/번역 ....
6. 영접 ....
7. 수송 ....
8. 홍보 ....
9. 장치제작물 ....
10. 관광 ....
11. 인력운영 ....
12. 기자재 배치 ....
13. 00000 회원전 ....
14. 안전대책 ....

* 별첨 1. 부분별 추진업무 일정표

3. 기획 배경

기획 배경이란 행사를 왜, 어떻게 실시하는지 그리고 그 후에 어떤 결과(파급효과)를 얻을 수 있는지에 관한 내용을 서론, 본론, 결론으로 나누어 서술한 것으로 기획을 하게 된 사유와 동기, 행사 주최 측의 제안사항, 기획의 필요성, 문제제기 등 기획 배경을 기술하는 것이며, 가급적 1매 이내로 작성하는 것이 바람직하다.

① 기획 의도 사례 1

2002 월드컵 성공 기원

따뜻한 우정을 경험하세요!
⇒ 새로운 도전과 만남의 기쁨이 시작되는 곳 '탐라대장정'

한국의 유일한 국제 관광도시 제주에서 성공적인 2002 월드컵 개최를 기원하는 행사로서 국내외 대학생을 대상으로 12박 13일간을 도보로 제주도 해안선과 관광지를 탐방하는 "2001 탐라 대장정" 행사를 개최하려고 합니다.

2002 월드컵 공동 개최국인 일본을 중심으로 한 해외 국가들을 대상으로 탐라대장정 참가자 모집 및 행사 고지를 통하여 기업 이미지를 인식·홍보시키고 월드컵 개최국의 젊은이로서 자부심과 도전의 패기를 심어 주는 데 그 목적이 있습니다.

따라서 본 행사 참가자들에게 숙식을 제공하므로 제주도 접근이 어려운 대학생들에게 참가의 메리트를 갖게 하고, 젊은 대학생들이 자기 도전을 통해 자아를 발견하며, 새로운 만남을 통해 따뜻한 우정이 있는 국제 교류의 장으로 발전시켜 나감으로써 국제자유도시 건설의 원동력이 될 것입니다.

② 기획 의도 사례 2

第28回 韓·日 國際 不動産 交流 會議

↓

• FIABCI 회원 간(한/일)의 情報交流와 친목 도모 • 濟州道 國際自由都市 建設投資環境에 대한 國內/外 弘報 • 제주觀光특구 市場에 맞는 國內/外 投資市場 形成 및 活性化

↓

"濟州 國際自由都市" 建設礎石 마련 및 活性化

4. 목적(목표)

기획과정에서 목적은 모든 준비 · 실행 단계에서 중요한 역할을 수행한다. 우선 현안에 대한 대안 채택단계에서는 설정된 목표를 달성할 수 있는 구체적 방법들이 모색되어야 되며, 각 대안들의 예측되는 결과가 추구하는 목표에 얼마나 부합되는지를 비교 · 평가하여 최선의 실행안이 선택된다. 또한 실행단계의 경우, 행사기획이 성공적으로 준비 · 실행되기 위해서는 행사의 목적과 목표가 행사 주최 측에 명확하게 전달되어야 하며, 평가단계에서도 공식적인 목적과 직 · 간접적 파급효과가 무엇인지 확인한 후 평가를 진행하게 된다.

① 기획 목적 사례 1

■ 행사목적
- 환경산업을 21세기형 전력수출산업으로 육성하기 위한 기반 조성
- 환경친화적인 도시개발 모델 선정
- 환경기술과 산업기기의 전시를 통해 제품의 개발 및 실생활 적용
- 유관단체, 환경관련업체, 환경학회의 만남의 장을 통해 국민적 공감대 형성

② 기획 목적 사례 2

창립 33주년을 통한 서민 주거환경 개선의 주공史를 공동적으로 인식함으로써	→	주공인의 일체감 조성 및 자긍심 고취
미래형 기업의 개혁의지를 표명하는 거사적 행사를 통해 대내외 관심을 제고시킴으로써	→	제2의 도약을 위한 개혁의지 천명
21C Vision 선포를 통한 新경영이념 실현과 사풍 조성으로 공기업으로서의 위상을 정립함으로써	→	비전 실현을 위한 행동개혁 선언

5. 개 요

일반적으로 개요는 보고서 분량이 많을 경우 기획서의 핵심내용을 일목요연하게 간추려 이해하기 쉽도록 하기 위해 가급적 1매 이내로 하고 '5W 1H' 6하원칙을 준수하여 각 항목마다 간결하게 작성하도록 한다.

① 기획 개요 사례 1

구 분	내 용	비 고
1. 행 사 명	"제28회 韓日不動產交流會議" · 濟州國內外投資誘致大會	
2. 행사 일시	· 2002. 11. 6(수) ~ 11. 9(토) 3박 4일간	
3. 행사 장소	· 롯데호텔	(예정)
4. 참가 대상	· 한/일FIABCI 회원, 제주도 투자관련기관 및 기업, 관련학과 학생 지부별 회원 등 일반 기타	
5. 대상 인원	· 300명	(예정)
6. 행사 내용	1) 세미나 : ① 학술 ② 기관투자 유치 설명 ③ 기업 및 일반 투자 설명 2) 사교행사 : Welcome Reception, Farewell Banquet 친선 골프대회, 제주의 밤 만찬, 관광 3) 전시회	

구 분	내 용	비 고
7. 추진 조직	· 주최 : (사) 한국부동산연합회, (사) 전일본부동산협회, 세계부동산연합회 한국지부(FIABCI-KOREA) · 주관 : A-Pex 국제 컨벤션컨설팅, 부동산 경제신문사 부동산 경제TV · 후원 : 건설교통부, 생보부동산신탁, 한국감정평가협회, 대한공인중개사협회, 전국부동산중개업협회, (사)한국부동산분석학회, 매일경제신문사 · 협찬 : 삼성에버랜드, 동부건설	

② 기획 개요 사례 2

구 분	내 용	비 고
회의명	· 제53차 FIFA총회 *53rd Ordinary FIFA Congress*	
기 간	· 2002년 5월 27일 ~ 31일(5일간)	
장 소	· 개막식, 총회 : 서울 힐튼호텔 컨벤션홀 · 환영만찬 행사장 : 경복궁(경회루, 근정전)	
주 제	· *Global Teamwork*	
행사대상	· FIFA회원국 대표 및 임원진 700명 포함 총 1,400명	· 개회식 : 1,400명 · 총 회 : 1,100명
행사내용	· 개회식 · 공식 리셉션 · FIFA총회 · KOWOC위원장 주최 리셉션 및 만찬 등	

③ 기획 개요 사례 3

기 획 개 요

• 행 사 명 : 대구국제섬유염색산업전
TAEGU INTERNATIONAL DYETEC EXHIBITION(영문)
2001 TAEGU TIDEx(약칭)

• 행사기간 : 2001. 04. 12(목) ~ 16(월) 예정
10 : 00 – 19 : 00

• 행 사 장 : 대구전시컨벤션센터(EXCO DAEGU) : 대구종합무역센터

• 대 상 : 국내외 바이어 및 관련업체, 기관, 학생 및 일반인

• 행사내용 : ① 섬유염색전시회
② 관련 세미나 및 투자설명회
③ 기타 부대행사

• 출품대상 : ① 대구섬유염색산업체
② 해외 관련업체
③ 관련 단체, 기관 등

• 주 최 : 대구광역시, 대구경북섬유염색조합

• 주 관 : TICOEX

• 협 찬 : 추후 결정

• 후 원 : 한국섬유개발원, 한국염색기술연구소, 한국염색가공학회, 대구광역시, 대구상공회의소, 대구종합무역센터 등(예정)

6. 행사 내용

행사 목적에 의해 "어떤 내용으로 진행하는가"에 대한 내용적 부분이 본 단계에서 피력되어야 한다. 기획서 작성 시, 시작 상황과 최후 목적을 이어주는 내용적 부분으로서 행사 내용이 결정되면 그 내용에 따라 방법론적인 How to가 다음 항목에서 제시되어야 한다.

회의 기획 시 행사 프로그램은 국제본부의 프로그램에 대한 요구나 의견, 회의 유치 시에 작성한 개최 제안서상의 프로그램을 참고하여 본 회의 프로그램을 구성하며, 행사 프로그램의 구성과 내용에 따라 회의의 성공여부가 결정된다.

즉, 가능한 한 참가자의 관심을 끌 수 있는 주제와 연사를 선정, 다양한 진행방법을 고려하여 회의 프로그램의 차별성과 매력도에 의해 보다 많은 회의 참가자를 유치하도록 한다.

① 행사 내용 사례 1

구분	일시	시 간	내 용	비 고
DAY 1	11. 6 (수)	14 : 00 – 16 : 00	· 국내 / 외 참가자 등록	
		15 : 00 – 15 : 40	· 개회식 · 개회사 · 축사, 치사(한 / 일)	전시장 Tape Cutting
		15 : 40 – 18 : 40	· 기조 연설(1인) · 주제 발표(2인) · 토론회(종합)	
		19 : 00 – 19 : 30	· 칵테일 리셉션	
		19 : 30 – 21 : 30	· 환영 만찬(제주 도지사 주최)	

구분	일시	시 간	내 용	비 고
DAY 2	11. 7 (목)	09 : 30 - 10 : 00	· 국제자유 도시와 해외 투자 유치 환경	제주도
		10 : 00 - 11 : 00	· 제주시 투자설명회	
		11 : 00 - 12 : 00	· 서귀포시 투자설명회	
		12 : 00 - 13 : 30	Luncheon	
		13 : 30 - 15 : 30	· 남제주군 투자설명회	
		15 : 40 - 16 : 00	· 북제주군 투자설명회	
		16 : 00 - 18 : 00	· 견학 및 관광(월드컵경기장, 분재원, 컨벤션센터)	
		19 : 00 - 20 : 00	제주의 밤 만찬	
DAY 3	11. 8 (금)	07 : 30 - 12 : 00	골프대회	미참가자 : 감귤밭 체험, 감귤 가공공장 견학
		12 : 00 - 13 : 30	Luncheon	
		13 : 30 - 14 : 10	기업 해외투자유치 설명회 & 폐회식	기업 및 일반 투자 희망자
		14 : 10 - 15 : 40		
		15 : 40 - 19 : 00	현지 답사 및 관광	잠수함, 유람선 투자지
		19 : 00 - 20 : 00	환송연	
DAY 4	11. 9 (토)	10 : 00 - 12 : 00	Option Tour	투자지 및 관광(남제주군, 관광지)
		12 : 00 - 13 : 30	Luncheon	
		13 : 30 -	Option Tour	투자지 및 관광(북제주군, 관광지)

② 행사 내용 사례 2

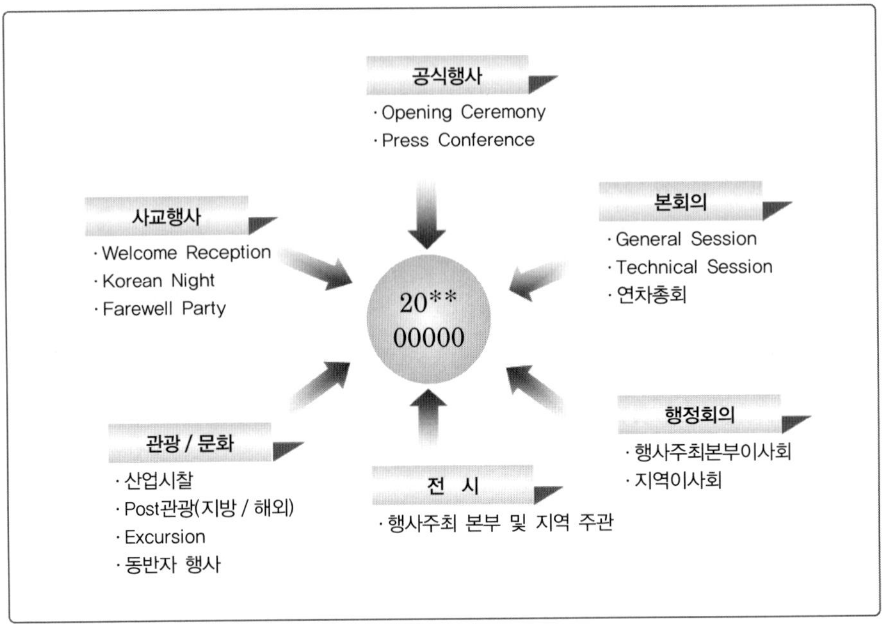
공식행사
· Opening Ceremony
· Press Conference
사교행사
· Welcome Reception
· Korean Night
· Farewell Party
본회의
· General Session
· Technical Session
· 연차총회
20**
00000
관광 / 문화
· 산업시찰
· Post관광(지방 / 해외)
· Excursion
· 동반자 행사
전 시
· 행사주최 본부 및 지역 주관
행정회의
· 행사주최본부이사회
· 지역이사회

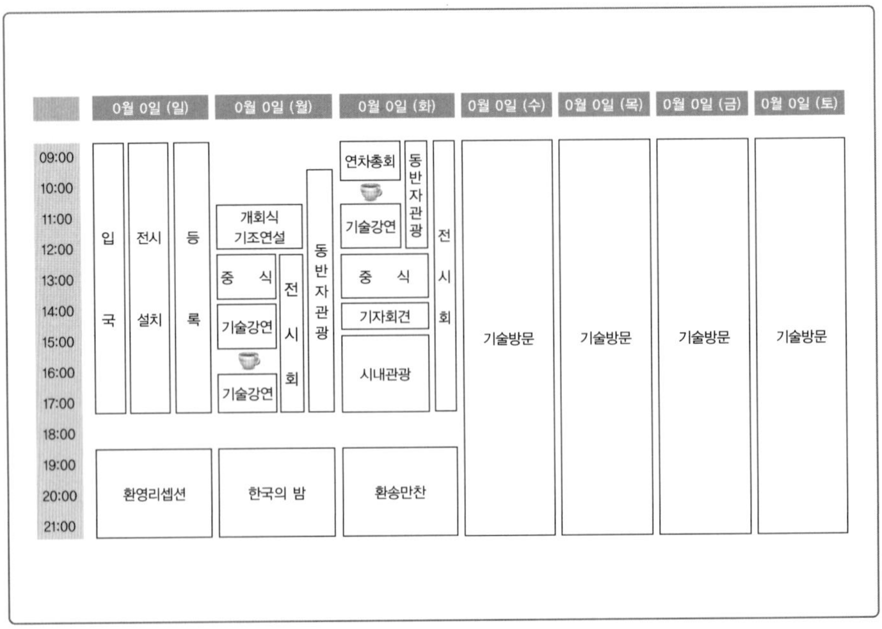
0월 0일 (일)
0월 0일 (월)
0월 0일 (화)
0월 0일 (수)
0월 0일 (목)
0월 0일 (금)
0월 0일 (토)
09:00
10:00
11:00
12:00
13:00
14:00
15:00
16:00
17:00
18:00
19:00
20:00
21:00
입국
전시 설치
등록
개회식 기조연설
중 식
기술강연
기술강연
전시회
동반자관광
연차총회
기술강연
동반자관광
중 식
기자회견
시내관광
전시회
기술방문
기술방문
기술방문
기술방문
환영리셉션
한국의 밤
환송만찬

③ 행사 내용 사례 3

<table>
<tr><th>Date
Time</th><th>SUNDAY
June 11</th><th>MONDAY
June 12</th><th>TUESDAY
June 13</th><th>WEDNESDAY
June 14</th><th>THURSDAY
June 15</th><th>FRIDAY
June 16</th></tr>
<tr><td rowspan="2">8:00</td><td rowspan="10"></td><td rowspan="2"></td><td></td><td></td><td></td><td></td></tr>
<tr><td rowspan="3">Advanced Automotive Technology</td><td rowspan="3">Human Life and Environment</td><td rowspan="4">Technical Sessions</td><td rowspan="21">Technical Tour</td></tr>
<tr><td rowspan="2">9:00</td><td>Opening Ceremony</td></tr>
<tr><td>Coffee Break</td></tr>
<tr><td rowspan="4">10:00</td><td rowspan="5">CEOs Panel</td><td rowspan="2">Coffee Break</td><td rowspan="2">Coffee Break</td></tr>
<tr><td rowspan="2">Coffee Break</td></tr>
<tr><td rowspan="3">Globalization and Harmonization</td><td rowspan="3">ITS</td></tr>
<tr><td rowspan="2">Technical Sessions</td></tr>
<tr><td>11:00</td></tr>
<tr><td>12:00</td><td>Tape Cutting & Lunch</td><td rowspan="2">Lunch</td><td>Lunch</td><td>Lunch</td></tr>
<tr><td rowspan="2">13:00</td><td rowspan="8">Registration</td><td rowspan="4">Technical Sessions</td><td rowspan="4">Technical Sessions</td><td rowspan="3">Closing Ceremoney</td></tr>
<tr><td rowspan="3">Technical Sessions</td></tr>
<tr><td>14:00</td></tr>
<tr><td rowspan="3">15:00</td><td rowspan="4">Farewell Party</td></tr>
<tr><td colspan="3">Coffee Break</td></tr>
<tr><td rowspan="3">Technical Sessions</td><td rowspan="3">Technical Sessions</td><td rowspan="3">Technical Sessions</td></tr>
<tr><td>16:00</td></tr>
<tr><td>17:00</td><td rowspan="5"></td></tr>
<tr><td rowspan="2">18:00</td><td rowspan="3">Welcoming Reception</td><td></td><td rowspan="2"></td><td rowspan="2"></td></tr>
<tr><td rowspan="3">Reception(KAMA)</td></tr>
<tr><td>19:00</td><td rowspan="2">Banquet</td><td rowspan="2"></td></tr>
<tr><td>20:00</td><td></td></tr>
</table>

7. 조 직

일반적으로 희망하는 국제회의 개최가 확정되면 유치계획을 토대로 개최 준비를 진행할 조직구성 및 업무 분담이 본격적으로 이루어진다. 국제회의 초기 준비단계에서 실행, 평가단계까지 어떻게 조직이 구성되고 업무 분장에 의한 세부 행사업무가 얼마만큼 많은 노력과 협력에 의해 체계적으로 진행되느냐에 따라 회의의 성패가 좌우된다.

대체적으로 조직이 클수록 조직관리의 어려움이 있겠지만 회의준비와 실행운영에 있어서는 시간상 번복할 수 없는 일이 많으므로 한번의 잘못된 결정은 여러 분과 업무의 흐름을 둔화시킬 우려가 있기 때문에 되도록 단일조직 체계하에서 업무를 진행할 수 있도록 조직을 구성한다.

1) 조직위원회

조직위원회는 회의 주관단체를 중심으로 구성되며 국제회의의 종류에 따라 그 명칭이 달라질 수 있다. 조직위원회는 모금, 재무·총무관리 및 각 분과별 업무 등을 총괄하는 최고의 의사 결정기관으로 위원장(회장), 부위원장(부회장), 자문위원, 조직위원 등으로 구성된다.

조직위원회의 조직구성은 회의규모에 따라 10~20인 정도가 적당하며, 다양한 분야의 인물을 조직위원으로 위촉하는 것이 좋다. 그러나 개인 사정상 시간의 여유가 없어 회의 참석이 불가능한 위원이나 너무 많은 위원 위촉으로 회의 소집이 어려워지는 상황은 되지 않도록 한다.

(1) 위원장 선임

조직위원장은 유치한 국제회의를 성공적으로 이끌 수 있는 유능하고 책임감이 강한 사람으로서 회의 운영뿐 아니라 재원 확보를 위해 관계기관, 단체와의 협력을 원활하게 이끌어 낼 수 있는 지명도 있는 인물이 선임되어야 한다. 즉, 위원장의 리더십에 의해서 회의의 성패를 좌우한다 해도 과언이 아니라 할 수 있다.

(2) 부위원장 선임

부위원장에는 조직관리와 회의준비 및 운영에 경험이 많으며 신망이 있고 책임감이 강한 사람으로 선임해야 한다.

(3) 자문(고문)위원 선임

자문위원은 각 분야에 경험이 많은 전문인으로 회의 기금조성부터 국내외의 회의 준비, 실행까지 모든 일에 자문활동을 할 수 있는 사람으로 선임한다.

(4) 조직위원 선임

조직위원은 각 분야의 전문가들로 분과위원장이 될 수 있는 인물로 선임해야 한다.

2) 사무국

조직위원회가 구성됨과 동시에 국제회의에 관련된 전문인으로 사무국을 구성한다. 사무국의 주 업무는 회의준비 및 개최와 관련된 사무를 담당하여 각 분과위원회의 업무를 지원하는 것이다. 사무국 인원은 회의의 규모나 성질에 따라 달라지며 회의 진행에 따라 점진적으로 인력을 충원하는 것이 합리적이다. 즉 회의가 가까워짐에 따라 업무량이 증가하게 되므로 회의준비 진척상황에 맞춰 인력을 순차적으로 충원해 효율적으로 활용하는 것이 현명하다.

(1) 사무국 설치

일반적으로 조직위원회가 발족되면 곧바로 사무국이 구성・설치된다. 그러나 회의 유치활동을 통한 개최일 경우는 유치위원회의 업무에서 개최결정과 함께 사무국 업무가 진행된다고 볼 수 있다.

① 설치방법

가. 회의를 개최하기 위하여 사전에 조직된 모체적 단체가 있는 경우에는 그 조직(예로 유치위원회, 학회, 단체, 법인 등)의 인원과 기능을 보강하여 개최 회의의 사무국으로 이용한다.

나. 회의를 개최하는 모체조직과는 별도로 신규로 사무국을 설치한다. 이러한 경우에는 모체조직에 근무하고 있는 직원과 필요한 전문 인력을 신규로 채용하여 혼합 구성한다.

다. 사무국 기능의 전부 또는 일부를 국제회의 전문회사인 PCO에 위탁한다. 이 경우 사무국의 비용이나 인건비를 절약할 수 있으나 PCO에 위탁경비를 지불해야 한다.

라. 설치 규모 : 사무국은 회의 개최와 관련된 전반적인 업무를 담당하는 곳이므로 각 부서의 업무공간, 관계 서류 보관장소, 관계자 간의 협의장소, 추후 인원 보강을 위한 여유공간 등을 고려하여 사무국 설치 규모를 정한다.

(2) 사무국의 주요 업무

사무국은 조직위원회를 보좌하여 회의개최에 필요한 사전준비업무부터 회의 후의 결과보고서 작성까지의 회의 준비 및 개최에 관한 전반적인 업무를 담당한다.

① 사전 업무

가. 회의준비를 위한 분과위원회 구성 및 분과별 업무 분담

나. 조직위원회 규정 및 회계규정 수립 : 국제회의의 준비와 실행을 위해 구성된 조직위원회는 일정기간 업무를 수행하고 회의가 끝나면 해산되는 임시조직이다. 따라서 조직위원회가 업무를 수행하는 데 필요한 적절한 규정이 있어야 한다. 우선 구성된 조직의 조직별 직무와 책임, 조직의 구성과 임기, 자금조달 및 자금관리방법 등을 명문화한 조직위원회 업무규정과 회계규정 등을 수립해야 한다.

다. 예산편성 : 사무국에서는 유치위원회에서 작성한 유치계획서의 수입과 지출계획을 기초로 예산을 편성한다. 예산편성 시, 회의 참가 인원수, 회의 형태, 회의 장소에 따라 회의 순서 및 예산액이 달라지므로 사전에 변동지수(지출, 참가자 수, 모금, 물가 등)를 고려하여 예산을 책정한다. 또한 수입과 지출의 변동이 생길 경우 그에 따른 수정예산을 작성해야 한다.

라. 개최 회의의 개요 작성 : 국제회의의 개최가 결정되면, 사무국은 우선 그 회의의 개요, 목적, 국내 개최 경위 등을 기록한 회의자료를 준비해야 한다. 이 자료들은 관계기관 · 단체에 찬조금 또는 지원금을 요청하거나 회의 준비에 필요한 협조를 의뢰하거나 그 외 업무를 처리할 때 사용할 수 있다. 회의 개최 설명자료의 구성내용은 다음과 같다.

가) 회의의 명칭

나) 회의 주최자 혹은 주최기관의 명칭

다) 회의 모체기관의 명칭

라) 회의 개최일시 및 개최기간

마) 회의 개최장소

바) 회의의 목적과 성격

사) 국내개최의 경위와 의의

아) 참가 예정국가 및 참가 예정자 수

자) 예정 이용시설의 규모

차) 예정 프로그램 및 예정 사용언어 등

마. 회의 규모 확정

가) 외국인 및 국내인의 참가비율 : 일반적으로 국내에서 회의를 개최하는 경우, 국내인의 참석률이 높을 수밖에 없다. 외국인 참가는 회의 내용에 따라서 나라별 관심도가 다르며, 정치 · 경제 · 사회적 형편, 참가 경비, 기타 경비 등의 많은 변수 여부에 따라 그 비율이 결정되므로 지역별 · 나라별 소속회원 수를 고려하여 예상 참가비율을 판단한다.

나) 회의의 주제 선정 : 회의의 테마나 의제에 따라 참가 인원수가 늘어나거나 줄어들기도 한다. 새롭고 진보적인 연구나 화제가 될 만한 주제라든가 혹은 예정된 강연자가 그 분야의 권위자로 새로운 화제가 기대될 만한 경우에는 참가자도 늘어난다. 회의 규모 확정에 있어 이와 같은 점을 파악하여 회의 규모를 추론할 수밖에 없지만 회의 규모(회의 참가자수)는 회의의 성패를 판가름하는 가시적인 결과물이 된다. 즉 참가자 증가는 곧 수입의 증가로 연결되며 이러한

재정적인 뒷받침에 의해 성공적인 운영이 기대되기 때문이다.

② 본 업무

가. 회의 준비, 개최와 관련된 인사, 서무 등의 업무 전반

나. 각 분과위원회의 업무 지원

다. 준비기간 중 국제본부와의 연락 및 업무 지원

라. 본부 임원 및 초청인사 접대 업무

마. 관련 관청, 기관 및 단체와의 접촉 및 협조 요청 : 회의 개최가 결정되면 규모에 따라 차이가 있으나 국무총리실과 개최지 관할 행정부처에 개최상황을 보고하여 회의 개최에 필요한 자금과 행정지원을 받는다.

③ 조직 사례 1

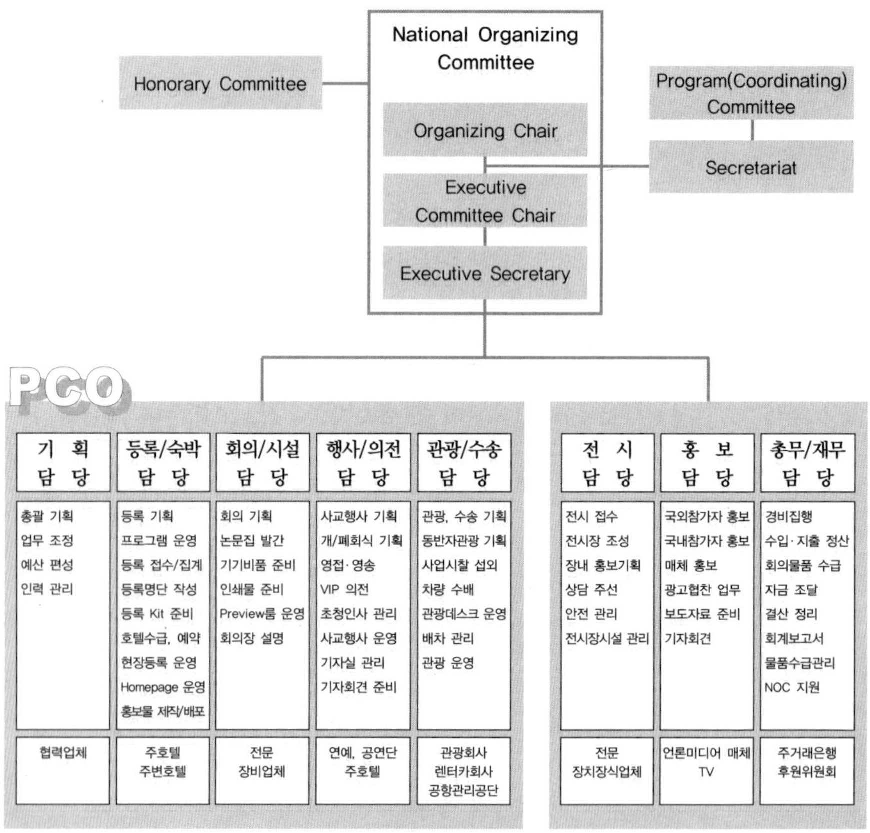

④ 조직 사례 2

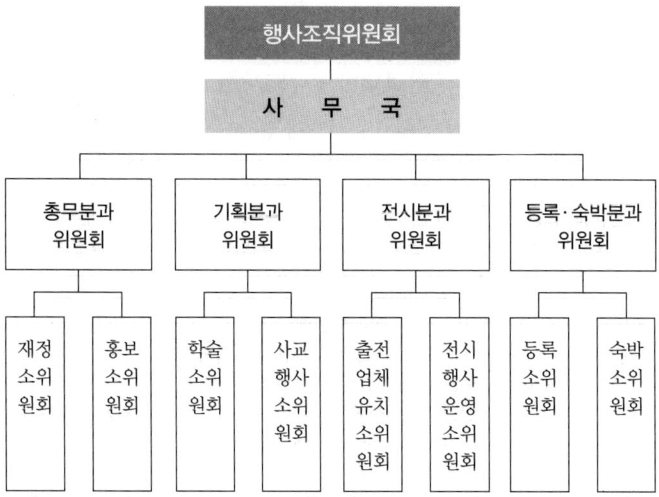

⑤ 조직 사례 3

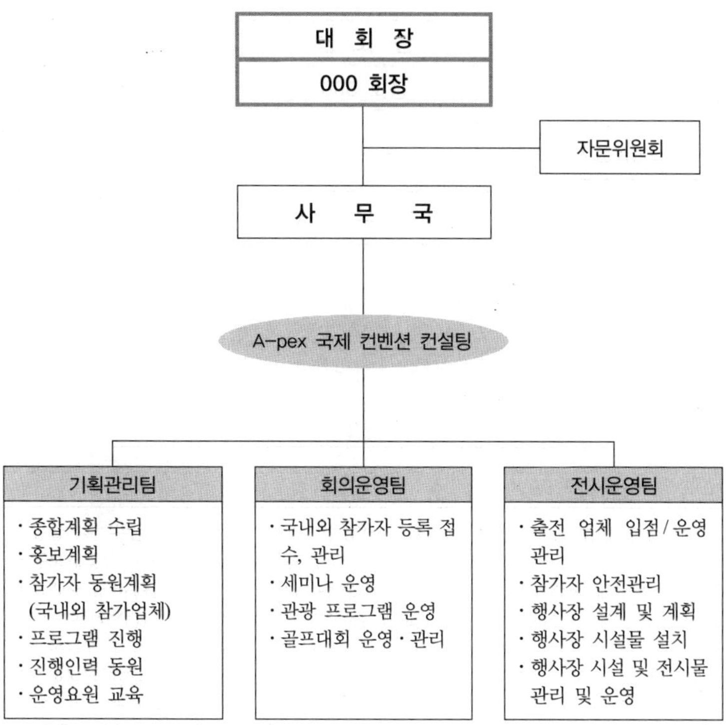

8. 주요 업무 분장

조직위원회와 사무국이 설립되면 조직위원회와 사무국의 업무 분담이 본격적으로 이루어진다. 얼마만큼 준비과정에서 세부 업무 하나하나가 분장되어 상호 조직력과 화합되어 순탄하게 진행되느냐에 따라 그 회의의 성패가 좌우된다.

① 업무 분장 사례 1

업무구분	항 목	조직위원회	사무국
총 괄 기 획	계획서 작성	· 행사기획을 위한 주제 개발 및 기본계획 수립	· 기본계획서 · 세부추진계획서
	회의 · 집행위원회 · 실무위원회	· 회의안건 결정 · 제반사항 검토	· 회의 일시 및 장소통보 · 회의 Agenda 작성 · 경과보고자료 작성 및 취합
	사무국 운영	· 중요편지 내용 확인	· 문서접수 및 대장관리 · 자료정리 및 기록유지 · 해당 분과위별로 편지 분류 및 작성 · Filing 관리 · Mailing List 관리
	행사진행요원 관리	· 자원봉사자 확보	· 인원수 파악 및 신청서 작성 · 접수 · 담당업무 기획 및 교육(등록/학술/사무국/공항영접/전시) · 배치 및 운영관리
	행사장 운영	· 행사장 배치 확정	· 행사장 Setting 및 운영
	결과보고서	· 결과보고서 검토	· 자체결과보고서 작성 및 발송 · 지원단체 결과보고서 작성 및 발송
재 정	예산서	· 예산서 검토 · 자금확보계획 수립 · 예산서 확정 · 예산집행계획 확정	· 예산안 작성 및 수정 · 예산집행계획 수립

재 정	협찬금 확보	· 대상업체 리스트 확보 · 지원요청금액 결정 · 정부기관제출용 서류 작성 · 방문 홍보 · 영수증 발급	· 대상업체 리스트 작성 · 지원요청금액 협의 · 기부금요청서류 작성 및 발송 · 서류접수 및 결재진행 확인 · 실무담당자와 Contact · 책임자와 Meeting Arrange · 입금 확인
	입·출금 관리	· 입금 : 총입금액 확인 · 출금 : 지출결의서 결재	· 입금 - 협찬금 : 총입금액 및 날짜관리 - 등록비 : 등록비 입금 관리/영수증 발급 · 출금 - 영수증 정리 - 지출결의서 작성 - 장부 입력 및 출력
	결산보고서	· 보고서 검토	· 보고서 작성 및 보고 · 회계장부 작성
등 록	등록유치계획	· 등록 Deadline 결정 · 등록비 Category 결정 · 사전등록자 유치계획	· 등록 Deadline안 제시 및 협의 · 등록비 및 Category안 제시 및 협의
	등록세부절차 계획 수립		· 통장 개설 · 수납방법 결정 · Bank Transfer / Credit Card
	등록안내서/신청서 제작 및 발송	· 안내서/신청서 검토	· 안내서 원고 작성 Deadline Payment Method / Confirmation & Receipt / Cancellation & Refund · 각종 신청서, 안내서 발송
	신청서 접수 및 입금 확인		· 등록번호 부여(Category별) · 수표 매입 · 은행에 Bank Transfer Sheet 요청 · 입금자 및 입금액 확인
	Data 정리 및 등록 확인서 발송		· Balance Check · D-base 입력 · Receipt & Confirmation Sheet 작성 및 발송 · 등록 List 및 Status 관리

업무구분	항 목	조직위원회	사무국
등 록	사전등록자 관리		· Name Tag 발급 · 개인봉투작업(각종 쿠폰 등) · 수교물 제작 · 관리
	현장등록계획 수립 및 장비임차		· 등록데스크 위치 및 배치도 기획 · 인원배치 및 Desk Signboard 설치 · 현장등록양식 제작 · Message Board / Notice Board 설치
	현장등록 자료준비		· 사전등록자 Data Print Out · 사전등록자 개인봉투(Kit) · 영수증, 문구류 준비
	등록요원 교육 및 배치		· 각 Desk별 자료배포 및 임무 부여 · 절차 및 영수증 발급 방법 · 수교물 작업(자원봉사자) 관리
	등록비 관리		· Daily 등록비 입금관리 및 보고 · Daily Report 작성
숙 박	숙박계획 수립	· Room 수량 결정 · 호텔 종류 결정 · 납입방식 결정	· 숙박시설안 제시 및 협의 · 객실확보 및 요금협의 · 필요객실수 확보 및 계약
	숙박안내 신청서 기획 및 발송		· Room Type 및 Deposit 금액 · 숙박신청 안내 · 신청안내서 발송
	객실신청 관리		· 각 호텔별 객실예약 상황 체크 · 사무국으로 온 신청서 호텔로 인수 · 사전 Block 해체
	현장객실관리		· No Sure객실 처리 · 예약변경 및 새로운 예약자 투숙 관리 · 호텔과 협의 · VIP 및 Headquarter객실번호 Check · VIP In / Out Check 관리

<table>
<tr><td rowspan="2">수 송</td><td>공항영접 수송계획 수립</td><td>· VIP담당조직위원 공항영접</td><td>· 입출국 Schedule 확인
· 안내요원 교육 및 배치
· 공항영접용 준비물 제작 및 점검(Picket 등)
· 숙소 및 행사장까지의 안내(KAL 리무진, 공항버스 등)
· VIP승용차 대기 및 수송</td></tr>
<tr><td>관광수송계획 수립(동반자행사)</td><td>· 일정 및 행사 결정</td><td>· 공식여행사 선정
· 일정계획 및 점검
· 코스별 인원수 및 차량수배 확인
· 차량배차 확인
· 참가자 인원수 파악</td></tr>
<tr><td>관 광</td><td>관광계획 수립</td><td>· 관광일정 점검</td><td>· 공식행사 섭외 및 계약
· 각 행사별 기획 및 가격 협의
· 사전답사 확인
· 객실 · 식사 · 일정 확인
· 신청자 인원수 Payment 확인 및 여행사에 통보
· 쿠폰제작 및 발급</td></tr>
<tr><td rowspan="3">학 술
기 획</td><td>학술 세부계획 수립</td><td>· 각종 Deadline 결정
· 주제 및 부제 결정</td><td>· Deadline 확인
· Session Room 확보</td></tr>
<tr><td>초청연사 초청업무</td><td>· 초청연사 선정
· 경비지원정책 결정
· 경비지급방법 결정
· Invitation Letter 작성 및 발송</td><td>· Invitation Letter 작성보조 및 발송
· 경비지원자, 지원방법 List-up
· 항공 Schedule 의뢰 및 가격 협의
· 환전 및 영수증 준비
· 경비지급</td></tr>
<tr><td>초록접수</td><td>· Call for Paper 검토
· Abstract Form 결정
· Gudeline 결정</td><td>· Call for Paper 제작 및 발송
· Guideline 작성 및 발송
· Abstract Form 작성 및 발송
· Abstract 접수 및 분류
· 논문접수 및 분류
· D-base 관리</td></tr>
</table>

업무구분	항 목	조직위원회	사무국
학 술 기 획	초록심사 및 관리	· Abstract 심사	· 원고관리(Original / Copy) · Form에 맞지 않는 논문 재작성 요청 · Acceptance letter 작성 보조 및 발송 · 시청각 기자재 신청 확인 및 정리
	발표일정 관리	· 발표시간 Arrange · 변경요청스케줄 조정 · Chair, Co-chair 선정 및 결정	· Session Chair, Co-chair 요청, 서신 발송 · Chair, Speaker Guideline 작성 및 발송 · Session Chair Co-chair 선정통보 발송 · 발표스케줄 통보 · 변경요청 스케줄 협의 · 연사약력 요청
	통 · 번역	· 동시통역 일정 확정	· 통역사 섭외 · 논문 및 자료 전달 · 통역장비 설치 및 운영
발표장 운 영	행사장 Set-up	· 각 Room별 Session 결정(좌석수) · 시청각 기자재 확보	· 각 Session Room별 Layout 협의 · 좌석수 협의 · 좌장, 연사 Desk, 배치 및 물품준비 · 소요 시청각 기자재 확인 및 확보, 설치 · Preview Room 설치
	회의장 운영	· No Show Speaker, Chair가 있을 시 Session 진행 · Chair, Speaker, Pre-meeting Arrange	· 발표진행, 발표예정 논문제목 · 저자 리스트 관리 · 발표내용 녹음 · 변경 스케줄 Information · Speaker 약력 좌장에게 사전 전달 · Room별 필요기자재 점검
	회의장 임차		· 개회식 및 폐회식 · 전체회의 및 분과회의장 · 각종 부대사무실 · 전시장

발표장 운 영	진행요원 교육		· Session장 배치 및 임무부여 · 시청각 기자재 조작연습 및 문제발생 시 대처방안교육 · 전기 Control · Chair, Speaker Assist · Session 진행 간 문제발생 시 사무국 연락 · 프로그램 안내판 교체
홍 보	인쇄, 제작물계획	· 인쇄제작물 사양 및 수량결정 · 디자인 결정	· 인쇄물 사양 및 수량 협의 · 제작물 배치계획 수립 · 디자인 제작 · 내용 작성
	언론홍보		· 보도자료 작성 및 배포 · 기자회견 및 기자간담회 일정협의 · News Letter 작성 및 게재
	홈페이지	· 웹방송 기획 · 행사내용 확정	· 행사내용 고지 · 웹방송 운영
연 회 행 사	연회행사 계획수립	· 시나리오 결정 · 연설자 · 사회자 선정 · 연설문 작성 및 확인 · Menu 선정 · 가격 · 인원수 결정	· 시나리오 기획 · Style 및 Menu 협의 · 가격, 인원수 협의
	초청자 관리	· 무료 초청자 List-up · Head Table 좌석배치 결정	· 초청장 인쇄 및 발송 · VIP 참석여부 확인 · Head Table 좌석배치 협의 · Table Tag 제작 · 준비물 Check(코사지 등)
	여흥프로그램	· 여흥프로그램 결정	· 공연단체 섭외 및 가격 협의 · 프로그램 내용 및 소요시간 협의 · 공연관리
	행사장 배치	· 장소 결정 · 좌석수 결정	· 인원수 확인 및 Table Setting · Receiving Line 설치 · 설치물 점검

② 업무 분장 사례 2

구 분	항 목	집행위원회	사무국
총 괄 기 획	계획서 작성	· 행사기획을 위한 주제 · 개발 및 기본계획 수립	· 기본계획서 · 세부추진계획서
	제 회의 · 집행위원회 · 실무위원회	· 회의안건 결정 · 제반사항 검토	· 회의일시 및 장소통보 · 회의 Agenda 작성 · 경과보고자료 작성 및 취합
	사무국 운영	· 중요편지 내용 확인	· 문서접수 및 대장관리 · 자료정리 및 기록유지 · 해당 분과위별로 편지 분류 및 작성 · Filing 관리 · Mailing List 관리
	행사진행 요원관리	· 자원봉사자 확보	· 인원수 파악 및 신청서 작성 · 접수 · 담당업무 기획 및 교육(등록/학술/사무국/공항영접/전시) · 배치 및 운영관리
	행사장 운영	· 행사장 배치 확정	· 행사장 Setting 및 운영
	결과보고서	· 결과보고서 검토	· 자체결과보고서 작성 및 발송 · 지원단체 결과보고서 작성 및 발송
재 정	예산서	· 예산서 검토 · 자금확보계획 수립 · 예산서 확정 · 예산집행계획 확정	· 예산안 작성 및 수정 · 예산집행계획 수립
	협찬금 확보	· 대상업체 리스트 확보 · 지원요청금액 결정 · 정부기관제출용 서류작성 · 방문 홍보 · 영수증 발급	· 대상업체 리스트 작성 · 지원요청금액 협의 · 기부금요청서류작성 및 발송 · 서류접수 및 결재진행 확인 · 실무담당자와 Contact · 책임자와 Meeting Arrange · 입금확인

9. 업무 추진 일정

기획에서 실행 · 평가 단계까지 모든 업무는 상호 연관되어 있어 긴밀한 협조하에 진행되어야 한다. 따라서 사무국은 각 분과위원회의 업무진행상황 전반을 항시 파악해야 하며, 조직위원장은 종합적인 조정능력과 깊은 통찰력이 필요하며 준비의 초기단계부터 회의 종료까지 완전한 행사 추진 업무 일정에 따라 진행상황을 항시 냉정하게 파악해야 한다.

또한 업무 추진과 관련해 정기적으로 분과위원회 위원장 회의와 조직위원회를 개최하여 각 위원들이 서로의 역할을 파악하도록 조직위원장은 전체의 흐름을 정확히 이해하여 상황별 필요에 따라 조정한다. 각 분과위원회의 업무 추진 일정은 국제회의에 따라 제각기 다르나, 원칙적으로 변할 수 없는 준비사항은 될 수 있는 한 빨리 마치고 변동요인이 있는 부분은 상황에 따라 적절하게 준비하는 것이 바람직하다고 할 수 있다.

① 업무 추진 일정 사례 1 : 단계별 추진계획

가. 1단계 : 기획단계(2008. 5 ~ 7)

업무 내역	추 진 일 정																			업무 구분	
	2008년								2009년												
	5	6	7	8	9	10	11	12	1	2	3	4	5	6	7	8	9	10	11	조직위	사무국
1. 개최계획 수립																					
·주최·주관기관 확정	■																			♣	
·조직위원회 구성	■																			♣	
·정부기관의 개최 승인	■																			♣	
·종합실행계획서 작성	■	■																		♣	♣
2. 소요예산 편성 및 확정	■	■																		♣	
3. 회의 주요 프로그램 확정	■	■																		♣	
4. PCO 용역사 선정 및 계약		■	■																	♣	
5. 경주 행사지 답사		■																			♣
6. 조직위PCO사무국 간 업무 분담 확정			■																	♣	♣
7. 1차 안내서 제작·발송		■																			♣
8. 주회의장 및 숙박호텔 확보		■																		♣	
9. 대회 기본계획 설명회 개최		■																		♣	

나. 2단계 : 준비실행단계(2008. 8 ~ 2009. 5)

업무 내역	추 진 일 정																			업무 구분	
	2008년								2009년												
	5	6	7	8	9	10	11	12	1	2	3	4	5	6	7	8	9	10	11	조직위	사무국
1. VIDEO홍보자료 제작					■	■															♣
2. 참가예상자 리스트 확보 및 입력					■	■	■	■	■	■	■	■	■								♣
3. 각 팀별 세부실행 계획작성					■	■	■	■													♣
4. 제 **차 이사회 참석통보							■														♣
5. 각 행사장 배치도면 작성											■	■	■	■							♣
6. 2차 안내서·신청서기획 및 발송										■	■	■									♣
7. 회의장 기자재 결정 및 확보													■	■							♣
8. 행사운영 임시고용요원 확보														■							♣
9. 각 팀별 진행사항 1차 보고회							■						■	■						♣	♣
10. 각 사교행사 여흥 프로그램 선정								■	■	■										♣	♣
11. 호텔·여행사 선정									■											♣	♣
12. 각 팀별 세부실행계획 확정·시행									■												♣
13. 유관기관 협조계획 수립 및 공문 발송													■	■							♣
14. 사전등록자 데이터 관리														■	■	■	■				♣
15. 등록확인증 및 영수증 발송 개시													■	■	■	■	■				♣

다. 3단계 : 준비완료단계(2009. 6 ~ 9)

업무 내역	추 진 일 정																			업무 구분	
	2008년								2009년												
	5	6	7	8	9	10	11	12	1	2	3	4	5	6	7	8	9	10	11	조직위	사무국
1. 참가자 데이터 입·출력 관리															■	■	■				♣
2. 각종 Notice 발송(등록·숙박·연사)																■	■				♣
3. 행사장 연단도면 및 연단인사 확정															■	■					♣
4. 초청장 발송 및 RSVP																■	■				♣
5. 각 분과별 업무내역 재점검																	■			♣	♣
6. 등록 및 호텔예약 마감																■					♣
7. 회의장 준비사항 및 시설 점검																■				♣	♣
8. 각종 사교행사장 점검																■				♣	♣
9. 각종 소요물품 제작															■	■	■				♣
10. 각종 인쇄물 기획·제작																					
·발표집 기획·제작															■	■	■				♣
·회의 프로그램북 기획·제작															■	■	■				♣
·초청장 및 쿠폰 기획·제작															■						♣
11. 각종 시나리오 및 연설문 작성																■					♣
12. 행사운영요원 교육																	■				♣
13. 경주현지 지휘본부 설치운영																	■			♣	♣

라. 4단계 : 현장진행 및 사후처리단계(2009. 10 ~ 11)

업무 내역	추 진 일 정																	업무 구분	
	2009년 9월			2009년 10월						10월(주별)			11월(주별)						
	28	29	30	1	2	3	4	5	6	2	3	4	1	2	3	4	5	조직위	사무국
1. 모의진행 연습	■	■	■	■															♣
2. 최종 점검				■															♣
3. 회의현장 진행					■	■	■	■	■										♣
4. 기자회견						■												♣	
5. 재무결산										■	■	■						♣	
6. 결과보고서 작성										■	■	■	■	■					♣
7. 초청연사 및 참가자 감사편지 발송										■	■	■							♣
8. 조직위원회 해단식 및 평가회															■			♣	♣

② 업무 추진 일정 사례 2

가. 회의 준비 업무 추진 일정

세부사항	11월				12월				1월				2월				생략	10월			
회의장 운영계획 작성	▶			◐																	
회의진행 세부계획 수립								▶													
시청각 및 기자재 운영계획							▶					◐									▶
논문수집		▶																			
Abstract 제작																					
회의 프로그램 확정				▶																	
진행요원 확보 및 교육																					
초청연사 및 연설물 제출 의뢰																					
회의실 시설 최종 점검					▶														▶		
각종 시설 안내표지판 제작																					
회의장 소모품 수급																	▶				
프로그램 제작(Announcement)				▶																	
프로그램 제작(First Circular)									▶							◐					
프로그램 제작(Second Circular)					▶			◐													
프로그램 제작(Final Program)					▶							◐									

나. 사교행사 추진 일정

세부사항	11월				12월				1월				2월				생략	10월			
사교행사 기본계획 수립	▶			◐																	
행사장 선정 및 협약	▶							◐													
프로그램 세부계획 수립					▶							▶									▶
초청인사 선정																◐					
진행요원 확보 및 제작																					
행사장 소요물품 수급	▶			▶					▶							▶		▶			

다. 전시준비 업무 추진 일정

세부사항	11월				12월				1월				2월				생략	10월			
참가안내 브로셔 제작 및 발송	▶			◐																	
전시회 리플릿 제작	▶							◐													
참가업체 신청접수					▶							◐									▶
전시장 도면 확정																					
전시장 장치 대행업체 선정																					
참가업체 설명회	▶			◐																	
포스터 제작																		◐			
디렉토리 제작·배포																					
전시회 매뉴얼 재작																			◐		
안내요원 확보 및 교육																			◐		

10. 인력운영 및 시설관리

1) 인력운영

회의가 가까워지면 조직위 사무국을 회의운영을 위한 체제로 전환할 필요가 있다. 의전, 회의장 설치, 등록 및 관광 안내, 교통 유도 등 회의의 규모와 성격에 따라 업무가 다양해진다. 이러한 업무를 위해서는 지금까지의 사무국 요원만으로는 부족하므로 아르바이트 등 기타 요원이 필요하게 된다. 이때 운영요원 전원이 경험자면 좋겠지만 적어도 책임자는 충분한 회의경험이 있고 책임감이 있는 사람으로 임명한다.

(1) 운영요원 구성

지금까지 사무국 요원들만으로 준비해 왔던 회의 업무와는 달리 현장에서는 주어진 시간에 복합적으로 동시에 처리해야 할 업무들이 많기 때문에 업무를 원활하게 진행하기 위해서는 임시 운영요원이 필요하다. 조직 구성을 위해서는 회의운영에 필요한 적정 인력을 산출하여 조직을 구성해야 하며 업무 분담을 통한 명확한 권한과 책임을 객관적으로 부여해야 한다. 요원 전원이 경험자면 더욱 좋으나 적어도 책임자는 경험을 가진 사람으로 해야 하며 최소한 구성요원은 관련 교육을 받은 사람이어야 한다.

또한 회의운영을 총괄·통솔하는 책임자(연출자)와 상황실 운영계획을 작성하도록 하며 진행상황에 의한 인력 충원계획도 대비해 둔다.

(2) 운영요원 선발 및 교육

① 운영요원 선발

운영요원은 학교나 전문요원 양성기관의 추천, 신문 공고 등의 공개모집을 통한 선발과 관광산업체 간의 인적 이동에 의해 구성된다.

특히 시간제 임시요원은 업무량을 정확히 파악하여 업무량이 많은 시간대에 집중적으로 배정하여 회의운영에 차질이 없도록 한다.

② 운영요원의 교육

회의기간 중에 발생할 업무에 대한 분담과 업무별 요원 배치가 결정되면 요원 전원에게 회의운영에 있어서의 각자의 역할과 책임을 인지시키기 위해 교육을 실시하며 최저 2~3회 실시하는 것이 좋다.

오리엔테이션을 위해서는 회의운영 매뉴얼을 제작하여 사용하며, 처음으로 상면하는 운영요원들이 많을 경우에는 서로 소개를 시켜 이름과 얼굴을 확인하도록 한다. 또한 당일 현장에서 예상되는 참가자와 언론 관계자의 질문에 대응할 수 있는 프로그램별 내용, 회의장 위치 등 회의 일반사항을 파악하게 하며, 각 요원이 자신의 담당업무와 담당업무별 책임자가 누구인지를 반드시 파악하도록 한다. 만일 현장에서 예기치 못한 일이 발생하였을 경우, 발생상황을 책임자에게 빨리 보고하여 대처할 수 있도록 하기 위해서이다.

일반적으로 국제회의 운영요원들은 주로 임시직으로 구성되기 때문에 요원들이 맡게 될 역할만을 지시하는 것보다 전체적인 분위기를 숙지시켜 보다 능동적으로 참여할 수 있도록 교육한다.

③ 운영요원의 업무

현장 업무의 흐름과 업무량에 맞는 요원 계획에 의해 선발 · 조직된 운영요원은 행사 진행업무, 특수 전문업무(사회자 · 동시통역사 · 속기사 · 번역사 등), 관광 안내업무, 회의장 및 행사장 안내업무(공항 영접 · 회의장 · 사교 행사장 · 기타 행사장 등), 행사 관련 기자재 운영업무 등을 담당한다.

가. 등록 접수

등록 데스크에서는 참가자의 등록을 받기 위해 등록자 리스트를 확인하고 네임카드와 각종 자료를 배부한다. 등록접수는 회의의 얼굴이며 등록 Desk에서의 참가자 대응이 회의에 대한 첫인상이 되기 때문에 운영 요원선발 및 교육에 만전을 기해야 한다. 당일의 현장등록은 등록비를 징수해야 하며 사전등록자는 등록비 납부확인 등을 해야 하기 때문에 혼잡을 미연에 방지하기 위하여 사전준비가 철저해야 한다. 등록은 프로그램에 따라 특정 시간대에 집중되는 경우가 많으므로 데스크에서의 대응이 원활히 이루어지도록 데스크를 등록자명의 국별 알

파벳순, 자격별 등으로 나누어 처리한다.

나. 종합 안내(인포메이션)

안내 데스크에서는 회의, 회의장, 관광, 기타 사항 등에 관한 종합 안내업무, 메시지 보드의 관리를 담당한다. 필요에 따라 참가자를 불러내거나 참가자의 고충처리 등의 업무도 담당한다.

다. 사무국

전화응대, 회의장과의 연락, 물품조달, 접객, 습득물 보관 등의 업무를 한다. 또한 각 위원의 연락·집합장도 되며, 회의 중 갑자기 필요한 자료의 대량 복사·인쇄 등의 처리도 담당한다.

라. 슬라이드 접수

회의장 앞에 슬라이드 접수 데스크를 설치하여 슬라이드 및 발표에 필요한 보조자료를 발표자들로부터 접수·관리하며 발표자가 필요 시 사용할 수 있도록 한다. 종료 후 발표자에게 반납하기까지 책임을 지며 접수한 슬라이드 및 자료에 대해 보관증을 발급해 준다.

마. Clerk

참가자의 짐을 맡아 보관한다. 호텔에서 맡는 경우도 있으나 회의 규모나 입지적 여건을 고려하여 참가자가 편리하도록 설치·운영하면 된다.

바. 회의장의 운영요원

각 회의장에 운영을 담당하는 요원으로 본회의, 분과회의, 기타 발표에 대한 룸과 시간을 관리하며 의장과 발표자의 참석 확인, 회의에 필요한 기자재 점검, 사무국과의 연락 등의 업무를 행한다.

사. 기자재 담당

슬라이드 영사, 회의장 음향기기, 동시 통역기기의 설치·관리·조작을 하며 필요에 따라 특수기자재의 관리 · 조작도 담당한다. 그러나 일부 전문성 특수기자재에 대해서는 전문 엔지니어에게 의뢰한다.

아. 전시

회의 관련 전시회를 개최할 시에는 전담 전시회 운영요원을 배치하여 내방자의 접수 및 종합 안내를 담당하며 장내의 안전 유지와 도난방지 등의 업무를 맡는다. 필요에 따라 물품의 판매, 어나운스 등도 실시한다.

자. 관련행사 접수

관련행사 데스크를 설치하여 사교, 관광, 동반자, 시찰 행사 등의 참가신청을 받는다. 관련 행사의 참가, 불참가는 본인의 자유의사에 맡기며 취소나 변경이 발생하기 쉬우므로 무료행사와 유료행사를 구분하여 사전신청 상황과 참가비 납부 등에 관한 정확한 데이터를 준비해 두고 많은 사람이 동시에 와도 충분히 대응할 수 있도록 한다.

차. 홍보 · 보도대응

회의 중에 조직위원회나 국제본부의 임원이 기자회견을 통하여 회의의 개최 필요성이나 상황 등을 발표한다. 또 회의 개요나 회의자료 등을 언론기관에 제공하여 취재편의를 도모함과 동시에 취재로 인하여 회의 진행에 방해가 되지 않도록 제한사항을 주지시키며 취재의 편의 제공을 위한 기자실, 회의장 내 기자석 설치 체크, 프레스 완장, 네임카드의 배포, 프레스 전용 통신시설이나 보조PC 준비 등이 있다. 참가자를 위한 홍보로는 회의 로고나 심벌 마크를 넣은 용지에 회의 속보, 신문형식의 뉴스레터를 발행하여 그날 개최된 프로그램을 보도한다. 개회식이나 본회의, 환영회, 사교행사 등의 모습을 촬영하여 PR하거나 VIP의 메시지나 중요한 사항 등을 기재한다. 필요에 따라 금후의 예정 일정을 게재하여 참가자에게 주의를 환기시킨다. 언론사의 협조를 받아 매일 할애된 방송시간, 혹은 지면에 회의의 주요 진행내용 등을 보도하는 것도 좋은 방법 중 하나이다.

카. 여행안내(종합 안내를 겸할 때도 있음)

단순히 여행에 관계되는 내용뿐 아니라 일반적인 관광안내나 쇼핑 · 식사 등의 안내도 하지 않으면 안되며 그러기 위해 전문요원을 미리 확보해 두거나 PCO나 트래블 에이전트에게 데스크를 의뢰하는 경우도 있다. 안내Desk는 등록 데스크의 옆에 설치하게 되나 대규모 회의의 경우에는 각 숙박호텔에 설치될 때도 있다. 안내 시에는 구두로 설명할 뿐만 아니라 지도나 팸플릿 등을 준비해 두어야 하며, 일반 관광안내에 관해서는 사전에 관련된 팸플릿을 조사하여 적당한 자료를 갖추어 둔다.

타. 수송 및 배차

셔틀버스의 운행관리, 평상시에 버스의 출입이 별로 없는 호텔이나 회의장 등에서는 주행경로, 주차공간 확보 등을 사전에 계획 · 협의해두어야 하며 VIP, 초청자, 임원 등을 위한 전용 차량이나 택시 등의 확보가 필요하다. 이는 전담요원이 배치되어 치밀하게 운영해야 한다.

파. 자료 배포

회의가 개최되면 회의에 직접 관계되는 자료뿐만 아니라 관련 업계로부터의 홍보인쇄물, 잡지 등의 배포자료가 늘어난다. 참가자들에게 불필요한 부담이 되지 않도록 배포 및 홍보자료를 엄선하여 배포하도록 한다. 참가자에게 꼭 배포해야 할 자료와 참가자의 희망에 따라 배포하는 경우로 구별하여 배포할 방법을 계획한다. 참가자의 희망에 따라 배포되는 자료는 회의장 내에 배포코너를 마련하여 자유롭게 집어 갈 수 있도록 나열해 둔다.

하. 회의자료류의 발송

참가자가 받을 회의자료가 다량일 경우 참가자가 원하는 주소지로 발송해야 하며 전문업체에게 대행을 맡기는 것도 좋은 방안이다.

거. 여행동승안내

관광여행, 시찰여행에 동승하여 선도 안내를 한다.

»» 사례 1

구분		장소	시간	인원수(단위 : 명)
등록	사전등록 - 국외	Grand Celadon Ballroom Foyer	13 : 00 - 18 : 00	2
	사전등록 - 국내		13 : 00 - 18 : 00	2
	사전등록 - 일본		13 : 00 - 18 : 00	1
	사전등록 - 청년대회		13 : 00 - 18 : 00	1
	VIP & 기자등록		13 : 00 - 18 : 00	1
	현장등록 - 국외		13 : 00 - 18 : 00	1
	현장등록 - 국내		13 : 00 - 18 : 00	2
	Name Tag		13 : 00 - 18 : 00	2
	Congress Kit		13 : 00 - 18 : 00	2
	Information		13 : 00 - 18 : 00	2
	관광		13 : 00 - 18 : 00	Travel Agency
	Banquet / Tech. Visit Refund / Proceedings		13 : 00 - 18 : 00	2
	Cashier		13 : 00 - 18 : 00	Bank Staff
	Receiver Desk			
	Company Advertisement		13 : 00 - 18 : 00	
VIP	Receptionist	***		
Preview	Receptionist	***	10 : 00 - 18 : 00	1
Press	Receptionist	***	10 : 00 - 18 : 00	1
사무국	000 Secretariat	***	08 : 00 - 18 : 00	
	Congress Secretariat	***	08 : 00 - 18 : 00	2
합계				22명

사례 2

1. 개 요

1) 사전등록, 현장등록 및 내·외국인 등록접수로 구분하여 시행 필요 시 Invited Speaker 와 Press Desk를 운영
2) 현장등록 동선의 최적화 및 전문등록 진행요원 배치
3) 등록신청서 내용은 참가자의 모든 정보를 파악할 수 있도록 사전작성
4) Congress Kit 준비 및 배부
5) 관광안내데스크를 설치·운영하여 참가자의 편의도모

2. 설치장소

○○호텔 3층 로비

3. 운영기간

0000년 0월 00일 ~ 0월 00일 / 09 : 00 – 18 : 00

4. 등록데스크 구분 및 인원배치

구 분		데스크 업무
등 록 데스크	Pre-Registration Desk	· 사전등록자 확인 및 접수
	On-Site Registration Desk	· 현장등록 접수 · 등록비 수납 · 영수증 / Name Tag 발급
	Invited Speaker & Press Desk	· Invited Speaker & Press 명단 확인 및 접수
기 타 데스크	Fill Up 데스크	· 현장등록서 작성 및 안내
	은행 데스크	· 현장등록 시 환전업무 담당
	관광안내 데스크	· 일반사항 및 관광에 대한 안내
	물품지급 Desk	· 영수증 확인 후 Congress Kit 배포

구 분		데스크별 업무	인원(명)
국외 등록	Pre-Registration	국가별 사전 등록자 확인 및 접수	4
	On-Site Registration	국외현장 등록자 접수, Name Tag 발급	2
국내 등록	Pre-Registration	가나다순 사전 등록자 확인 및 접수	2
	On-Site Registration	국내현장 등록자 접수, Name Tag 발급	2

2) 시설 관리

(1) 행사장

회의장 사용계획은 프로그램을 원활하게 수행할 수 있도록 시간과 참석인원을 고려하여 수립한다. 회의장 사용계획 작성 시 유의점은 다음과 같다.

① 회의장 배정

참가 예정 인원수와 회의장 규모를 파악하여 사용에 적합한 회의실을 배정한다. 즉 분과회의별 참가자 수가 각각 다르기 때문에 참가 예정 인원수를 미리 파악하여 각 회의장 규모에 맞게 배정해야 하며 회의에 관련된 사무국, 기자실, 운영요원실, 휴게실, 기타 예비실 등의 배정은 회의 진행 · 운영을 고려해 위치 · 면적에 따라 회의장을 배정한다.

② 회의장 기능 Check

각 행사 및 분과회의 등에 의해 기능별 회의장소가 준비되어야 하므로 사전에 음향, 조명장치, 전기 콘센트 위치와 전기용량 등을 점검한다.

③ 활동 동선계획

대규모 회의일 경우 많은 참가자가 한꺼번에 회의장에서 움직이기 때문에 복

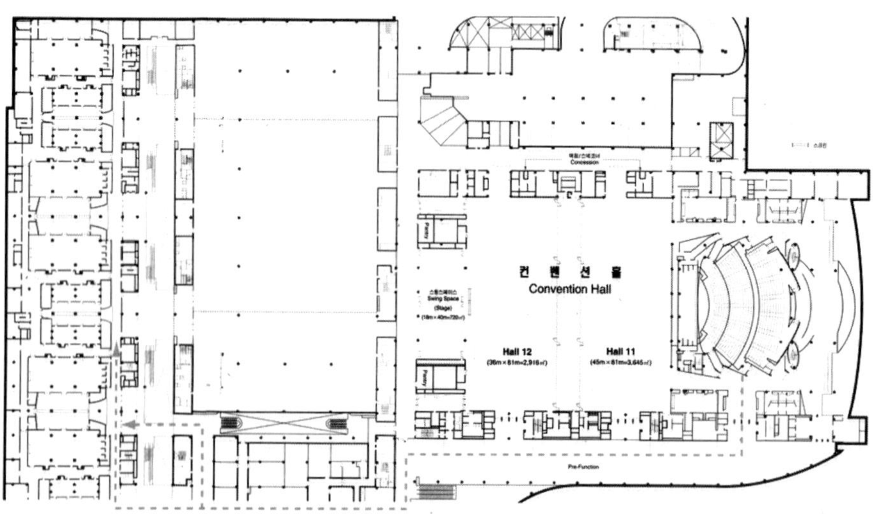

잡한 동선보다 단순하면서 참가자들이 원활하게 움직일 수 있는 동선계획을 수립한다.

④ 회의장 준비

회의장이 배정되면 본회의 및 각 분과회의마다의 회의장 사용계획을 수립하고 연단 위치, 마이크, 스크린, OHP 등의 기자재 배치를 결정하며, 좌석 배치 및 사용 간격은 각각의 회의에 맞는 구성이 이루어져야 한다.

⑤ 용도에 따른 회의장의 종류

가. 순수 회의를 목적으로 하는 회의장
  가) 개회식장
  나) 총회의장
  다) 분과회의장
  라) 이사회의장
  마) 폐회식장

나. 사무·작업을 목적으로 하는 Room
  가) 총괄본부 사무국실
  나) 각 분과위원회 사무국실
  다) 동시통역·속기사 대기실
  라) 다기능실(복사·인쇄·수송 등)

다. 기타
  가) 등록실
  나) 기자실
  다) 자료배포실
  라) 의무실
  마) VIP 의전실
  바) 부속 전시장 등

사례 1

용도	종류	참가인원	수량×일수(사용기간)		Style	장소	비고
전체회의	강당	550명	1×2일	9/17~9/18	Theater	Auditorium (3F)	·개회식 ·General Assembly ·General Session ·Technical Session
행정회의	이사회	30명	1×3일	9/17~9/18	Theater	Auditorium Meeting Room	·Administrative Meetings
기타	사교행사	50명	3×1일	9/18	Theater	COEX Inter-Continental	
	기자회견	100명	1×1일	9/18	Theater	Auditorium Meeting Room	

사례 2

구분		용도	장소	주요 내용	사용 기간
행사내용	1	등록 데스크	3층 Lobby	행사 등록업무	5월 17일~5월 18일
	2	개막식 및 환영연	오디토리엄	축하공연 · 식사	5월 17일
	3	Dinner Party	오디토리엄	공연 및 식사	5월 19일
	4	전체회의	오디토리엄	기조강연 및 주제 발표	5월 18일~5월 20일
	5	분과회의	컨퍼런스센터	주제발표	5월 18일~5월 20일
	6	폐막식	오디토리엄	공식행사	5월 20일
	7	환송연	오디토리엄	환송연	5월 21일

사례 3

번호	용도	장소	행사/회의 내용	사용기간
1	회의	Auditorium	Keynote Speech	5월 16일~20일
2		212호	Conference Plenary	5월 18일~20일
3		216호	Session Plenary	5월 17일~20일
4		224호	Parallel Session	5월 18일~20일
5	사무국/VIP	204호	실행사무국	5월 16월~20일
6	사무국	202호 C	본부사무국	5월 15일~20일
7	사무국 지국	217호, 218호	학술담당 사무국	5월 16일~20일
8	조직위원회	203호	발표자료 점검	5월 17일~20일
9	Press Room	106호	기자실 및 보도	5월 17일~20일
10	Preview Room	216호	집행위원회 회의	5월 17일~20일

3) 기자재

회의에서 발표되는 내용은 주제가 중심이 되기 때문에 구두 발표만으로는 이해하기 어려운 경우가 많다. 발표 내용을 참가자들에게 더욱 쉽게 이해시키기 위한 보조수단으로 시청각 기자재를 사용하는 것이 매우 효과적이다. 주최 측은 발표자들로부터 필요한 기자재를 양식에 의해 미리 신청을 받아 준비하며, 회의장의 관리업체에서 보유하지 않은 기자재는 PCO나 전문업체에서 기자재를 임대한다.

(1) 각 회의장별 기자재 준비

회의 프로그램(본회의, 분과회) 및 회의장의 수를 고려하여 필요한 대수와 설치장소를 정하며 반드시 사전 작동점검을 통한 기자재의 특성을 검토하여 회의 진행 시, 문제 발생을 최소화시킨다.

(2) 기본 회의용 기자재

① Slide Projector

슬라이드 프로젝트는 기기 조작방법이 간단하다. 프로젝터의 조작을 위해 따로 조작하는 사람을 둘 수 있으나 발표자가 스스로 조작하는 경우가 대부분이다. 슬라이드의 상영을 위해서는 프로젝트 외에도 슬라이드 필름을 담을 트레이(Tray)가 필요한데 일반적으로 트레이는 80-Slide Carousel 정도면 충분하다. 사전에 몇 대의 프로젝터가 사용될 것인가를 검토하여 필요한 수량을 준비한다.

② OHP(Over Head Projector)

OHP는 아세테이트나 투명 필름에 발표내용을 작성하여 그것을 스크린에 투영하는 기기이다. 이동과 조작이 간단하고 OHP에 사용되는 투명 필름을 확보해 두어야 하는데 필름 규격은 8" × 10"사이즈가 일반적으로 많이 사용된다.

③ 비디오

비디오는 발표자의 발표내용이나 관련자료들을 시각적으로 보여주는 대신에 개・폐회식 등에서 주요 장면들을 액정 프로젝트를 통하여 바로 스크린에, 또는 멀티비전, 멀티큐브 등을 통해 참가자들에게 보여주며 회의 기록을 위한 주요장면의 녹화 등 다양한 용도로 사용할 수 있다. 그러나 비디오는 테이프의 크기에 따라, 녹화방식에 따라 여러 종류가 있으므로 사전에 점검하여 사용에 문제가 없도록 전문가의 조언을 받도록 한다.

④ 멀티비전과 멀티큐브

회의나 행사장에서 많이 사용하는 기기로 비디오, 슬라이드, 컴퓨터, 비디오카메라 등을 연결하여 자료화면이나 현장중계 화면을 보여주는 영상기기이다. 브라운관 방식인 멀티비전보다는 액정투사방식인 멀티큐브가 화질이 좋으므로 주요행사에서 많이 사용된다.

⑤ Beam Projector

Beam Projector는 비디오와 컴퓨터의 화면을 그대로 영사하여 주는 장치로 최근에는 컴퓨터의 데이터를 발표에 사용하는 발표자가 많기 때문에 플로피 디스크만을 지참하면 되므로 매우 편리하다.

⑥ 화상회의

최근에는 통신기술의 발전으로 멀티 스크린 영상(Multi Slide, Multi Vision)을 이용한 타 지역과의 다원 영상(Video Tele Conference)회의의 활용이 두드러지고 있으나 국제회의 활성화의 목적과 위배된다는 일부의 목소리도 대두되고 있다.

⑦ 음향 기자재

국제회의에서 음향 기자재는 매우 중요하면서도 가볍게 생각하는 경향이 있다. 가끔 회의 진행 중 음향기기의 활용 미숙으로 웃지 못할 일들이 발생한다. 이는 음향 기자재에 대한 중요성을 망각한 결과로 설치계획부터 운영 매뉴얼상에 음향 기자재의 활용방안을 철저하게 강구해야 한다. 음향 기자재들은 다음과 같다.

• 앰프(음 증폭기)

• 스피커
• 마이크(유선 · 무선 마이크 : 핸드, 핀, 헤드 마이크 등)

⑧ 동시통역 기자재

국제관광객이 증가하고 있고 많은 발표자들이 회의에 참가하고 있어서 동시통역이 자주 필요해진다. 연사들은 모국어로 참가자들에게 말하지만 방음장치가 된 부스 안에서 통역자가 연사의 이야기를 듣고 다른 나라말로 연사의 이야기를 통역한다. 그 내용은 다양한 방법으로 참가자에게 전달된다.

(3) 기자재 선정 시 주의점

① 기본적으로 준비하는 A/V 기자재 외에 연사가 필요로 하는 A/V 기자재에 대한 정확한 정보를 파악해야 한다. 즉 NTSC, PAL, SECAM 모두가 재생되는 VCR, 무선마우스, Mount의 종류 및 크기, 슬라이드 리모콘(Remote Controller) 등

② 컴퓨터는 설치된 소프트웨어의 종류를 확인하고, 이메일이나 인터넷 사용 시 가능한 참가국의 언어를 표기할 수 있도록 조치하며 영문 소프트웨어의 설치 여부도 점검한다.

③ 복사기와 프린터는 일정수량의 토너 용량에 대한 보증(Guarantee)을 반드시 설정한다. 예를 들면 복사기의 경우 일만 장 카피 Guarantee 등

④ 빔 프로젝터는 밝기(ANSI)와 해상도를 고려하여 기종을 선정한다.

⑤ In-house Facility의 종류와 사양을 필히 확인하여 추가 대여 여부를 결정한다. 즉 고정식 빔 프로젝터의 활용이 가능한지 확인한다. 또한 적외방식의 동시통역시설을 갖춘 행사장이 늘고 있는 추세이므로 이를 활용할 것인지 혹은 FM방식의 통역시스템을 렌털할 것인지를 결정한다.

⑥ 고장 · 파손 등에 대비한 여분은 필히 준비해야 하며 관련업체의 테크니션을 필히 상주시킨다.

사례 1 : 등록 데스크 소요 기자재 및 준비물

구 분	수 량	비 고
등록 데스크	10	1인당 1개 기준
Desktop Computer	10	등록자 데이터 관리
안내 데스크	2	일반 및 관광정보 제공
은행 데스크	3	외국인 환전서비스 제공
물품지급 데스크	2	Congress Kit 배포
이젤 / 안내판	8	각 데스크 구분용
의 자	17	총 데스크 수에 비례
전 화	3	전화기 포함(내선)
프린터	2	현장등록자 Name Tag 출력

사례 2

기자재	규격 / 종류	수 량	집기류 및 준비물	규격 / 종류	수 량
데스크		1식	등록자 List		20
의 자		25개	대회수교 Kit 가방	미정	1,300
전 화	전화기	1(단기 / 국선)	등록 개인 봉투	미정	1,100
컴퓨터	Pentium급	5대	현장 등록신청서	A4	500
프린터		2대	영수증	B5	500
무전기		2대	문구류	미정	미정

사례 3

구 분	장 소	LCD	SLP	OHP	노트북	Pin Mic	T. Mic	WL · Mic	연단	Screen	Lamp	통역 부스
Keynote Speech	Auditorium	1	1	1	1	1	2	2	2		1	1
Conference Plenary	Auditorium	1	1	1	1	1	3	2	1		1	1
Session Plenary	Auditorium	1	1	1	1	1	3	2	1		1	1
	310호	1	1	1	1	1	3	2	1	1	1	1
	311호	1	1	1	1	1	3	2	1	1	1	1
	320호	1	1	1	1	1	3	2	1	1	1	1
Parallel Session	Auditorium	1	1	1	1	1	3	2	1		1	1
	310호	1	1	1	1	1	3	2	1	1	1	1
	311호	1	1	1	1	1	3	2	1	1	1	1
	320호	1	1	1	1	1	3	2	1	1	1	1
Design Forum & Panel Discussion	Auditorium	1	1	1	1	1	3	2	1		1	1
	310호	1	1	1	1	1	3	2	1	1	1	
	311호	1	1	1	1	1	3	2	1	1	1	
	320호	1	1	1	1	1	3	2	1	1	1	

Ⅲ. 전시회 기획 시 주요 체크항목

회의와 병행되는 전시회는 크게 나누어 회의내용과 관련 있는 기업 및 단체가 자사상품의 PR을 목적으로 개최하는 상업전시회와 회의 발표내용을 보충할 목적으로 게시물과 견본을 전시하는 비상업전시회가 있다. 어떤 경우든 회의 관련 행사로서 정식 프로그램에 넣는 것이 일반적이다.

1. 전시회 개최 개요의 결정

① 테 마

회의의 테마에 맞춘다. 적어도 회의 테마와 관련 있는 테마를 설정한다.

② 회 기

회의와 맞추는 것이 보통이지만 회의참가자의 편의를 고려하여 약간 길게 정할 때도 있나.

③ 전시회장

대형이고 특수한 기기류를 사용할 경우를 제외하고 대개 국제회의의 섹션 회장과 동일 회의장을 이용해야 한다. 이것은 이동이 필요 없으므로 바쁜 참가자라도 회의의 틈을 봐서 전시물을 볼 수 있기 때문이다. 전시내용이 특수한 경우(소음이 나거나 중량 제한을 넘는 것, 위험물 등)라도 가능한 전시회장은 회의장에서 가까운 곳이 바람직하다. 본회의 회의장의 예약과 동시에 전시회장도 확보해두면 좋다.

④ 규 모

예상 출전자 수를 감안, 필요한 전시장의 스페이스를 활용하여 부스 설치 규모와 편의 시설 규모를 확정하여 계획을 수립해야 한다.

⑤ 운영조직

전시회를 조직위원회의 전시분과위원회가 담당하는 경우와 전시 전문업체에게 위탁하는 2가지 경우가 있다. 그러나 전시분과위원회가 담당한다 해도 전시회 기획, 진행, 운영 등의 업무를 주도하지만 전문적인 장치 설치, 통관·수송, 전기공사, 급·배수 공사, 청소 등은 전문업체에게 위탁할 수밖에 없다. 또한 전시 전문업체에 위탁하여도 관리감독은 전시분과에서 담당해야 하기 때문에 전시분과위원회가 담당할 업무와 전문업체가 담당할 업무의 분담을 명확하게 하는 것이 중요하다.

⑥ 세레모니

전시회장의 개관식(의전 및 테이프 커팅), 리셉션 등의 행사에 대하여 사전계획 수립이 필요하다.

2. 단계별 전시회 준비 업무

준비 단계	업 무 내 용	준비 시기
제1단계	· 개최 개요 결정 - Concept 설정 - 개최일정 설정 - 전시장 선정 · 사업수지계획 작성 - 수입항목 확인(출전료, 가이드북 판매수입, 광고수입, 입장료 수입, 기타 수입 등) -지출항목 확인(장소 대여료, 전시장 설비, 장식비, 인쇄비, 인건비, 그 외 비용) · 개최희망서 작성	전시회 1~2년 전
제2단계	· 출전 안내서 작성 - 인사말, 축사 - 개최 취지 - 전시회 명칭, 개최시기, 장소, 일시 - 주최, 주관, 협찬, 후원 기관 - 출전자의 참가 자격	전시회 6개월~ 1년 전

제2단계	-부스 면적, 높이, 사양, 가격, 지불 방법 -부스 할당 방법(신청순, 추천) -출전 요령 및 신청 용지 -주의사항 · 출전 기업 모집 · 신청서 접수 · 출전자 설명회 개최	전시회 6개월~ 1년 전
제3단계	· 운영 매뉴얼 작성 · 보세창고 확보 및 신청 · 소방 · 경비 관계 협의 신고 · 보험 가입 · 입금 / 지출 관계 확인 · 가이드북 작성(한국어, 기타 외국어) · 경비관계 협의 · 요원 오리엔테이션	전시회 1~3개월 전
개장 직전	· 기초 부스 설치 및 배선 정비 · 내외 장식 및 통로 정비 · 간판 / 표시류 설치 · 설치 후 정리 / 정돈	전시회 전일 (2~3일 전)
전시회 개 장	· 오프닝 · 테이프 커팅 · 내빈 접수 · 인사 · 리셉션 · 접수 · 티켓 판매 · 회의장 안내 · 회의장 경비	국제회의와 동시 개최
폐회 후	· 설치물 정리 / 정돈 · 전시물 반출 · 출입금, 관계업자에게 지불 · 출전자 및 관계자에게 인사 · 수지보고서 작성 · 외국 전시품 처리 · 사무국 해산(조직위원회와 동시 해산)	

3. 전시회 기획 시 주요 체크항목

전시회 기획 시, 꼭 검토하여 작성되어야 할 항목은 다음과 같다.

① 기본 기획

항 목	내 용	비 고
1. 전시 배경	1) 관련사업 현황 및 전망 2) 개최연혁 3) 개최의 필요성	
2. 전시회 개요	1) 명칭(국·영문 공식명칭 및 약칭) 2) 개최 목적 ① 산업정책에 부응하는 목표 설정 ② 산업현황 및 미래상 감안 ③ 관련산업 발전효과 3) 기간(준비·개최·철거기간), 장소 4) 주최·후원·협찬 5) 전시 품목 ① 전시 대상의 전시품 구분, 범위 명칭 등을 파악 ② 충분한 사전조사 6) 규모 ① 총전시 면적(사용전시실 총면적) ② 실전시 면적(참가업체 배당면적) 7) 기대효과 ① 관련산업 및 업계에 미치는 영향 등	
3. 추진 기본방향	1) 전시회 고유특성별 운영지침 2) 공동주최 여부 3) 부대행사(세미나) 개최 여부 4) 참가업체 및 바이어 유치방향 5) 참관자 동원방향	
4. 세부 추진계획	1) 전시장 확보 계약체결조건 및 임대료 지불방법 명시 2) 참가업체 유치 ① 유치목표(국내, 국외) ② 참가대상 업체 ③ 참가신청 마감일	

4. 세부 추진계획	④ 참가비 산정 및 조립식 부스 제공 ⑤ 유치활동 방향 ⑥ 홍보물 제작 및 국내 홍보시행 3) 해외바이어 유치 ① 유치 목표 및 유치 활동방향 ② 홍보물 제작 및 해외 홍보시행 4) 참관자 유치 ① 유치 목표 및 유치 활동방향 5) 전시회 디렉토리 제작, 배포 ① 제작 계획 및 수록 내용 ② 배포처 6) 전시장 운영 ① 장치공사 방향 및 부스배정 원칙 ② 참가업체 설명회 및 참관자 등록 7) 전시회 개막행사(일시, 장소, 초청자) 8) 참가업체 설문조사 및 성과 파악 9) 전시품 반출 및 장치물 철거	
5. 업무 추진 일정	각각의 업무별 추진일정을 표시	
6. 손익계획	수지 계획 및 지출 예산, 수지 정산	
7. 업무 분장계획	공동 주최 시 기관별 업무 분장	

② 세부계획

가. 전시회 명칭

항 목	내 용	비 고
1. 공식명칭 확정	국문 · 영문	
2. 전시회 약칭	전시회 약칭 사용으로 그 본래의 의미가 전달되지 않는 경우를 고려해 적절히 사용	
3. 전시회 로고	명칭, 약칭, 로고를 통한 이미지 통일	

나. 전시기간의 확정

항 목	내 용	비 고
1. 전시장 가용시기	1) 전시장 측에 사용가능 기간 파악 2) 전시효과 극대화 시기 파악	
2. 휴일, 공휴일 점검	1) 준비 · 개최 · 철거 기간 중 휴일 고려 2) 해외 물자의 반출 · 입의 편리성 고려 3) 관련 인력동원 차질의 고려	
3. 적절한 기간	1) 기계류 시운전 준비기간의 고려 2) 전문 전시회의 경우 4~7일 적합 3) 준비기간은 4~5일이 적합 4) 철거기간은 2~3일이 적합	

다. 장소

항 목	내 용	비 고
1. 가용장소 물색	1) 가용 여부 및 임차규정 파악 2) 위치인지도 및 교통편의 고려 3) 화물의 반출 · 입고 용이도 고려 4) 참가업체 부스배치 용이도 고려	
2. 전시장 확보	1) 전시장 운영 규정 숙지 2) 계약체결조건 파악	
3. 인가업체 파악	1) 전시장치업체 2) 전시관련 용역업체(도우미 등) 3) 가구임대 및 전기공사업체	

라. 규모

항 목	내 용	비 고
1. 총전시 면적	1) 예상 참가 전시부스 파악 2) 편의시설 규모 파악(휴식 · 만남 등) 3) 부속시설 규모 파악 등	
2. 실전시 면적	1) 총면적의 40~50%가 사용면적 2) 사용면적의 유치 목표 설정(국내외)	

마. 각종 유치목표 설정

항 목	내 용	비 고
1. 참가업체	참가업체는 국내외 60 : 40 이상형	
2. 해외 바이어	수출 / 입 규모 파악 인접국 동향, 국별 수출액 파악	
3. 참관객	참관객은 홍보와 프로모션으로 동원	

바. 참가비

항 목	내 용	비 고
1. 차등 적용	1) 국내외 참가비 차등 적용을 지향 2) 환율변동을 감안	
2. 할인 적용	1) 유관기관 및 회원사에 할인 여부 검토 2) 고정 참가업체에 대한 할인 여부 검토	

사. 조립식 부스

항 목	내 용	비 고
1. 부스 신청	1) 예상 신청수량 파악	
2. 제공 내역	1) 조립식 부스, 상호 간판, 바닥 처리 2) 안내 데스크 및 의자 1조 3) 형광등 1, 조명등 4, 휴지통 4) 전기 콘센트 1개	
3. 부스비	1) 제공내역에 따른 견적입수 2) 조립식 부스비 책정	

아. 공동 주최

항 목	내 용	비 고
1. 사전 조사	1) 공동주최 대상기관 파악 ① 공동주최 제의기관 ② 국내 관련산업조합, 단체 ③ 외국 전시전문기관 ④ 전시스페이스 판매대행기관 2) 조사방법 ① 관련업체 및 기관의 의견 ② KOTRA 해외무역관에 협조요청 ③ 방문 조사·협상 3) 조사 내용 ① 관련업계와의 관계 ② 조직 및 성격 ③ 활동상황 ④ 공동주최 제의에 대한 반응 ⑤ 대가 지급 요구 여부 및 지급비율	
2. 공동주최 기관과의 업무	1) 기관별 업무 분장 2) 기관별 책임, 목표 3) 목표 미달 시의 책임 4) 수입 및 비용의 배분과 예산 5) 역할에 대한 대가(커미션)	
3. 공동주최 약정	1) 공동주최약정서(안) 작성 2) 협의, 수정, 보안 3) 계약(안)에 대한 법률 자문 4) 서명 → 계약체결 5) 공증(법률사무소) 6) 계약에 따른 인증(보증보험) 7) 기본계획서(안)에 약정내용 반영	

자. 후원/협찬

항 목	내 용	비 고
1. 명의 사용	1) 정부 관계부처, 주요 경제단체 2) 언론기관, 관련조합 등 명의 사용 3) 사전조사단계에서 명의 사용 타진	

차. 수지계획

항 목	내 용	비 고
1. 유의사항	1) 예상 수익 및 지출을 구분 편성 2) 수지의 탄력성 부여 ① 수입 예상액 대비 지출예상액 증감 ② 광고 선전비, 장치비, 도안비 등 ③ 지출 부문의 탄력성 유지	
2. 수익 부문	1) 참가비(전시사업의 주 수입원) ① 참가비 단가×실 전시면적 ② 조립식 부스단가×판매 부스 2) 광고료 ① 전시회 카탈로그 지면 ② 전시 매뉴얼 및 관람객 유치인쇄물 ③ 옥내외 장치물 3) 기술지원 서비스료 ① 전기, 전화, 급배수, 압축공기 ② VTR System 등 기타 ③ 정액제 부과	
3. 지출 부문	1) 임차료 ① 전시장 기본 임차료 ② 전시장 시간외 임차료 ③ 전시장 할증료 ④ 셔틀버스 임차료 등 기타 2) 여 비 ① 국내여비 및 국외여비 해외 참가업체 유치, 신 전시기법 연수, 공동주최 기관과의 업무협의 3) 도서인쇄비 ① 전시 참가안내서 및 신청양식 ② 전시 안내서 및 포스터 ③ 초청장(등록카드) 및 출입증 ④ 참가업체 카탈로그 ⑤ 관련양식 등 4) 지급수수료 ① 공동 주최자 간 이익 배분 ② 안내원 및 경비원 채용 인건비 ③ 각종 자료 발송 용역비 ④ 임시요원 채용 인건비(전시회 개막일 전후 3개월 내)	

항 목	내 용	비 고
3. 지출 부문	⑤ 광고용 식자, 사진, 필름 제작비 ⑥ 전시회 현황판 제작비 ⑦ 전시장 기술지원 설비 이용료 ⑧ 관리비 및 원상복구비 5) 통신비 ① 참가 안내 브로셔 ② 참가업체 카탈로그 ③ 초청장 및 포스터 6) 광고선전비 ① 국내 일간지, 경제지 ② 국내전문지 및 해외전문지 7) 업무추진비 ① 참가업체 설명회 ② 유관기관과의 업무협의 ③ 개최준비회의 ④ 홍보를 위한 간담회 ⑤ 전시회 개막식 리셉션 8) 장치비 ① 옥내장치물 ㉠ 입구 전면처리 ㉡ 안내 유도판 및 천장 배너 ㉢ 사진 패널(Panel) 제작 ㉣ 인포메이션 데스크 ② 옥외장치물 ㉠ 육교 현판 및 현수막 ㉡ 상징탑 및 안내 유도판 ③ 통로바닥 파이텍스 ④ 조립식 부스 설치, 해체 ⑤ 기술 지원 설치비(전기) 9) 소모품비 ① 개막식 준비물 ② 포스터 발송용 지관 구입 ③ 귀빈용 기념품 구입	

③ 참가업체 및 참관자 유치

가. 사전 준비

항 목	내 용	비 고
1. 관련산업 현황	1) 시장규모 및 유통구조 파악 ① 관련산업의 현황 및 미래상 ② 최근의 시장규모 및 선도업체	
2. 전시품목 연구	1) 전시 대상품목의 전반적 조사 분석 2) 최신 첨단제품(기술) 등을 파악	
3. 관련매체 파악	1) 관련매체 및 구독층 2) 특성 및 발행 부수	
4. 주소록 작성	1) 국내외 관련업체 디렉토리 수집 2) 해외 유명전시회 디렉토리 수집 3) 참가 유망업체 리스트 작성	
5. 홍보물 인쇄	1) 참가안내 브로셔(국 · 영문) ① 개요(개최목적 및 기대효과) ② 참가 안내서 ㉠ 대상업체, 신청기한 및 장소 ㉡ 참가비 및 참가비 납입기한 ㉢ 전시품목 ③ 부스 배정기준 및 장치 시공 ④ 조립식 부스내역 및 숙박시설 ⑤ 참가업체가 필요로 하는 참가절차 2) 참가 신청서 ① 회사명, 주소, 전화번호 등 ② 거래은행 및 주요생산품목 ③ 전시 담당자 및 임원 ④ 신청면적 및 참가비 총액 ⑤ 전시품목 명세 및 참가규정 3) 전시회 리플릿 제작 ① 관련산업 국내현황 및 미래상 ② 전기전시회 개최성과 ③ 기대효과 등 4) 전시회 포스터 제작	

나. 참가 안내서 제작

항 목	내 용	비 고
1. 안내서 제작계획	1) 제작 목적 2) 제작 부수(예정 참가업체 10배수) 3) 안내서 판형 ① 재질(아트지 : 무광, 유광 등) ② 크기(국판, 국배판 등) ③ 종이중량(120, 150, 180파운드 등)	
2. 안내서 수록내용	1) 제작 취지 및 용도 2) 제작 일반사항 ① 주최자 및 운영 관리 연락처, 전시기간 중 전시 주최자 현장사무실 운영안내 ② 기간 중 일정 ㉠ 설치작업 및 반입개시 일시 ㉡ 준비완료 일시 및 개막일 일시 ㉢ 관람시간 및 폐막일 일시 ㉣ 철거작업 및 반출개시 일시 ㉤ 철거 및 반출완료 일시 ③ 전시부스 배정원칙 ④ 작업시간 및 연장작업요령 ⑤ 전시장치 완성 및 개막식 ⑥ 전시장 운영(기간 중 직원 상주) ⑦ 관리비 납입 3) 전시품과 운송 ① 지정용역업체 및 용역의 범위 ② 전시품의 반입 ③ 선적서류 작성 ④ 전시품 반입 및 관리 ⑤ 중량전시품(전시장 하중능력) ⑥ 구조물에 대한 고정작업 ⑦ 전시품의 성질 ㉠ 전시회 주제에 부합 ㉡ 전시품 내역 사전통보 ㉢ 위험물 반입 사전승인 취득 ⑧ 전시품의 작동 ㉠ 안전 및 방해금지 ㉡ 주최자의 작동제지권	

2. 안내서 수록내용	⑨ 전시품의 정비 및 보수 ㉠ 개장시간 중 금지 ㉡ 정비 및 보수계획 사전통지 ⑩ 전시품 빈 상자 보관 ⑪ 전시물품의 반출 ⑫ 현장 판매 4) 부스 설치 및 서비스 ① 조립식 부스 ② 지정용역업체 ③ 장치 규정 ④ 서비스용 설비 전기, 전화, 급배수, 압축공기 ⑤ 전기공급 표준전력, 특수전력, 전기공사 범위 설치사용료 등 ⑥ 전기공사 용역업체 ⑦ 전기설치 규정 ⑧ 압축공기 및 급·배수 ⑨ 전화 및 청소 5) 일반적 용역 ① 통·번역 비서용역 ㉠ 지정 용역업체 ㉡ 전시회 개막 1일 전 고용 ② 가구 및 비품임대(지정 용역업체) ③ 화분임대 및 사진(지정 용역업체) ④ 편의시설 및 은행시설 ⑤ 주차공간 및 응급실 운영 ⑥ 우편서비스 및 텔렉스실 ⑦ 안내방송(공지사항 안내) 6) 숙박 및 항공편 ① 지정호텔 및 항공사(운영 시) ② 비자·검역·관광·교통 편의 제공 7) 보안 및 보험 ① 일반보안 ② 화재예방 및 진압 ③ 보험 8) 홍보 ① 홍보활동계획 ② 참관자 동원활동 9) 전시장 출입	

항　목	내　　용	비　고
2. 안내서 수록내용	10) 전시회 디렉토리 ① 디렉토리 내용 ㉠ 사용어(영어 · 한국어) ㉡ 내용(전시자명, 품목 및 광고) ② 배포내용 ㉠ 관련참가자, 정부기관 ㉡ 관련단체, 보도요원 등 ㉢ 무료(주최자에 따라 유료) ③ 전시참가자를 위한 무료기재 ㉠ 부스번호 및 전시자명 ㉡ 본사 주소, 전화 등 ㉢ 전시품목 및 전시품 명세 ④ 광고 ㉠ 광고지면 활용 권고 ㉡ 게재지면 ㉢ 전시자명 수록 근접면 ㉣ 표지 2, 3, 4, 내지 11) 신청서식 ① 신청기한 및 제출처 ② 광고내역(지면, 색상 등) ③ 배포(참가 유망업체 및 신청업체)	

다. 참가업체 유치(국내)

항　목	내　　용	비　고
1. 우편물 발송	1) 참가안내서 발송 2) 참가 권유 공문 발송	
2. 전시회 광고	1) 일간지 및 전문지 광고 2) 전파매체를 이용한 광고	
3. 전문업체 협력	1) 전문지 광고업체 협력 2) 관련산업 선도업계 협력	
4. 전화 유치상담	1) 참가문의 업체, 가능업체 접촉유지	
5. 참가권유 활동	1) 참가가능업체 방문 2) 유선접촉(전화) 3) 참가권유공문 재발송 4) 후원, 협찬기관의 협조를 통한 활동 ㉠ 참가독려공문 협조 ㉡ 참가유망업체 파악 ㉢ 경쟁업체 관계 파악 ㉣ 업체별 카드 작성	
6. 유치기록 유지	1) 업체별 유치활동 내용 기록 유지	

라. 참가업체 유치(국외)

항 목	내 용	비 고
1. 홍보물 발송	1) 참가안내서 직송(참가권유 C/L과 함께) 2) 해외 유관기관 및 전시회 관련단체 등	
2. 공문 발송	1) 외국 공관과 경제단체	
3. 기타 유치	1) 수입 Agent를 통한 외국공급자 유치	

마. 전시장 부스 배정

항 목	내 용	비 고
1. 기준 설정	1) 참가신청서(참가비의 50% 납입) 제출순 2) 품목별, 규모별 배정	
2. 국내외 구분	1) 국내관 2) 외국관 배정	
3. Lay-Out 작성	1) 전체 평면도 2) 국내관, 외국관(품목별 · 규모별 구분) 3) Lay-Out 작성법 ① 와선 배치 ② 직렬 배치 ③ 병렬 배치	

바. 참가업체 설명회

항 목	내 용	비 고
1. 개최 시기	1) 부스배치 확정 시점, 장치공사 준비 전	
2. 설명회 내용	1) 장치공사 계획 및 부스배정 설명 2) 반출입 및 진열에 관한 사항 3) 주최 측 요망사항 및 질의응답	
3. 자료준비 제공	1) 참가업체현황 및 신청현황 2) 배치도 작성 3) 개막준비 일정 및 운영관리 4) 홍보추진계획 및 홍보활동현황 5) 바이어 유치계획 및 활동 6) 참가규정, 반출입, 선적서류 작성 7) 장치공사 및 주최 측 요망사항	

사. 참관객 유치

항 목	내 용	비 고
1. 사전 준비	1) 주소록 작성 ① 국내 관련업체, 관련부처, 유관기관 ② 국내조합, 주요 연구기관, 대학 학과 ③ 해외 관련 바이어 리스트 2) 관련매체 파악 참관 대상자의 선호매체 파악 3) 무료 초청장 ① 일반 초청장(국문) ② 바이어 초청장(영문) ③ VIP 초청장(국·영문)	
2. 국내 참관객 유치	1) 참가업체를 통한 참관객 유치 ① 포스터 및 무료초청장, 스티커 등 2) 홍보용 인쇄물 직접 배포 ① 포스터 및 무료초청장, 스티커 등 3) 옥외 장치물 제작설치 ① 육교현판 ② 상징탑 ③ 현수막 ④ 애드벌룬 4) 홍보매체 이용 ① 보도자료 제공 ② 광고 게재 ㉠ 일간지, 경제지, 전문지 ㉡ 일간 외국신문, 무역회보 등	
3. 해외 바이어 유치	1) 유치목표 설정 ① 수출입 규모 ② 인접국가 동향 ③ 국별 수출, 수입액 분석 2) 무역기관에 바이어 유치 홍보 요청 3) 해외 전문지 광고 ① 주요 해외 전문지 조사 ② 주요 교역국 내 전문지 4) 주요 호텔 및 공항에 팸플릿 비치	

④ 개관 준비

가. 장치공사 발주

항 목	내 용	비 고
1. 전시장 마킹 (Marking)	1) 배치도에 따른 실전시실 분할 2) 현장조정 3) 부스 시공업체에 협조 의뢰	
2. 옥외 장치물	1) 육교현판 및 현수막 2) 상징탑 및 유도표지판 3) 애드벌룬(관할구청 신고)	
3. 옥내 장치물	1) 입구전면 처리 ① 아취, 등록, 접수대, 의자 등 2) 전시회 현황판 3) 천장 배너 등 4) 유도표지판	
4. 통로 카펫	1) 의미에 의한 색깔 구분도 좋음(예 : 유럽은 레드 컬러)	
5. 조립식 부스		

나. 전시 출전업체 디렉토리 제작

항 목	내 용	비 고
1. 디렉토리 원리	1) 무료게재 신청서 및 광고신청서 접수 2) 업체별 수록내용 정리 3) 일반안내 및 배치도 4) 광고 원고	
2. 디자인 의뢰	1) 표지 및 디렉토리 관련 디자인	
3. 견적 및 제작	1) 제작경비 견적조사 및 결재 2) 디렉토리 제작의뢰	
4. 배 포	1) 주요 인사 및 보도기관(사전배포) 2) 현장 배포(등록 · 참관 시 배포 또는 판매)	

다. 운영 및 경비원 채용

항 목	내 용	비 고
1. 채용 계획	1) 목적 ① 안내원(등록, 참관안내) ② 경비원 ㉠ 전시장 보안 유지 ㉡ 전시품 반출입 관리 2) 채용기간 및 자격 3) 채용방법	
2. 기본 임무	1) 안내원(운영요원) ① 참관객 등록, 집계 및 분석 ② 바이어 등록, 안내 및 집계 ③ 전시회 현장사무실 업무보조 ④ 일일 내방객 집계 ⑤ 개막행사 안내 ⑥ 주요인사 및 보도요원 안내 2) 경비원 ① 장치기간 ㉠ 출입자 통제 ㉡ 전시품 반입차량 통제 ㉢ 전시장 안전관리 ② 개막행사일 ㉠ 주요인사 보안유지 ㉡ 전시장 내 입장자 유도관리 ③ 전시기간 ㉠ 출입자 질서유지 및 통제 ㉡ 물품 반출입 통제 ④ 철거기간 ㉠ 출입자 통제 ㉡ 전시품 및 차량반출 통제 ㉢ 전시장 안전관리	

라. 개막행사 준비

항 목	내 용	비 고
1. 행사계획 수립	1) 장소 및 일시 ① 장소사용 사전협의 ② 리셉션 견적입수 ③ 소모품 견적입수 2) 초청범위 ① 테이프 커팅(주최, 후원, 협찬기관) ② 일반 초청자(참가업체 대표) 3) 행사 진행계획 ① 개관 준비 및 테이프 커팅 ② 현황설명 및 전시회 참관 ③ 다과회장 이동 및 다과회 참석 4) 다과회(리셉션) ① 일시 : 개최 당일 ② 장소 : 개막장소와 근접지 ③ 초청자 : 개막식 참석자 5) 안내 계획 ① 동선계획 ② 업체, 전시품 설명준비 6) 준비물 ① 테이프 걸이, 오색테이프, 가위 ② 장갑, 생화, 전시회 현황판 ③ 마이크 및 스피커 ④ 방명록, 목쟁반	
2. 초청자 주소록	1) 초청 대상범위에서 조사한 명단작성	
3. 초청장 제작	1) 전시회 의미에 맞는 초청장·봉투 제작	
4. 초청장 배포	1) 테이프 커팅 인사 2) 일반 초청자	

⑤ 전시장 운영

가. 현장 활동계획

항 목	내 용	비 고
1. 현장 사무실 운영계획	1) 사무실 배치도 2) 운영인원 계획	
2. 현장 활동계획 수립	1) 요원별 업무 분장 2) 휴일 및 야간 근무자 계획 3) 현장 활동계획 ① 반출입 및 통관계획 ② 개막행사 진행 ③ 전시품 파악 ④ 옥내외 장치물 설치 ⑤ 행사준비물 준비 ⑥ 전시자 출입증 발급	
3. 중량물 반출입 지원	1) 반입 일시 및 품목 파악 2) 소요장비 지원	
4. 현장사무실	1) 사용 가능 사무실 확정 2) 사무실 배정 3) 사무용 비품조달 · 배치 4) 청소 및 환경 정리 5) 양식 및 행정소모품 준비 6) 인원 배치 및 운영	
5. 기타 사항	1) 설계도면 및 작업 신고서 접수 · 검토 2) 작업자 출입증 발급 협조 의뢰	

나. 전시 준비

항 목	내 용	비 고
1. 장치 공사	1) 전시실 Marking 2) 조립식 부스 장치 3) 전기배선공사 4) 스탠드 장치 공사 5) 옥내외 장치물 6) 기술지원 공사 7) 카펫 설치공사	
2. 전시품 반입	1) 반입신고서 접수 2) 전시품 및 전시물자의 반입 ① 시공용 자재 : 마킹 직후 ② 전시품 : 기본장치 완료 직후 3) 중량물의 반입 ① 조기반입 촉구 ② 보조장비 수배 협조 ③ 전시장 하중능력 고려 4) 위험물 반입 ① 위험물 반입을 위한 사전 협의 ② 반입신고서 접수 및 규제사항 ③ 반입 승인 및 각서 징수 ④ 반입 확인 5) 외국물자의 반입 ① 선적 서류 도착 현황 ② 물품 도착 및 반입 일정 ③ 통관 절차 및 일정 ④ 도착 물자 인도(확인서) ⑤ 세관 통관 및 육상 수송	

다. 전시 운영

항 목	내 용	비 고
1. 일일 성과보고	1) 입장객 및 등록자 현황 2) 유/무료, 등록/미등록, 단체 현황 3) 국가별 바이어 내방 현황 4) 상담, 계약 및 기타 성과 5) 홍보, 보도현황 및 자료 수집	
2. 설문조사	1) 조사양식 배포 및 협조요청 2) 설문지 양식 수거 3) 미작성자 파악 및 재수거 4) 설문조사 집계결과 분석	

라. 전시품 반출

항 목	내 용	비 고
1. 외국물자 반출	1) 통관 업체별 반출계획 2) 행선지별 반출계획 ① 반송, 보세구역 이전, 폐기	
2. 반출절차	1) 내국물자 ① 반출신고서 작성 제출 ② 반출신고서 확인 및 반출 승인 ③ 물품 반출 및 반출승인서 회수 2) 외국 물자 ① 반출용 재포장 준비 ② 세관검사(전시자, 통관업체 입회) ③ 물품 인도(전시자, 통관업체) ④ 통관, 반출신고서 작성 ⑤ 반출 승인(세관) 및 반출	
3. 반출 승인서	1) 참가비 및 관리비 납부 여부 체크 2) 전화기 등 반납 여부 3) 원상복구 필요 여부	
4. 반출에 필요한 장비 지원	1) 필요 전시자 및 일시 파악 2) 장비 및 기사 대기	

마. 전시 종료 후 업무

항 목	내 용	비 고
1. 장치물 철거	1) 철거 및 반출계획 수립 · 안내 2) 원상복구 필요 여부 파악 ① 전시장 벽면, 바닥 ② 기타 시설물 3) 전시실 청소 파악 4) 반출신고 접수, 승인 및 반출 5) 현장사무실 철수	
2. 수지 정산	1) 수입금 현황 파악 ① 업체별 수입금 현황 참가비, 관리비, 광고비 ② 미수금 현황 파악 및 대책 수립 2) 지출금 현황 파악 ① 사업별 원장 확인 및 종결 ② 과목별 집행현황 작성 ③ 지출금 내역서 작성 3) 수지 총괄표 작성 및 세부 정산	
3. 성과 분석	1) 배포 대비 회답률(업체 회답률) 2) 회답 내용 및 원인 분석 3) 참가업체 현황 및 분석 4) 참관자 현황 및 분석 ① 바이어 내방 현황 및 분석 ② 내국인 내방 현황 및 분석 5) 참가업체 설문분석 6) 총괄 분석, 문제 파악 7) 개선방안 모색 및 결론	
4. 종합보고서	1) 전시회 개최 개요 2) 추진 내용 3) 수지 총괄 4) 성과 분석 5) 문제점 및 개선 방안 6) 결론	

Ⅳ. 주요 홍보전략 및 계획수립법

일반적으로 기획서 구성 중 행사 홍보, 유치 마케팅 전략은 기획서 제안 시 가장 전문성과 차별성이 있는 영역이라 할 수 있다. 행사 또는 사업의 목적과 목표에 대해 직간접적인 효과와 결과를 내기 위한 방법으로서 홍보전략을 얼마나 수립하는가에 의해 그 행사 또는 사업의 평가가 나온다고 해도 과언은 아니라 할 수 있다.

국내외 회의에 있어 다음과 같은 주요 목적에 의해 홍보/유치 마케팅이 진행된다.

① 참가 권유의 효과 : 예상참가자를 대상으로 회의 내용과 회의 참가의 이점을 알림으로써 참가를 권유하는 효과가 있다.

② 행사 이미지 형성 : 각종 홍보매체에 광고와 기사를 게재하여 회의와 회의 주최기관에 대해 좋은 이미지를 형성한다.

③ 파급효과 홍보 : 행사 개최를 통하여 그 분야의 업적, 사회적 의의, 문제해결에 대한 공헌, 미치는 영향 및 파급효과 등을 홍보한다.

④ 정보의 전달 : 행사 개최 보도를 통해 그 분야에 흥미를 가지고 있던 사람에게 정보를 전달한다.

아래와 같은 주요 홍보방법에 의해 세부계획이 세워진다.

1. 언론보도

주최기관 또는 유사단체의 뉴스레터, 회의내용과 관계 깊은 전문지와 업계지, 잡지, 신문, 방송 등의 매체들을 이용한 행사내용의 보도는 주최 측의 힘이 닿을 수 없는 광범위한 대상까지 영향력을 미쳐 새로운 회원의 확보뿐만 아니라 일반인의 회의와 회의관련 분야에 대한 이해를 높일 수 있다. 국제기구 본부와 조직위원회는 상호 협의에 의해 지원대상매체와 지원범위를 확정하고 대상매체에 대해서는 취재에 최대한 편의를 제공해야 한다. 언론기관에 대한 편의 제공의 내용으로는 무료항공 또는 숙박제공(해외매체의 경우), 기자실 및 기자 회견실 설치, 무료 등록, 특별 관광 프로그램 제공, 프레스 완장, 명찰 배포, 프레스 릴리스 및 프레스 키트 배포, 취재차량 지원 등을 들 수 있다.

2. 프레스룸 설치

회의기간 중 언론인이 취재자료 정리 및 휴식, 그리고 대외 연락을 취하는 데 용이하도록 회의장 내에 프레스룸을 설치해야 한다. 프레스룸에서는 언론인이 주요기관 및 연사에 대해 취재활동을 하는 데 무리가 없도록 담당직원을 배치하는 것이 좋다. 프레스룸에 필요한 기자재는 다음과 같다.

① 책상, 의자, 작업대
② 팩시밀리, 전화, 복사기, 타자기, 컴퓨터용 콘센트
③ 컴퓨터, 흰 종이, 연필, 봉투, 클립, 스테이플러
④ 보도자료, 프레스 키트 등
⑤ 배너(Banner)에 로고나 주제를 넣어 붙일 것
⑥ 음료수대, 공고판, 옷걸이, 쓰레기통, 재떨이 등
⑦ 기자회견실로 사용할 경우
가. 인터뷰용 쇼파, 테이블
나. 사진, 텔레비전 촬영을 위한 뒷배경
다. 전기 콘센트, 어댑터 등도 갖추어야 한다.

3. 프레스 키트(Kit)

프레스 키트는 영어와 한글로 제작하여 준비하고 프레스룸이나 미디어 등록대에서 배포하도록 한다. 프레스 키트에 들어갈 내용물로는 보도 협조를 요청하는 공식 서신과 회의 날짜, 참가자 수, 주요회의 주제 등의 내용을 담은 회의 Facts Sheet, 각종 브로셔와 초대장, 주요 발표자의 약력(사진 포함), 미디어 프로그램 내용 등이 일반적이다.

4. 미디어 브리핑

회의가 진행되면 각처에서 모인 언론인에게 포괄적으로 행사에 대한 브리핑을 실시하게 되는데, 그 시기는 일반적으로 첫 회의 종료 후나 점심시간 직전이 바람직하며, 브리핑 내용은 주로 행사의 규모, 참가자 성격, 중요 행사, 조직위원회가 마련한 미디어를 위한 프로그램과 취재편의 이용방법 등을 포함한다.

5. 홍보물 발송

① 참가 권유를 위해 가장 일반적으로 사용하는 방법은 각종 브로셔 등 홍보물을 예상 참가자의 집이나 직장으로 배달하는 DM방식이다.

② 홍보물의 발송을 위해서는 배포 대상을 확정해야 하는데 보통은 과거 회의 시 참가자 명단, 주최단체의 회원명부, 유사기관의 회원명부를 참고하여 메일링 리스트를 작성하게 된다.

③ 어나운스먼트(Announcement) : 개최지, 개최기일 등이 결정되는 초기단계에 관계자에게 개최사실을 처음으로 알리기 위한 수단으로서 개최일시, 개최장소, 회의명 등의 정보가 수록된다. 동봉되는 반신 용지에는 성명, 직업, 연락처와 참가 의향, 금후 자료 송부의 필요 유무, 논문 제출예정 등을 묻는 항목을 만들어 개최 규모(참가인원)의 결정을 위한 예비자료로 활용한다.

6. 홍보 이벤트 실시

각종 행사를 통한 선전활동을 말하며 환영연, 민속공연, 영화, 슬라이드 상영 등을 보통 전차총회 시 개최한다.

7. 광 고

① 국내외 관련 분야의 전문지 또는 유력 일간지 등에 광고 게재

② 광고 게재를 위해 원하는 매체를 선정하여 광고료, 발행일, 광고마감일, 광고안 제작조건 등을 조사

③ 광고안은 공고형식의 단순한 디자인일 경우 자체적으로 만들 수도 있으나 대부분은 광고대행사에서 제작한다.

④ 광고문구는 참가자의 관심을 끌 수 있도록 짧으면서도 함축적이어야 하며, 행사명, 장소, 기간, 그 외 주요정보, 문의처 등의 간단한 행사내용이 포함되어야 한다.

⑤ 광고안은 흑백일 경우에는 마감 며칠 전, 4도 이상일 경우에는 몇 주 전까지 인쇄필름상태로 준비되어야 한다.

⑥ 광고의 시기는 회의 개최 18일~6개월 전으로 하여 참가자들이 사전 준비를 위해 충분한 시간을 가질 수 있게 한다.

8. 그 외의 일반 홍보방법

① 인쇄매체를 통한 홍보 : 국내외 신문, 잡지, 뉴스 릴리스 등을 통해 회의 주최지 한국(지자체)을 고지시키며, 다수 참가자 등록을 간접적으로 권유하는 방법이다.

② 인터넷 매체를 통한 홍보 : 주최 본부인 국제기구 및 관련 협회, 단체, 기관, 참가자 등에게 인터넷 사이트를 이용해 회의인지 및 홍보를 하며 참가자 등록 기능과 더불어 회의 참가를 권유한다.

③ 인쇄물 매체를 통한 홍보 : 인쇄물은 일반적으로 Off Line의 홍보매체로서 리플릿, 서큘러(어나운스먼트, 1st서큘러, 2nd서큘러), 팸플릿, 포스터 등을 이용하여 국내외 관련 기관, 조직, 단체, 회원 등에게 우편 발송이나 직접 배포에 의해 참가를 권유하는 홍보방법이다.

④ 영상매체를 통한 홍보 : 회의 유치 및 각종 회의 개최 홍보, 참가자 권유 등을 목적으로 하여 홍보 방송물, 광고, 비디오, CD 등이 제작된다.

⑤ 옥외매체를 통한 홍보 : 공항, 행사장, 숙박호텔의 주변 시설물 등에 현판, 조형물, 현수막, 아치, 가로등 배너, 유도사인을 이용하여 참가자 환영 및 회의 홍보를 한다.

>>> 홍보 마케팅 기본 사례 1

① 목표 및 기본전략

『모든 교육정보를 한번에 클릭하세요!』라는 국제 종합교육 Item을 통한 ** 시민 및 주변 도시민들의 관심 유발과 참석 유도로 국제 항구도시로서의 교육적 선진산업 교류와 육성에 그 목표가 있다.

단계	내용
1단계	· Press Kit와 연계 프로그램을 통한 Boom-Up 및 News Release 효과 · TV, 라디오 프로그램에 ** 국제교육산업전 홍보
2단계	· 인쇄매체를 통한 Publicity · **시 및 주변 도시의 대학과 교육관련업체에 직접 프로모션을 통한 홍보 극대화
3단계	· 전체적인 행사에 대한 실질적 효과 및 지속적인 관심 유도 · 2월 취업과 진학, 졸업이라는 특수시장에 맞게 조기교육에서부터 일반직능교육(국내외 인턴십 등)으로 침체된 지역경제를 회복시킨다는 주요 내용에 포커스를 맞춰 방송 프로그램화한다.

구분			
시 기	01년 *월 *일 ~ 01년 *월 *일	01년*월 *일 ~ 01년*월 *일	01년 *월 *일 ~ 01년 *월 *일
목 적	· 화제성 유발 · 기대감 조성	· 인지도 확산을 통한 관심 유발 · 출전업자 신청 극대화	· 2002 ** 국제교육산업전 행사의 화제성 유발 · 관객 동원의 극대화
전 개 방 향	· 사전행사 진행 · 신문매체 연계 · 인쇄물을 활용(DM) · 프로모션	· TV매체 연계 · PC통신, 인터넷 홍보 · 지역별 조직 홍보	· 산업전 분위기 조성

② 매체 홍보

가. 전파매체 홍보

구 분	일 시	방 법	비 고
1단계	01년 *월 *일 ~ *월 *일	TV광고, 행사 추진상황 스케치, 행사관련인 인터뷰 등	
2단계	01년 *월 *일 ~ *월 *일	전시물의 뉴스화 기존 방송 프로그램에 홍보	
3단계	01년 *월 *일 ~ *월 *일	행사장 상황 뉴스화 특집 프로그램 구성	

구 분	광 고	뉴 스	프로그램	비 고
TV 공중파	Spot 30회 이상	5회 이상	1개 프로그램	
유선 TV	Spot 50회	10회 이상	2개 프로그램	
라디오	Spot 60회 이상	5회 이상	2개 프로그램	

나. 인쇄매체 홍보

구 분	일 시	방 법	비 고
1단계	01년 *월 *일 ~ *월 *일	일간신문 및 전문지에 교육산업전 행사 스케치, 기사화 주력	
2단계	01년 *월 *일 ~ *월 *일	중앙지 및 지방지에 행사 내용 소개, 기사 및 특집화	
3단계	01년 *월 *일 ~ *월 *일	일간신문 행사홍보 특집화(** 교육산업 발전방향 등)	

다. 옥외매체 홍보

구 분	일 시	방 법	비 고
1단계	01년 *월 *일 ~ *월 *일	포스터, 전단지	
2단계	01년 *월 *일 ~ *월 *일	포스터, 현수막	
3단계	01년 *월 *일 ~ *월 *일	현수막, 광고탑 홍보물, 안내현판	

>>> 홍보 마케팅 기본 사례 2

구 분	내 용
사전 홍보	참가자 유치 강화 · 세미나관련 관광 패키지 투어를 통해 사전 붐 조성 · 제주도 부동산관련 참가자들의 커뮤니티 구성을 위한 모임 마련을 통해 참가율 제고 및 친밀감 강화, 도민 공감대 형성 · 부동산 경제신문 및 경제TV 등의 매체와 연계하여 한·일 부동산 국제교류세미나 홍보 · 사전 및 세미나 기간 중에 직접적인 국내외 시장 형성을 통해 세미나에 대한 정보 노출 유도 · 설명회 개최 1) 제주도 국제 자유도시 개발관련 설명회(7대 프로젝트) 2) 각 기업 및 일반투자 희망업체 설명회(경매물건 등)
기간 중 홍보	제주도 투자 유치와 관련한 국내/외 투자시장 형성과 투자기회 마련으로 신문지상 홍보 및 TV 홍보
사후 홍보	대회 참가자들에게 감사표시를 위해 대회 결과 홍보물 발송, 세미나에 대한 인지도 및 만족감 제고, 중요 회의내용을 영상물로 편집하여 대회의 파급효과 기대, 언론사의 세미나에 대한 평가 기획기사화로 화제성 지속

>>> 홍보 마케팅 기본 사례 3

목 표	참가자 증대	협찬 / 전시유치	원전홍보	한국홍보
대 상	· 전차대회 참가자 · 회원국 단체 · 국내외 관련단체	· 대기업 · 원전관련 사업자 · 컴퓨터업체 · Software개발업체 · 연구기관, 학회 · 단체	· 일반 국민 · 학계 및 산업계 · 공공기간	· 해외 참가자 · 국제기구 임원 · KINO임원진 · 각국 기관 / 학회
방 법	· 인쇄 / 제작물 배포 · DM / 접촉 · Internet 홍보 · 외국학회 참가 홍보 · 단체등록 섭외	· 언론매체 · 인쇄물 · 협조 공문 · 개별 접촉 · 후원회 활용 · 광고 게재	· 가두제작물 · 언론매체 · 방송 홍보 · 홈페이지 활용 · 광고	· 현장 홍보 · 각종 학회 참가 · 전통 기념물
기 간	20**/4 ~ 20**/7	20**/7 ~ 20**/9	20**/1 ~ 20**/9	20**/4 ~ 20**/9 (한국방문의 해)

Ⅴ. 예산편성법

행사장 결정과 예상 참가자 수가 결정되면 예산 규모가 확정된다. 회의의 총 비용이 등록비로 전액 조달되면 이상적이나 실제로 그런 경우는 거의 없기 때문에 한정된 예산 즉, 자체기금, 지원금, 등록금, 광고료, 전시장 임대료 등을 토대로 하고, 고정사업비 및 가변사업비 등으로 최대의 효과를 발휘할 수 있도록 예상 총수입 대비 총지출 항목을 감안하여 수립하도록 한다.

1. 예산편성 시 고려사항

(1) 회의영역

① 참가자 등록비

회의 참가비, 동반자 참가비와 관련행사 참가비, 등록비는 회의 참가자 수에도 영향을 미치기 때문에 회의경비가 부족하다고 등록비를 대폭 올리면 안된다. 종래와 같은 정도로 하든가 올린다고 해도 물가상승분만큼을 반영하는 정도로 조정하는 것이 바람직하다. 또 등록비는 회원, 동반자, 비회원에 따라 다르며 일반적으로 동반자는 회원의 1/2 ~ 1/3, 비회원은 회원의 1.5~2배를 징수하며 초대는 징수하지 않는다. 또한 기본적으로는 개최지의 현지 통화에 의해 등록비를 결정하여 예산을 작성하는 것이 원칙이다. 회의 주최자가 필요경비의 대부분을 그 나라 통화에 맞게 예산을 세우고 재원을 확보해 두는 것이 가장 안전하기 때문이다. 등록기한의 설정은 준비단계 초기부터 자금을 필요로 하기 때문에 그 필요자금 확보와 참가자 수를 초기에 파악한다는 점에서 어떤 일정시기 이전에 등록비를 납부해 준 참가자에게는 할인제도를 적용하는 것이 좋다.

② 지원금

공익법인(재단법인 등), 지방공공단체 또는 그 외의 관계기관, 단체로부터 지원금을 받을 수 있는 경우는 회의의 목적이 단체의 취지에 부합하는 등 일정조건 아래 회의비 일부를 지원해 주는 경우가 있으나 조건은 각각 다르기 때문에 그때마다 검토하여 대처한다. 또한 정부나 지방자치단체의 지원금의 경우 예산에 반영되어야 하기 때문에 회의개최 전년도에 관계부처와 사전협의를 하는 것이 좋다.

③ 판매수입

도서류의 판매수입금 등

④ 광고수입

프로그램, 보고서 등에 게재하는 광고료

⑤ 부대행사 수입(전시 등)

상업전시가 병행될 경우의 수입

⑥ 기타 기부금

일반 기부금과 지정 기부금

⑦ 주최단체의 자기자금

자금에 다소의 여유가 있는 단체가 주최자가 될 경우, 수년 전부터 그 단체의 경상자금을 적립하여 사용하기도 하고, 임시로 회원으로부터 특별회비를 징수하거나 수익성 행사를 통하여 준비하는 경우도 있다.

(2) 전시영역

전시는 국제회의의 관련행사로서 또는 회의의 보완적인 행사로서 개최되는 한편 회의 운영의 재원확보라는 목적을 아울러 갖고 있기 때문에 아래의 수지항목을 충분히 검토하여 사업예산을 수립해야 한다.

또한, 전시의 목적이 회의의 보완적인 의미로 수익과 관계가 없어도 다음과 같은 지출항목은 필히 검토하도록 한다.

수입항목	· 출전료 : 부스판매대금 · 가이드북 판매수입 : 전시설명자료 유료판매 · 광고수입 : 가이드북이나 도서류의 광고 게재료 · 입장료 수입 : 일반에게 공개하여 관람자로부터 입장료를 징수하는 경우 · 기타 수입 : 은행이자, 그 외의 수입
지출항목	· 회의장비 : 전시회장 임대비용 · 전시장 설비 장식비 : 제작비, 간판 표시류, 기초전 기공사, 청소비용 · 인쇄비 : 출전설명 가이드북, 관계서류 등 · 인건비 : 사무국 요원, 임시고용원의 임금, 사무국 운영비 등 · 그 외 비용 : 보험료, 경비비, 보세 등

① 부스 참가비의 설정

수입에서 가장 큰 비율을 차지하는 부스 참가비는 전시회장의 규모에 맞는 전체 부스 수와 판매 가능부스 수 등에 의해 결정된다. 부스의 판매요금 설정에 관해서는 '스페이스 단위'와 '기본부스 단위'의 2형태가 있다. 스페이스 단위로 판매 시는 1㎡를 기본단위로 하며 부스판매는 1부스를 기본단위로 하며 부스 사이즈는 나라에 따라 다르나 국제적으로는 9㎡(3m × 3m)가 가장 많다. 부스참가비 산정은 전시회 총지출경비와 원하는 이익금을 예상판매 부스로 나누는 식의 단순방식 외에도 여러 가지 산정방법들이 있지만 어느 것이든 주체자의 결정에 따라 다르다. 즉 이익금과 예상판매의 함수관계가 부스 참가비 산정의 주요변수이다.

② 부스의 판매방법

위에서 서술한 바와 같이 부스의 판매방법으로는 2종류가 있다. 스페이스만을 판매하는 경우와 패키지 부스라고 하여 기본 스페이스(9㎡)와 후벽, 측면벽, 카펫을 패키지로 하여 파는 경우가 있다. 이 2개의 차이는 전시회의 성격에 따라 다르며 대체적으로 대형기계의 전시회에서는 스페이스의 판매가 많으며 패키지는 판매가 적다. 또한 출전물의 규격이 작은 전시회에서는 패키지 부스단위로 판매가 많으며 스페이스 판매가 적은 편이다. 그러나 여기에서는 일반적으로 전시물의 크기에 의한 것이고 전시 참가자의 전시물량이나 기업전시 방향에 따라 스페이스를 활용하여 기업의 의지대로 전시관을 만들 경우도 있다. 그러므로 전시의 특성과 예상 출전대상업체 등을 고려하여 판매방법을 계획해야 한다.

2. 예산 항목 구성

<table>
<tr><th>구분</th><th>사용 부서</th><th>항 목</th><th colspan="2">내 용</th><th>비 고</th></tr>
<tr><td rowspan="33">지출</td><td rowspan="11">조직위원회</td><td rowspan="5">고정경비</td><td colspan="2">회계/감사 경비</td><td></td></tr>
<tr><td colspan="2">위원회 회의 경비</td><td></td></tr>
<tr><td colspan="2">보험료</td><td></td></tr>
<tr><td colspan="2">초청연사 사례금</td><td></td></tr>
<tr><td colspan="2">PCO 용역비</td><td></td></tr>
<tr><td rowspan="6">변동경비</td><td colspan="2">등록비</td><td></td></tr>
<tr><td colspan="2">항공료</td><td></td></tr>
<tr><td colspan="2">숙박비</td><td></td></tr>
<tr><td colspan="2">화물운송비</td><td></td></tr>
<tr><td colspan="2">전화, 팩스, 인터넷 및 통신료 등</td><td></td></tr>
<tr><td colspan="2">전차대회 시 홍보비</td><td></td></tr>
<tr><td rowspan="22">사무국</td><td rowspan="14">고정경비</td><td rowspan="8">인쇄비</td><td>사전 안내문</td><td></td></tr>
<tr><td>등록양식</td><td></td></tr>
<tr><td>기타 안내문</td><td></td></tr>
<tr><td>공식 편지지, 메모지 등</td><td></td></tr>
<tr><td>회의 프로그램</td><td></td></tr>
<tr><td>회의록, 초청장</td><td></td></tr>
<tr><td>사교 행사 프로그램</td><td></td></tr>
<tr><td>동반자 행사 프로그램</td><td></td></tr>
<tr><td colspan="2">로고 디자인비</td><td></td></tr>
<tr><td colspan="2">회의실 임대</td><td></td></tr>
<tr><td colspan="2">리셉션/등록 요원</td><td></td></tr>
<tr><td colspan="2">개막식 행사비</td><td></td></tr>
<tr><td rowspan="2">동시통역</td><td>통 역 비</td><td></td></tr>
<tr><td>기자재 임대비</td><td></td></tr>
<tr><td rowspan="8">변동경비</td><td rowspan="4">우편료</td><td>일반서류</td><td></td></tr>
<tr><td>사전 안내문</td><td></td></tr>
<tr><td>등록양식</td><td></td></tr>
<tr><td>기타 안내문</td><td></td></tr>
<tr><td colspan="2">회의장 장치, 장식</td><td></td></tr>
<tr><td colspan="2">오디오/비디오 기기 임차</td><td></td></tr>
<tr><td colspan="2">등록 가방</td><td></td></tr>
<tr><td colspan="2">VIP 및 연사 선물</td><td></td></tr>
<tr><td colspan="2">명찰</td><td></td></tr>
</table>

<table>
<tr><td rowspan="34">지출</td><td rowspan="8">숙박 · 등록위원회</td><td rowspan="4">고정경비</td><td colspan="2">VIP, 본부요원, 초청연사 숙박비</td><td></td></tr>
<tr><td colspan="2">등록장 임대료</td><td></td></tr>
<tr><td colspan="2">사무국 사무실 임대료</td><td></td></tr>
<tr><td colspan="2">사무 가구 및 기기 임차</td><td></td></tr>
<tr><td rowspan="4">변동경비</td><td colspan="2">환영 리셉션</td><td></td></tr>
<tr><td colspan="2">환송연(유흥행사비 포함)</td><td></td></tr>
<tr><td colspan="2">커피 / 차 / 음료수</td><td></td></tr>
<tr><td colspan="2">점심 및 기타 식사대</td><td></td></tr>
<tr><td rowspan="8">홍보위원회</td><td rowspan="5">고정경비</td><td colspan="2">보도자료 메일링</td><td></td></tr>
<tr><td colspan="2">공항영접용 환영 간판</td><td></td></tr>
<tr><td colspan="2">기자실 임대료</td><td></td></tr>
<tr><td colspan="2">기자실용 사무기기 임대료</td><td></td></tr>
<tr><td colspan="2">인쇄비 : 프레스 키트</td><td></td></tr>
<tr><td rowspan="3">변동경비</td><td colspan="2">기자회견-데스크, 테이블</td><td></td></tr>
<tr><td colspan="2">명찰, 음료수</td><td></td></tr>
<tr><td colspan="2">사진 촬영비</td><td></td></tr>
<tr><td rowspan="6">관광 · 수송위원회</td><td>고정경비</td><td colspan="2">VIP용 차량</td><td></td></tr>
<tr><td rowspan="5">변동경비</td><td colspan="2">공식 관광</td><td></td></tr>
<tr><td colspan="2">입 / 출국 시 수송비</td><td></td></tr>
<tr><td colspan="2">호텔 / 회의장 셔틀 운영비</td><td></td></tr>
<tr><td colspan="2">동반자 관광 및 운송비</td><td></td></tr>
<tr><td colspan="2">사교행사 등 행사장 수송비</td><td></td></tr>
<tr><td rowspan="11">전시위원회</td><td rowspan="8">고정경비</td><td colspan="2">전시장 예치금</td><td></td></tr>
<tr><td colspan="2">전시장 경비</td><td></td></tr>
<tr><td colspan="2">Exhibition Contractor Fee</td><td></td></tr>
<tr><td colspan="2">전시 사무실 임대비</td><td></td></tr>
<tr><td colspan="2">전시 사무실 가구 비품 임대료</td><td></td></tr>
<tr><td rowspan="3">인쇄비</td><td>전시회 등록 양식</td><td></td></tr>
<tr><td>브로셔, 카탈로그</td><td></td></tr>
<tr><td>전시자 리스트, 도록</td><td></td></tr>
<tr><td rowspan="3">변동경비</td><td colspan="2">전시안내원 인건비</td><td></td></tr>
<tr><td colspan="2">등록서류 및 브로셔 발송비</td><td></td></tr>
<tr><td colspan="2">전화기 임대료</td><td></td></tr>
</table>

구분	사용 부서	항 목	내 용		비 고
수입	재무 · 모금 · 전시위원회	직접수입	참가자 등록비		
			주최자의 자기자금		
		간접수입	지원금, 후원금		
			판매 수입	회의 기념품류	
				회의관련 도서류	
				회의관련 테이프 등	
			전시 수입	전시 부스판매	
				전시 참관자 수입	
				직영 수익사업 수입	
			광고 수입	프로그램	
				서큘러(Circular)	
				보고서 등	
			기타 잡수익 및 은행이자 등		

① 총괄 예산

(단위 : 원)

구 분	항 목	예 산	비 고
수 입	참가자 등록비		
	보조금 및 지원금		· 본부지원금 · 지원금(정부, 학술단체, 관련기업체 등)
	판매 및 광고 수입		· 광고료 · 판매대금(회의상징 기념품, 기념우표 등)
	부대행사 수입		· 전시장 임대료
	기타 기부금		
지 출	회의 준비비		
	회의 진행비		
	관련 행사비		
	회의 사후 처리비		
	예비비		
합 계			

② 항목별 지출 예산

항목별 지출 예산은 크게 회의 준비비, 진행비, 관련 행사비, 사후 처리비, 홍보비, 예비비로 구분하여 편성된다.

가. 회의 준비비

항 목	내 역	금 액	비 고
인건비	· 개최준비위원회 직원 급여, 상여, 수당 - 사무국 국장, 정직원 - 임시고용직		
	· 사례금 - 회의 로고, 심벌 마크 디자인 - 번역 등		
출장비	· 국내 출장 여비 · 해외 출장 여비 - 조직위원회 및 각 위원회 개최를 위한 출장비 - 위원 파견비 보조 - 국제본부 임원 방한경비		
통신 / 발신비	· 전화 / Fax 요금 - 설치 및 기본 통화 - 국내 / 국제 통화 · 서큘러, 프로그램 각종 자료 등의 발송비(우편)		
사무용품비	· 문구류 · 비품		
인쇄 · 제작비	· 서큘러 및 프로그램 등의 회의 배포자료, 회계보고서, 각종 안내서, 표창장 인쇄 · 제작경비 등		· Abstract · Proceedings · Coupon · Name Tag · Participants List 등
임대비	· 사무실 · 팩스, 복사기, 컴퓨터 등		
회합비(회의비)	· 국제회의개최준비위원회 및 각 위원회 대책회의 준비비, 회의비		
등록경비	· 등록 사무처리를 위한 컴퓨터 입 / 출력 처리비 · 은행 송금 수수료		
업무대행비	· 회의준비 및 운영업무 대행비 : PCO에 업무 비용		

나. 회의 진행비

항 목	내 역	금 액	비 고
인건비	· 사무국 직원 · 회의 진행요원 급여, 수당 · 동시통역사 등		
출장비	· 국내외 출장 여비 - 조직위원 - 초청 강연연사 여비 및 체재비 - 국제본부 간부위원 여비 및 체재비 등		
인쇄 / 제작비	· Proceeding, 회계보고서, 감사장, 표창장 등의 배포자료 인쇄 · 제작비		
통신 / 발송비	· 전화요금 / Fax요금 - 설치, 기본, 국내, 국제통화 · Proceeding, 회계보고서, 감사장, 표창장 등의 발송 · 회의기간 중 통신비		
임대비	· 회의장 설치 / 운영비 · 통역장비 및 기자재 사용 · 각종 사무기기 사용료(팩스, 복사기, 컴퓨터)		

다. 관련행사 진행비

항 목	내 역	금 액	비 고
연 회 비	· 칵테일, 디너 Party 커피 Break 등		
동반자 프로그램비	· 동반자 프로그램		
수송비	· 수송 버스		

라. 회의 사후 처리비

항 목	내 역	금 액	비 고
인쇄 / 출판비	· 회의록, 보고서, 평가서, 감사장 등		
회합비	· 조직위원회 및 각 분과위원회 진행위원회 회합 및 회의비		
사후 업무 추진비	· 협력단체 및 기관사례비 · 공인회계사 감사비		

예산 편성 사례

• 예산총괄표

구 분	금 액	비 고
수 입	513,000,000원	
지 출	476,863,620원	
수 익	36,136,380원	

• 수입내역

(단위 : 원)

항 목		내 역	금 액	비 고
등록비	국 내	200명 × ₩300,000	60,000,000	
		100명 × ₩340,000	34,000,000	
		50명 × ₩380,000	19,000,000	
	국 외	100명 × U$300 × ₩1,200	36,000,000	
		50명 × U$330 × ₩1,200	19,800,000	
		50명 × U$360 × ₩1,200	21,600,000	
		100명 × U$100 × ₩1,200	12,000,000	
		50명 × U$120 × ₩1,200	7,200,000	
		30명 × U$150 × ₩1,200	5,400,000	
소 계			215,000,000	
부스판매비		140부스 × ₩1,800,000	252,000,000	
환송연		300명 × ₩80,000	24,000,000	
VIP 디너		100명 × ₩120,000	12,000,000	
네트워킹 런천		50명 × ₩100,000	5,000,000	
논문공모전 리셉션		200명 × ₩25,000	5,000,000	
총 계			513,000,000	

• 지출내역

항 목	금 액	비 고
전 시	97,889,520	
등록, 숙박	20,180,900	
학 술	70,803,200	
사교행사	82,770,000	
홍 보	25,500,000	
사무국 경비	126,720,000	
보험료	10,000,000	
합 계	433,863,620	
예비비	43,000,000	
총 계	476,863,620	

• 항목별 세부 지출내역

– 전시

항목		내역	금액(원)	비고
인쇄비	브로셔, 참가 신청서	500부 × ₩1,000	500,000	
	리플릿	6,000부 × ₩1,000	6,000,000	
	포스터	500부 × ₩3,000	1,500,000	
	디렉토리	5,500부 × ₩1,000	5,500,000	
	운영 매뉴얼	100부 × 20장 × ₩200	400,000	
	업체 설명회 자료	200부 × 10장 × ₩200	400,000	
소 계			**14,300,000**	
임대	전시장 임대료	3,456㎡ × ₩1,300 × 7일	31,449,600	
	시설 사용료	임대료 × 20%	6,289,920	
소 계			**37,739,520**	
인건비	진행요원	3명 × ₩50,000 × 4일	600,000	
	사무보조	2명 × ₩50,000 × 4일	400,000	
	경비요원	4명 × ₩100,000 × 4일	1,600,000	
소 계			**2,600,000**	
설명회 준비비			700,000	
Tape Cutting비			50,000	
부스설치비		140부스 × ₩300,000	42,000,000	
전시장 운영비			500,000	
합 계			**97,889,520**	

– 등록 / 숙박

항목		내역	금액	비고
인건비	사무보조	2명 × ₩750,000 × 1개월	1,500,000	
	숙박 / 등록 Desk	6명 × ₩50,000 × 4일	1,200,000	
	공항영접	2명 × ₩50,000 × 4일	400,000	
소 계			**3,100,000**	
Congress Kit		600개 × ₩10,000	6,000,000	
진행비		사무용품, 통신, 교통비	900,000	
VIP 항공료		5명 × ₩1,000,000	5,000,000	
차량 임대료		2대 × 3일 × ₩250,000	1,500,000	
인쇄비	초청장	1,500장 × ₩500	750,000	
	Name Tags	600장 × ₩300	180,000	
소 계			**930,000**	
등록, 숙박 Desk 운영비			500,000	
우편료			2,250,900	
합 계			**20,180,900**	

- 학술

항 목		내 역	금액(원)	비 고
임대료	그랜드볼룸		42,000,000	
	스피커룸	3일 × ₩500,000	1,500,000	
	프레스룸	3일 × ₩500,000	1,500,000	
	VIP룸	1일 × ₩600,000	600,000	
소 계			**45,600,000**	
무대 설치비			3,000,000	
기자재 대여료	O.H.P	6개 × ₩20,000	120,000	
	S.L.P	6개 × ₩20,000	120,000	
	Laser Pointer	4개 × ₩4,800	19,200	
	Sub Screen	3개 × ₩38,000	114,000	
	Beam Projector	1개 × ₩286,000	286,000	
	V.T.R	6개 × ₩19,000	114,000	
	무전기	40개 × ₩9,500	380,000	
	Prompter		150,000	
	S.I.S	200개 × 4일 × ₩3,000	2,400,000	
소 계			**3,703,200**	
논문 인쇄비		600개 × ₩5,000	3,000,000	
인건비	동시통역사	2명 × 4일 × ₩500,000	4,000,000	
	통역요원	5명 × 4일 × ₩100,000	2,000,000	
	진행요원	10명 × 5일 × ₩50,000	2,500,000	
소 계			**8,500,000**	
커피 브레이크		400잔 × 5회 × ₩3,000	6,000,000	
행사장 운영비			1,000,000	
합 계			**70,803,200**	

- 사교행사

항 목	내 역	금액(원)	비 고
환영연	500명 × ₩56,000	28,000,000	
환송연	300명 × ₩71,000	21,300,000	
음향, 조명 시설		5,000,000	
VIP 디너	100명 × ₩77,000	7,700,000	
유람선 이용비	100명 × ₩27,000	2,700,000	
전시회 리셉션	200명 × ₩11,000	2,220,000	
네트워킹 런천	50명 × ₩77,000	3,850,000	
논문 공모전 리셉션	200명 × ₩25,000	5,000,000	
출연료		6,000,000	
행사 진행비		1,000,000	
합 계		**82,770,000**	

-홍보

항 목		내 역	금액(원)	비 고
인건비	프레스실 운영요원	1명 × ₩200,000	200,000	
인쇄비	대회로고 디자인		1,000,000	
	어나운스먼트	2,000장 × ₩1,000	2,000,000	
	서큘러 제작비	1,000장 × ₩1,000	1,000,000	
	Final Program	700장 × ₩5,000	3,500,000	
	포스터 제작비	400장 × ₩3,000	1,200,000	
	보도자료 제작비		150,000	
	Home Page 제작비		300,000	
소 계			9,150,000	
시설물	육교 현판	4개 × ₩200,000	800,000	
	홍보판	2개 × ₩200,000	400,000	
	애드벌룬		100,000	
소 계			1,300,000	
장치물	행사장 안내도*4	4개 × ₩50,000	200,000	
	회의장 유도사인	15개 × ₩50,000	750,000	
	안내현수막*2	2개 × ₩50,000	100,000	
	유도사인*6	6개 × ₩50,000	300,000	
소 계			1,350,000	
제작	기록물 제작비		5,000,000	
	기념품 제작비		6,000,000	
소 계			11,000,000	
운영비	식음료비*4		400,000	
	기자재 임차비		2,000,000	
	안내사인보드		100,000	
소 계			2,500,000	
합 계			25,500,000	

• 사무국

항 목		내 역	금액(원)	비 고
인건비	사무국장	1명 × ₩1,500,000 × 12개월	18,000,000	
	사무국 요원	2명 × ₩1,000,000 × 12개월	24,000,000	
		6명 × ₩1,000,000 × 6개월	36,000,000	
소 계			78,000,000	
자료수집 및 편집비		12개월 × ₩1,000,000	12,000,000	
사무용품비		12개월 × ₩100,000	1,200,000	
통신비		12개월 × ₩100,000	1,200,000	
교통비 및 식비		26일 × 3명 × 12개월 × ₩10,000	9,360,000	
		26일 × 6명 × 6개월 × ₩10,000	9,360,000	
인쇄비		결과보고서 및 각종 서식	4,800,000	
사무국 임대료		7일 × ₩500,000	3,500,000	
준비회의비		3회 × ₩500,000	1,500,000	
대회기간 진행비		4일 × ₩200,000	800,000	
사무용집기 임대료			5,000,000	
합 계			126,720,000	

제5장

컨벤션 기획 사례

Ⅰ 자동차환경포럼

Ⅱ 아시아영상기술세미나

Ⅲ 서울·중국 산업 EXPO

Ⅳ 부산국제교육산업전

Ⅴ 2004년 동계 안전캠프

Ⅰ. 자동차환경포럼

제1회 자동차환경포럼은 국내 최초 자동차산업과 환경에 대한 인식 고취와 폐자동차 친환경적 해체 시스템에 대한 전국 보급 생활화에 행사 목적을 두고 기획되었다.

특히, 본 기획 사례는 주최 측과의 1차적인 행사개최 합의에 의해 제안된 기획 사례이므로 주최 측과 주관처와의 업무 분장, 소요 예산(안)에 초점을 두어 작성되었다.

2005. 5. .

제1회 한국자동차환경포럼 기본 기획(案)

The Korea Automobile Environment Form

社團法人 범국민자동차환경운동본부
서울시 강남구 역삼동 636-1 석범빌딩 3층
전화 : 02) 554-7215 팩스 : 02) 554-7216
홈페이지 : www.ngocar.org 이메일 : webmaster@ngocar.org

目 次

Ⅰ	기획 배경
Ⅱ	행사 개요
Ⅲ	행사 내용 1. 조직도 2. 주요 업무 분장 3. 추진 일정 4. 구성 및 세부내용
Ⅳ	업무별 추진계획
Ⅴ	홍보 및 마케팅 계획
Ⅵ	예상 지출내역

Ⅰ. 기획 배경

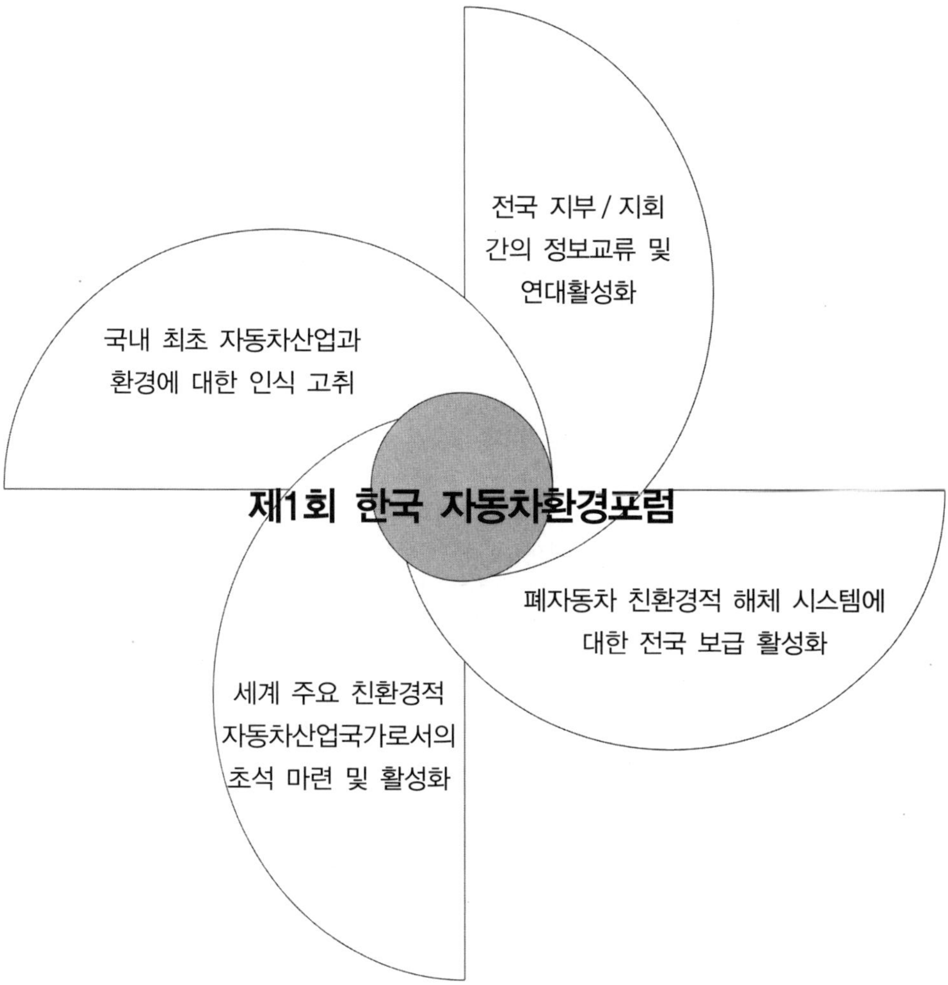
전국 지부 / 지회
간의 정보교류 및
연대활성화
국내 최초 자동차산업과
환경에 대한 인식 고취
제1회 한국 자동차환경포럼
폐자동차 친환경적 해체 시스템에
대한 전국 보급 활성화
세계 주요 친환경적
자동차산업국가로서의
초석 마련 및 활성화

Ⅱ. 행사 개요

구 분	내 용	비 고
1. 행 사 명	"제1회 한국 자동차 환경 포럼" The korea Automobile Environment Form	
2. 행사 일시	200*. 6. 24(금)	
3. 행사 장소	포항공과대학교 청암학술센터	(예정)
4. 참가 대상	· 자동차 환경 관련 기관 및 기업, 협회, 단체, 대학 · 전국 지부/지회별 회원 등 일반 기타	
5. 대상 인원	· 150~200명	(예정)
6. 행사 내용	1) 회의 2) 사교 행사 : Welcome Reception, 견학 or 관광 3) 전시 · 자동차 환경 관련 전시 · 폐자동차 친환경적 해체 시스템 모형	
7. 추진 조직	· 주최 : (사) 범국민자동차환경운동본부 · 주관 : 한국컨벤션전문가협회 · 후원 : 산자부, 환경부, 건교부, 포항시 환경단체협의회, 재활용기술연합 환경사랑연합, 환경단체실무자협의회 녹색어머니중앙회, 환경과 에너지 녹색환경감시단, 유기성폐기물학회 (사)한국소비생활연구원, 환경교육실 천협의회, 한국주간기자협회 GR협회, 한국자원리싸이클링학회 한국환경기자클럽, 카톨릭환경연합 한국자동차공학회, KBS, 매일경제 영남일보, 경북일보, 대구일보 · 협찬 : POSCO, 현대모비스, GM대우, KIA모터스, (주)이앤텍	협력단체 30곳

Ⅲ. 행사 내용

1. 조직도

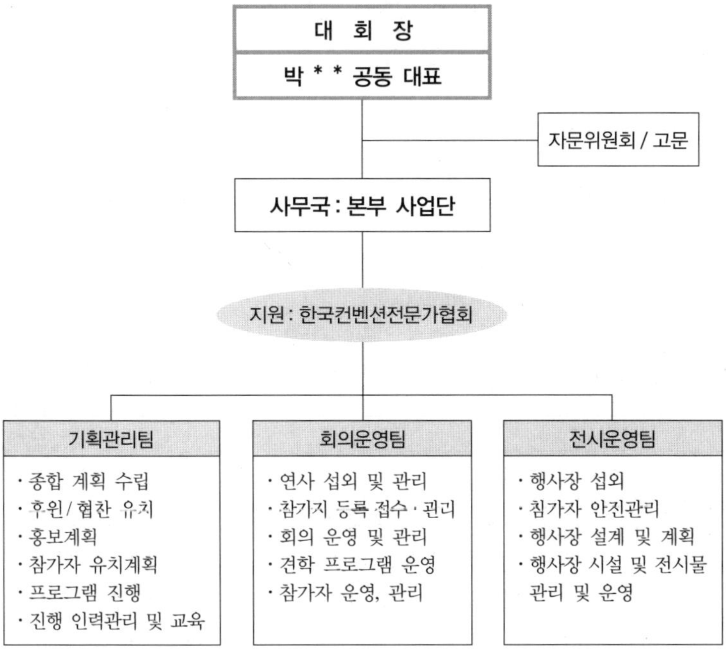

2. 주요 업무 분장

구 분	(사)범국민자동차환경운동본부	한국컨벤션전문가협회
1. 사무국 구성	· 추진단 구성 · 대행업체 감리 및 감독 · 실무사항 결정 · 세미나의 진행 조정	· 사무국 Staff 구성 · 각종 문서 수 · 발신 · 추진단 회의 자료준비 · 전반적인 행사 운영실무 관장 · 각종 실무회의 개최
2. 행사 개최 계획서 작성	· 행사 개요 및 주요행사내용 감수 · 개최 목적 및 필요성 설정	· 기본계획서 · 각 업무별 세부 추진계획서
3. 예산서 작성 및 집행	· 세부 예산서 확정 · 예산실무집행 및 감독	· 세부 예산서 작성 · 각종 견적서 수집 및 제출 · 예산 집행 보조 · 기타 입금액 관리

구　분	(사)범국민자동차환경운동본부	한국컨벤션전문가협회
4. 행사장 및 숙박호텔 선정	· 행사장 확정 및 계약	· 행사장 조건 협의 및 업무협조 · 주변 숙박시설 섭외
5. 주요 행사내용 기획	· 각 행사 시나리오 결정 · 회의 진행 감독 · 동반자 행사 및 관광 Program 결정	· 각 행사기획 및 운영 · 주요 행사기획 및 운영 · 행사관련 섭외
6. 예상 참가자 Data 관리	· 예상 참가자 Mailing List 확보 · 참가대상 단체협조 요청 및 리스트 확보	· 예상 참가자 D/B 구축 · 주소 및 연락처 변경사항 Up Date · 주요인사 리스트 관리
7. 초청 연사 섭외 및 주제 구성	· 예상 초청인사 리스트 확보 · 초청 연사 선정 · 발표 주제 확정 · 초청조건 확정	· 초청 연사 수락요청 서신업무 · 초청조건 협의 · 발표 스케줄 작성 · 교통편 스케줄 Arrange 및 발송
8. 각종 안내서 기획 및 제작	· 포스터 디자인 결정 · 1, 2차 안내서 기획안 결정 · 발표 스케줄 기획안 결정	· 포스터 디자인 및 제작 · 1, 2차 안내서 기획 및 제작 · 발표 스케줄 기획 · 참가자 편의를 위한 내용 기획 · 관광 및 여흥 프로그램 내용 기획
9. 각종 연회행사기획 및 장소 선정	· 만찬 시나리오 결정 · 각 연회행사 장소 결정 · 메뉴 및 공연프로그램 결정	· 만찬 시나리오 기획 · 각 연회행사 장소 선정 · 메뉴/공연프로그램 기획 및 선정
10. 사전 등록자 Data 관리	· 사전 등록자 현황 파악	· 등록 세부계획 수립 · 신청서 접수 · Confirmation Slip 발송 · 각종 Data, D/B 관리
11. 유관기관 업무 협조	· 유관기관 업무 확정 · 업체 지원금 확보	· 공식 항공사 선정 · 공항 귀빈실 사용 및 입출국 수속 시 편의 제공 요청(공항관리공단/출입국관리소/세관) · 지역 경찰청 경호업무지원 요청 · 관광공사 업무지원 요청
12. 각 행사장 배치 구성	· 행사장 배치도면 결정	· 행사 장소 Arrange(회의 및 전시장 등) · 시청각 기자재 소요 파악 및 배치 · 행사장 디자인 및 장식
13. Program북 제작	· 프로그램 확정	· 프로그램 내용 작성 · 참가자 편의제공 내용 작성, 디자인 및 제작

14. 발표집 제작	· 디자인 및 책규격 결정 Acknowledgement 작성	· 원고정리 · Page, Contents, Index, Acknowledgement 작업 디자인 및 제작
15. 행사 제반 점검	· 행사 전반 사전 점검	· 행사내용 및 장소 점검 · 전시 및 관광, 골프대회 점검 · 공항영접 사전 점검 · 각종 소요물품 제작 점검, 회의예산 점검
16. 행사 소요물품 선정 및 제작	· 수교품목 확정, 각종 제작물 확정, 디자인 확정	· 수교물 선정(가방, 볼펜, 메모지, 기념품 등) · 각종 제작물 선정(현판, 무대장식, 사인보드 등) - 디자인 및 제작
17. 행사 진행요원 확보	· 행사 진행요원 인원수 확정	· 소요인력 산출 · 행사진행요원 확보 및 교육 · 리허설 및 배치 운영
18. 사무국 이전	· 운영위원회 이전	· 본부호텔 사무국장소 확보 · 필요기자재 및 사무집기 확보 · 필요인력 배치
19. 최종 리허설 및 점검	· 최종 리허설	· 각 행사 시나리오 점검 · 행사장소 및 소요 기자재 점검 · 등록 및 안내 데스크 점검 · 사교행사 점검
20. 기자회견	· Press Kit 작성 · 기자단 섭외 범위변경	· Press Kit 작성 · 기자회견 장소 선정 · 기자단 연락 및 참석 여부 확인 · 기자회견 개최
21. 행사 진행 및 운영	· 행사 전반의 총괄 지휘	· 행사진행의 전반적인 업무관장 · 의전업무 · 참가자 편의제공 및 고충처리 · 각종 부대행사 진행 확인
22. 행사 결과보고서 작성	· 결과보고서 검토	· 행사 참가자 현황파악(각종 통계) · 행사진행 결과 작성 · 디자인 및 제작
23. 참가자 감사편지 발송	· 감사편지 검토	· 참가자 리스트 작성 · 감사편지 작성 · 발송
24. 총 평가회 개최 및 추진단 해산	· 총 평가회 개최 · 추진단 해산	· 총 평가회 자료 준비 · 감사패 준비 · 결과보고서 준비

3. 추진 일정

추진사항 \ 일 시	~ 5/22	5/23 ~ 5/31	6/1 ~ 6/12	6/13 ~ 6/19	6/20 ~ 6/21	6/22	6/23	6/24 ~ 7/5
기본 기획서 작업								
기본 기획서 제시								
행사 주최 확정								
추진조직 섭외, 확보								
장소 섭외								
세부 일정표 확정								
홈페이지 작업 완료								
홍보 인쇄물 기획								
행사 홍보물 제작 / 배포								
관련매체 홍보 / 광고								
상담 / 접수 등록								
1차 행사 홍보 및 참가자 모집 / 등록								
참가자 행사 안내서 발송								
2차 행사 홍보 및 참가자 모집 / 등록								
행사 소품 제작								
팀장 / 안내원 교육 실시								
행사장 구성 / 행사용품 준비								
행사 리허설								
행사 실시								
평가 / 결과 보고서 작성								

4. 구성 및 세부내용

1) 기본 전략

계 획 성 → 운영 체크리스트에 의한 철저한 계획 및 공정관리

분 담 성 → 전문팀의 구성 및 정확한 업무분장

적 절 성 → 적절한 시간에 맞는 효율적인 운영 및 제작

활 동 성 → 철저한 사전준비 / 리허설에 따른 완벽한 현장 운영 수행

회 의	사교행사	전 시
· 국내 최초로 개최되는 한국자동차 환경포럼에 대한 인식 증대에 초점을 맞춘 전문성, 실용성 측면의 주제 선정 · 관련 산/학/연/관/민의 정보 교류 및 연대 활성화 · 전시회 및 견학 프로그램을 통한 동적인 세미나 구성	· 참가자들의 커뮤니티 조직을 위한 만남의 장으로서의 사교행사 · 국내 유일의 폐자동차의 친환경적 해체 공장견학을 통한 전국 보급 유도	· 자동차 환경 전시를 통한 현 환경 문제점 인식 고취 · 폐자동차의 친환경적 해체 시스템 도입 의의 및 인식 증대

2) 행사 일정표

일 시	시 간	내 용	비 고
6. 23 (목)	09 : 30 - 10 : 00	참가자 등록	
	10 : 00 - 10 : 30	개회식(Opening Ceremony) · 개회사 · 축사 · 환영사 · 치사	
	10 : 30 - 12 : 00	Session Ⅰ 환경 범죄 "방치차량 문제점과 대책방안" · 연사 : · 진행 :	
	12 : 00 - 13 : 30	Luncheon	
	13 : 30 - 15 : 30	Session Ⅱ 한국 재제조산업 활성화 정책방향 · 연사 : · 진행 :	
	15 : 40 - 16 : 00	Session Ⅲ "폐자동차 친환경적 해체 시스템" · 연사 :	
	16 : 00 - 18 : 00	Social Program(견학 및 관광) 청하 농공단지 "폐자동차 친환경적 해체 시스템"	
	19 : 00 - 20 : 00	폐회식(Closing Ceremony) · 폐회사 & 저녁만찬	

Ⅳ. 업무별 추진계획

1. 회 의

가. 개 요

1) 일시 : 2005년 6월 23(목) or 6월 30일(목)

2) 장소 :

3) 회의

① 기조 연설(Keynote Speech)

② 초청 강연(Invited Speech)

③ 전문가 회의(Discussion)

나. 기본계획

1) 관련분야 자료 점검

2) 단계별 계획시안 작성

3) 분야별 계획시안 작성(준비, 진행 등)

4) 업무별 담당구성(세부담당 업무 지정)

5) 준비 예산안(회의비, 초청경비, 자료수집, 기타)

6) 진행 예산안(기자재 임대, 행사요원, 자료 제작 : 인쇄물, Slide, 안내물 등)

7) 결과보고

다. 회의 진행계획

1) 임 무

구 분	임 무
총괄 담당	· 세미나 운영 총괄 · 세미나 운영 세부계획 수립, 조정 · 발표집 발간 · 세미나 운영요원 교육, 운영 · 발표장별 기자재 소요 판단
Preview Room 담당	· Preview Room 운영계획 실행 · 관련 기자재 내역 작성, 시설관리 반장과 협조 · 회의 기자재 접수, 운반, 반환 점검 · Preview Room 운영요원 관리 · 세미나장과 Preview Room의 사고에 대처, 기록 · 세미나장의 좌장 및 연사 출석 여부 파악 · 발표진행 조장과 결석자의 대체방안 결정 · 좌장과의 Communication 수립 · 좌장 및 연설자의 변경사항 신속 파악 · 각 Room 책임자에게 고지
세미나 진행 담당	· 연사 원고 및 기자재 운영요원 관장 · 각 발표자의 원고 및 기자재 문제에 대처 · 원고 및 기자재 운반 및 반환 관장 · 발표 진행요원 교육 · 운영
장비 관리 담당	· 행사장 측의 조달 가능 기자재 파악 · 외부 임대 기자재 종류, 수량 판단 · Preview Room 장비 제공 · 발표장 장비 제공 · 발표장 장비의 관리, 유지 · 장비 관리요원 운영 · 발표장 표지판 설치, 유지

라. 회의관련 업무

1) 장소 확정

① 회의장소 확정
② 발표장 보유장비 파악
③ 사용계약 체결

2) 연사 초청

① 결정된 프로그램에 따라 선정된 초청연사의 명단을 인수하여 공식 초청장을 발송
② 수락 여부를 파악하여 최종 프로그램을 확정
③ 연사별 논문, 이력서, 사진 등을 접수하고 초청조건을 이행하도록 조처
④ 초청 연사와의 각종 통신물 담당
⑤ 초청 연사의 등록, 교통편 예약, 개인 일정 등을 파악·관리

3) 사전 준비

① 학술 기본계획 수립
② 전문인력 수급 : 회의요원 선발
③ 학술 발표장 설치 계획
④ 세부시간표 작성

4) 발표집(강연내용) 준비

① 주제 선정
② 발표내용 송부요청 / 접수
③ 발표집 제작

5) 프로그램 구성, 관리

① 국제학술위원회에서 선정된 주제에 따라 연사의 발표내용 접수
② 결정된 발표일시, 장소를 연사 본인에게 통보

③ 불참 연사, 발표일시 변경 등의 사항을 정리하여 행사장 운영에 참고

6) 좌 장

① 포럼 참가자 및 초청연사 중 선정된 좌장을 통보받아 초청서신 발송
② 좌장 수락자에게 구체적인 일시를 통보하고 연사와의 정보 교환
③ 거절한 경우, 다른 좌장을 선정하도록 학술위원회에 자료를 제공

7) 기자재 수급

① 각 연사와의 커뮤니케이션을 통한 발표 시, 필요물품에 대한 사항을 정리
② 준비가 불가능한 기자재 요청 시 연락을 통해 다른 기자재 사용을 종용
③ 각 행사장별로 필요한 발표 기자재를 선정
④ 최신형 회의 기자재로 준비하며 고장에 대비한 철저한 관리 필요

8) 실제 진행

① 최종 프로그램에 따라 행사장의 배치를 결정하고 회의 기자재 필요사항을 파악하여 장비 준비
② 회의 기자재 및 연사 원고 관리 담당 요원의 교육 및 투입, 진행자와의 수시 연락
③ 자료수집과 정리 및 주요 동선과 휴게 공간에 안내판 설치

9) 결과보고

① 회의 관련기록 보관
② 결과보고서 작성

마. 업무 흐름도

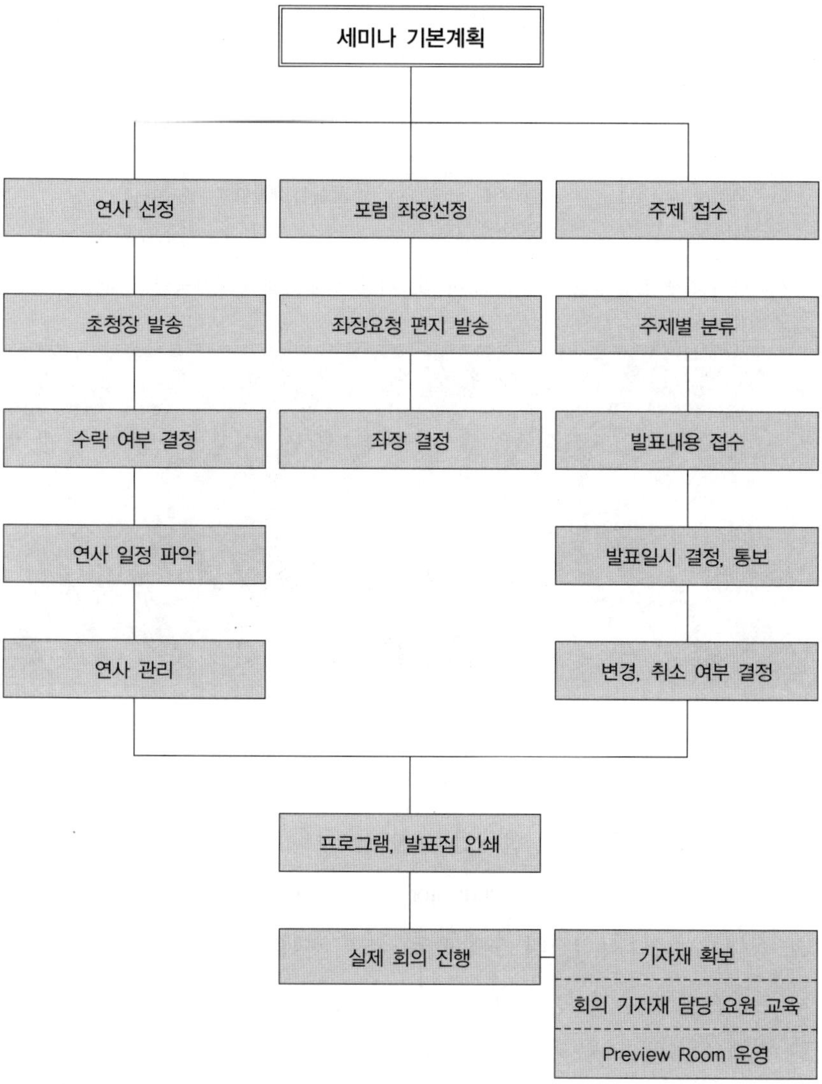
세미나 기본계획
연사 선정
포럼 좌장선정
주제 접수
초청장 발송
좌장요청 편지 발송
주제별 분류
수락 여부 결정
좌장 결정
발표내용 접수
연사 일정 파악
발표일시 결정, 통보
연사 관리
변경, 취소 여부 결정
프로그램, 발표집 인쇄
실제 회의 진행
기자재 확보
회의 기자재 담당 요원 교육
Preview Room 운영

바. 회의장 구성

구 분	주 테이블	방청석	필요 준비사항
초청강연	사회자석 발표자석	교실식 000석	테이블 마이크 스탠드 마이크 무선 마이크 연단 1 좌장석 1 발표자석 1 명찰 Beam 프로젝터
포럼	좌장석 연사석	교실식 000석	

*학술세미나의 진행형식, 발표장 조성, 장비 필요사항 등에 대하여 사무국의 지시에 따르도록 함

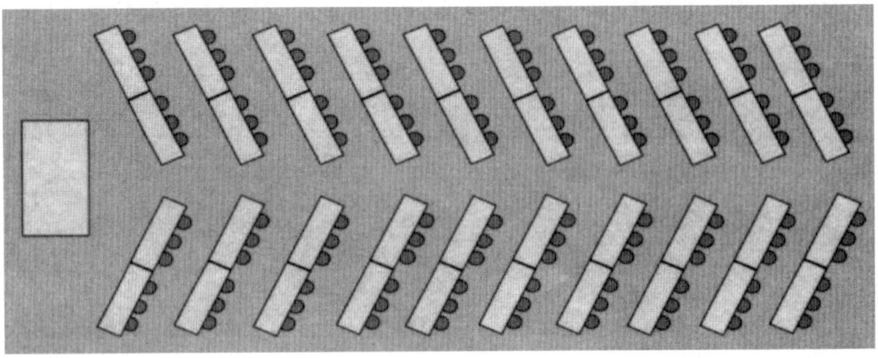

사. 기타 준비사항

1) 행사장 안내 : 안내 및 유도판 설치
2) 행사장 입장 안내 : Time Indicator 3번 울림(첫 시작 또는 커피 이후)
3) 행사장 조성 : 참석자의 수에 따라 좌석 재배치 실시
4) 특수기자재 요청 시 임대
5) 진행요원 배치 : 음향기사, Messenger 등

아. 진행요원

1) 주요업무

① 행사장 Table Setting 점검

② 자료관리 및 배포

③ 회의 기자재 Operation

2) 선발 및 교육

선발기준 : 경험자 및 실무 전문가

3) 기타 주요사항

① 행사장 안내 : 안내 유도판 설치

② 진행요원 배치 : 안내요원, 음향기사 등

③ 단상테이블 준비 : 명패, 음료, 필기구 등

④ 각종 현판 준비 : 행사장 내벽 등

2. 전 시

가. 개 요

1) 일시 : 2005. 6. 23(목)

2) 장소 :

3) 참가 대상 : 관련 기관 및 기업, 협회, 단체별 자동차 환경 전시물

4) 참가자 수 : 00명

나. 참가 안내

1) 참가 신청 기한 : 2005년 6월 10일 한

2) 신청구비서류 : 참가신청서 1부, 사업자등록증 사본 1부

3) 신청서 작성 및 제출 : 참가신청서 다운로드 후 작성하여 아래 제출처로 등기우편 또는 Fax로 송부

【문의 및 제출처】
(사)범국민자동차환경운동본부 사업단 서울시 강남구 역삼동 XXX-X 석범빌딩 3층
TEL : 02-554-XXXX, FAX : 02-554-XXXX / E-mail : webmaster@ngocar.org

4) 참가 비용

구 분		내 용	가 격	비 고
임대	부스	기본 부스: 조립식 부스(3m×3m)	2,000,000원	부가세 별도
	포스터 보드	단면(1m * 2.5m)	800,000원	부가세 별도
		양면	1,500,000원	
전기료		전시 조명실 전기료 w/h당	원	
인터넷		사용 회선당	원	설치/철거 및 사용료 포함

5) 참가비 납부

구 분	계좌번호	예금주	비 고
국민은행			
계 약 금	참가비 총액의 50% 참가신청서 제출 시		
잔 금	참가비 총액의 50%	2005. 6. 20	

구 분	내 용	비 고
기본 부스규모 (조립부스)	3m×3m×2.4m (약 2.7평)	· 조립부스(Shell Scheme Space): 전시면적 외에 기본적인 제반장치가 설치되어 있음 · 조립부스 포함사항 - 부스벽면: 폭 1m×높이 2.4m 알루미늄 프레임으로 페인트 패널 조립 - 상호간판: 300cm×23cm 상호 및 부스번호 부착 - 전기시설: 조명용 백열등 1개(100w), 220V 단상 60Hz - 안내 데스크 및 의자 1조, 휴지통 1개

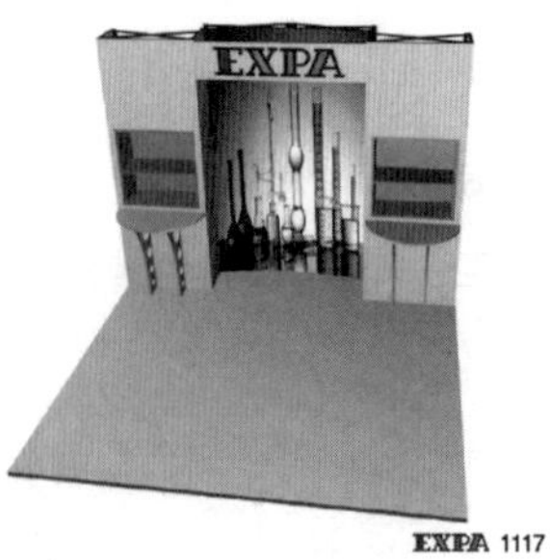

6) 부스 형태 및 규모

구 분	내 용	비 고
포스터 보드	1m * 2.5m (단면)	· 포스터 보드(Poster Board) · 조명용 백열등 1개(100w), 220V 단상 60Hz · 공동 상담실 및 휴게실 사용 가능 · 상호간판 : 300cm × 23cm 상호 및 부스 번호 부착 설치

다. 참가 모집

1) 관련기관, 협회, 단체, 기업 등을 통한 행사 홍보
2) (사)범국민자동차환경운동본부 회원을 통한 참가 모집
3) 사전 언론기사 홍보

라. 전시 운영

1) 전시장 임대계약 업무

① 전시장 대관 및 장소 임대계약
② 전시장 구성 설치 및 철거 계획
③ 제반시설 사용 및 운용 협의
④ 전시 참가자 동원계획
⑤ 광고물 인허가 신청
⑥ 전시 홍보물 배포 및 부착 계획

2) 주차 관리

① 행사장 주차공간 확보 및 주차계획 수립
② 주차관리 요원 교육 철저
③ 무료 주차원칙 및 자율적 주차원칙

3) 진행관련 업무 기본방침 행사 운영방침

① 전시 제작팀 : 전시장 관리운영
② 전시 운영팀 : 시설운영 관리
③ 전시 기획팀 : 전시, 관객 동원 및 홍보

4) 운영상황실

① 전시장 참관객 상황 체크 및 지원
② 안전사고에 대비한 입장, 관람, 퇴장 지원
③ 행사 진행상황 체크 및 지원
④ 전시장의 시설물 관리 체크 및 지원

5) 전시 진행

① 전시업무 체크리스트 작성
② 상황별 체크리스트 작성
③ 전시부스 설치 : 2005년 6월 22일
④ 전시업자 입점 : 2005년 6월 22~23일
⑤ 공식행사 리허설 : 2005년 6월 22일
⑥ 전시물품 반출 : 2005년 6월 23일
⑦ 전시부스 철거 : 2005년 6월 23~24일

6) 전시 혼잡 대책

① 입·퇴장 시 동선 확보 및 안전 유지
② 전시 관람 동선구분 유도 안내사인물 설치

③ 진행요원 배치로 일시 밀집 입·퇴장을 방지
④ 관람 대기공간 확보와 행렬의 질서유지 동선 조성
⑤ 진행요원의 원활한 관람객 유도와 안내
⑥ 안전사고 대비 통신망 및 보고체계 구성

7) 운영방침

① 진행운영은 유무선 통신을 원칙으로 활용한다.
② 안전하고 쾌적하며 청결한 전시장 유지에 주력한다.
③ 행사 진행업무 분장을 명료화시킨다.
④ 관람 동선의 유기적 관리
⑤ 관람객의 자발적 참여로 일체감 조성
⑥ 전시장 안내, 인쇄물 제공을 통하여 관람객 동원을 극대화함
⑦ 진행요원에 대한 철저한 사전 교육으로 전시효과를 극대화시킨다.

3. 개회식

가. 개 요

1) 일시 : 2005년 6월 23일(10 : 00 - 10 : 30)
2) 장소 :
3) 참석인원 : 000명
4) 참석자 : 전국 지부 / 지회 회원 관련 기관, 단체, 협회, 대학, 일반참가자 및 행사요원 등
5) 주요업무
① 장소 확정
② 연사 결정 및 환영사, 치사 작성
③ 개회식 진행순서 결정, 시나리오 작성
④ 소요물품 및 기자재 조달, 설치
⑤ 좌석배치 단상, 참석자 좌석, 포디움

⑥ 개회식 문화행사 준비

나. 식순(안)

추후 작성

다. 단 상

1) 단상 배치도 : 추후 작성
2) 단상 준비물 : 추후 작성

라. 초청대상자 명단양식 : 추후 작성

마. 초청장 발송

1) 초청장 문안 결정 및 제작
2) 초청장 발송 시 주차권 동봉
3) 초청장 발송은 행사 15일 전까지 완료
4) 영문 철자 확인 및 명찰 사전 제작
5) 명찰은 리셉션 데스크에서 배부함

바. V.I.P 의전

1) 장차관 : 행사장 로비에서 영접하여 VIP실로 안내
2) 외부 초청자 : VIP실로 안내
3) 기타 : 좌석 정렬을 Reserved로 지정하여 그 외 VIP 초청자 및 기타 초청인사 안내 및 착석 유도
4) VIP 출발시각 재확인
5) VIP Room 사용계획에 따른 사전 통보(시간, 위치 등)
6) 안내 표지판(Stage Guests)

사. VIP Room 운영

1) 시간 : 개회식 전 30분간
2) 장소 : 소회의실
3) 이용인사 : 기관장, 초청자 대표, VIP 초청자
4) 준비사항
   ① 거울, 주스(행사요원 30분 전부터 대기) 준비
   ② 코사지 준비(호텔에 미리 발주)
   ③ 안내 요원 2명
   ④ 단상배치도(일문 / 국문)

아. 안내요원

담 당	인 원	업 무
VIP 안내	1	VIP 영접, 환송
단상인사 안내	1	단상인사 VIP실 안내 및 단상 안내
입장 안내	2	식장 입장 안내
초청자 안내	2	국내 초청자 명찰 배부
계	6명	

자. 연설문 작성

추후 작성

차. 개회식 시나리오(예)

시 간	진행사항	세부사항	비 고
08 : 00 – 09 : 00	진행팀 준비	· 사무국, 행사요원, 호텔팀 각자 업무 점검	
09 : 00 – 09 : 30	개회식장 확인	· 준비물 확인 · 시설물, 무대 · 단상, 마이크, 조명 확인 · 진행요원 업무 확인	
09 : 30 – 09 : 55	진행요원 배치	· 진행요원 정위치, 점검 완료	
09 : 55 – 09 : 58	개회식장 입장	· 참가자 식장 입장	

시 간	진행사항	세부사항	비 고
09 : 58 – 10 : 00	VIP 이동	· VIP실에서 개회식장으로 이동, 단상 착석	
10 : 00 – 10 : 02	개회시작 멘트	· 사회자 멘트, 단상인사 소개	
10 : 02 – 10 : 10	개회사	· 한국자동차환경포럼대회장 개회사	
10 : 10 – 10 : 20	치사	· 장 · 차관	
10 : 20 – 10 : 30	축사 & 환영사	· 포항시장	
10 : 30 – 10 : 35	회의일정 소개	· 사회자	기타 멘트
10 : 35 – 12 : 00	기조 연설	· 초청연사, 주제 발표, 토론회(종합)	

4. 등 록

가. 주요 업무

1) 기본업무

① 등록안내서 및 신청서 제작 · 발송

② 사전등록 접수 및 전산처리

③ 등록확인증 발송

④ 등록신청서 내용을 전산처리하여 신속 · 정확한 정보로 활용

⑤ 기타 송금액 처리

⑥ 참가자 등록내용 변경접수(취소 및 수정)

⑦ 대회 등록 Kit 준비 · 배부

⑧ 현장등록 데스크 운영

⑨ 등록데스크 각종 안내판 제작 설치

2) 등록홍보

① 참가 대상자별 주소록 확보

② 참가 대상자의 주소록 작성

③ 안내서 작성 및 발송

④ 1차 안내문 발송 및 회신자에 대한 후속 연락관계 유지

⑤ 행사 팸플릿을 기획 · 제작하여 포럼 등록 양식을 통해서 참가 접수 안내

3) 접수업무

① 각종 Data 입력

② 등록접수 즉시 등록확인증을 발송하여 등록내용 확인

③ 등록 및 기타 문의사항에 답신

④ 등록자 변경에 대하여 대처

⑤ 등록 프로그램을 사용하여 각종 등록통계 자료를 신속하게 처리

4) 현장 진행계획

① 현장등록 접수계획을 수립하여 각종 등록용품/집기장비를 준비

② 등록요원을 교육/훈련시켜 현장에서 등록업무를 처리

나. 업무 흐름도

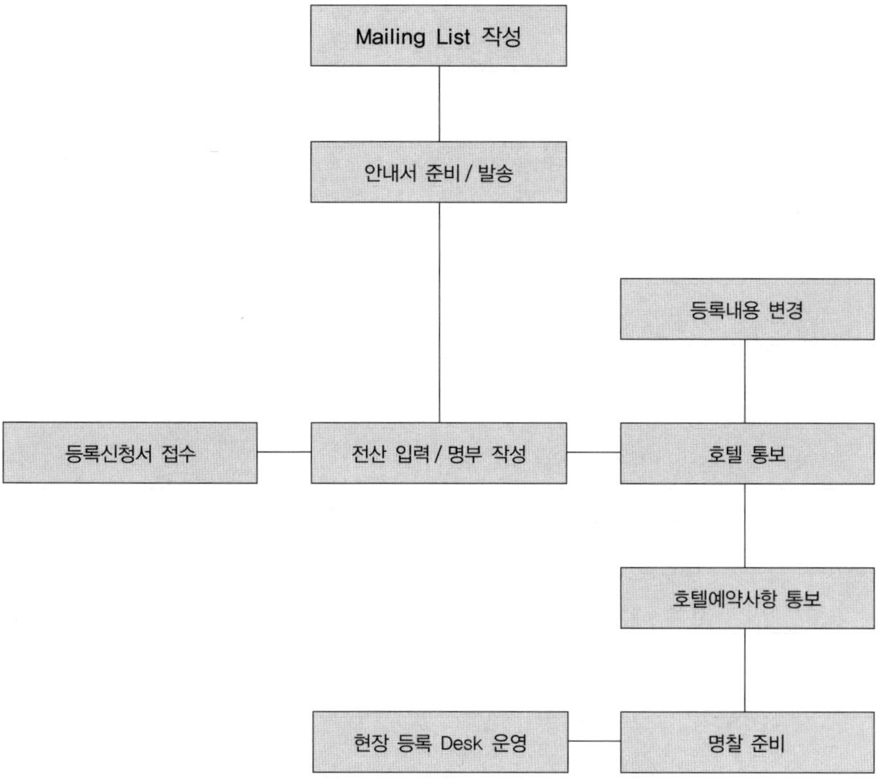

다. 사전 등록 준비사항

1) 등록신청서

① 구성내용

가) 개인별 인적사항(성명, 소속, 주소, 전화번호, Fax 번호, E-mail 등)

나) 동반자 참가 여부

다) 견학 참석 여부

라) 교통편

마) 연회행사 참석 여부

바) 최종 마감일 안내

② 신청서 제작·배포

가) 제작 완료일 : 미정

나) 배포 : 본 전국운동본부의 채널을 통해 발송

③ 등록접수 및 등록 확인증 발송

가) 등록신청서 접수 확인 후 개인별 등록확인증 송부

나) 등록변경 접수 시 변경 확인증 발송

다) 참가 확인 스티커 동봉(Delegate / Baggage Sticker)

④ 참가신청인 전산작업

가) 등록신청서 내용을 한국컨벤션전문가협회 Data 관리 시스템으로 전산처리

나) 주요출력 항목 리스트

(가) 전체 항목 출력작업(등록번호별, 성명별, 회원 및 비회원별) : 인적사항, 견학 등 전반적 사항 포함

(나) 참가 예정자 명단

(다) 전국 참가자 등록현황 통계표

(라) 참가 교통 현황

(마) 참가자 리스트

(바) 등록확인증 출력

(사) VIP 명단

(아) 참가자 명단(지역+성명, 성명별)

(자) 견학 신청인 명단

(차) 우편발송용 DM 출력

(카) ID카드(Name Tag) 발급

라. 포럼 등록 Kit 준비

Kit 가방, 개인봉투, 명찰, 각종 초청장, 프로그램 북, 행사 안내 브로셔 포항시 관광 안내도, 메모용지 및 필기도구 등

1) ID카드 제작

① 참가자별 구분 : 명찰 색상으로 구분

구 분	색 상	매 수	비 고
초청 강연자			
일반 참가자			
동반자			
조직위 Staff			

② 도 안

가) 규격 : 9㎝(가로) × 6㎝(세로)

나) 형태 : 유백색 투명 라미네이팅 코팅(집게식)

다) 뒷면 : 대회 일정표 및 비상연락처 인쇄

라) 제작방법 : 기본 인쇄 내지에 전산출력하여 코팅처리

2) 숙박 지정 호텔 / 행사장 안내서

① 호텔 및 행사장의 인쇄물을 수령하여 사용

② 객실, 식당 및 기타 편의시설의 위치 표시

3) 프로그램 북 기획 인쇄

① 구성 : (사)범국민자동차환경운동본부 공동대표 인사말, 프로그램, 자동차 포럼 안내, Author Index 및 General Information 등

② 인쇄 : 20페이지 정도에 4도 또는 2도 인쇄

③ 지질 : 백상 아트지

4) 메모지 및 볼펜

① 세미나 기간 중 사용할 수 있도록 메모지 및 볼펜에 행사명을 인쇄하여 배부

마. 등록데스크 운영

1) 데스크 설치 및 운영

일 자	설치장소	운영시간
2005년 6월 23일	회의장 로비	08 : 00 – 11 : 30

2) 업무 흐름도

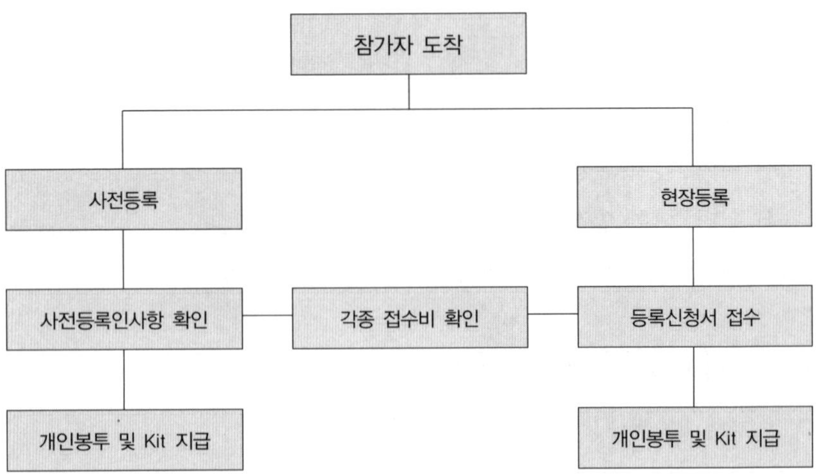

3) 준비물

① 등록대용 참가자 현황(회원별, 이름별, 소속별, 등록번호별)

② 현장등록 신청서

③ 등록신청서 원본

④ 개인봉투(동봉 : ID카드, 영수증, 개인별 일정표)

⑤ 대회 가방

⑥ 필기구, 인주, 스탬프 등

4) 소요 집기

구 분	종 류	수 량	비 고
책 상	등록 책상 사무용 책상	1식 2개	6명 등록요원용 작성용, 물품지급용, 비치용
의 자	등록데스크용 사무용	10개 2개	
음료대	생수 공급대	1조	
컴퓨터	펜티엄급	2대	ID카드 제작용, 전산조회
프린터	레이저 프린터	1대	ID카드 제작용
코팅기	ID카드 제작용	1대	ID카드 제작용
안내 표지	등록대 및 등록절차 안내	각 1개	

5) 데스크 배치도 : 추후 제작

6) 등록요원 운영

① 등록기간

일 자	시 간	인 원	비 고
2005년 6월 23일(목요일)	08 : 00 – 11 : 30	4명	현장등록 및 사전등록 확인

② 등록요원 선발 및 교육

가) 선발 기준 : MS워드 프로세서 가능자, 용모단정한 유경험자

나) 선발 및 교육 : 한국컨벤션전문가협회에서 선발하여 교육 배치

다) 자원봉사요원 : 주최 측에서 예산 절감을 위해 자원봉사요원 수급 시 단순업무 배정

7) 현장 진행요원 운영계획

구 분	근무일자	인 원	담당업무
등 록	1일	2명	· 참가자 등록 현황 관리 · 등록확인 및 참가확인증 발급 · Congress Kit 및 명찰 배부 · 현장 등록자 접수 · Congress List 배부 · 회의 기자재 운영 관리 · 참가자 파악
행사장 및 사무국 보조	2일	2명	· 회의 및 전시, 골프대회, 관광 P/G 진행 보조 · 시설물, 기자재, 명패, 좌석배치 및 복사 · Preview Room/Session 관리
안내데스크	1일	4명	· 대회 전반사항 안내 · 기타 참가자 문의사항 처리
교통/영접	1일	2명	· 영접 · 수송 편의 제공 · VIP 승용차 관리 · 일반참가자 교통 및 수송
계		10명	

8) 등록 운영요원 일과표

시 간	내 용	비 고
08 : 00 – 08 : 30	· Staff 회의(사무국) · 등록준비물 점검(참가자 리스트, 등록자 명단, 참가자 현황, Congress Kit, 가방, 영수증) · 명찰패용	
08 : 30 – 09 : 00	· 각자 정위치(등록데스크)	
09 : 00 – 10 : 00	· 등록 현장 근무	

10 : 00 – 11 : 30	· 등록 마감 및 데스크 정리 · 일일 등록현황 집계 및 보고서 정리 · 영수증 정리	
20 : 30 – 21 : 00	· Staff 회의 · 등록현황 집계 및 보고서 제출 · 영수증 제출 · 기타 문제사항 보고	
21 : 00 –	· 해 산	

5. 영접·수송

가. 영 접

1) 초청연사 영접 및 교통수단 편의 안내
2) 초청연사 참가 및 도착 상황 파악
3) 행사장 이동 시 의전 교통편 제공
4) 주차상 확보
5) 각종 수송관련 안내 표시물 제작 및 설치

나. 참가자 수송

1) 공식 수송 지정 : 전세버스
2) 공식 수송 지원 요청사항
   - 세미나 참가자 수송비 할인
   - 단체수송버스 예약
   - 참가자 수송편 예약, 변경, 재확인 업무
   - 행사 중 필요 시 차량 예약 및 운행

Ⅴ. 홍보 및 마케팅 계획

1. 기본 전략

구 분	내 용
사전 홍보	· 전국 지부/지회 회원을 통한 행사 홍보 및 참가자 유치 · 현 협력단체의 후원을 통한 행사 고지 및 참가자 유치 · 관련 산/학/연/관/민/매체 등에 행사 참가 유치 강화 ※산자부, 환경부, 건교부, 포항시, 환경단체협의회, 재활용기술연합, 환경사랑연합, 환경단체실무자협의회, 녹색어머니중앙회, 환경과 에너지, 녹색환경감시단, 유기성폐기물학회, (사)한국소비생활연구원, 환경교육실천협의회, 한국주간기자협회, GR협회, 카톨릭환경연대, 한국자원리싸이클링학회, 한국환경기자클럽, 한국자동차공학회, KBS, 매일경제, 영남일보, 경북일보, 대구일보, POSCO, 현대모비스, GM대우, KIA모터스, (주)이앤텍
기간 중 홍보	· 주요 매체를 통한 전략적 홍보 - 인쇄매체(신문, 잡지, 뉴스 릴리스) - 인쇄물 매체(행사 리플릿, 초대장, 감사장) - 방송매체(KBS) - 인터넷 매체(관련 기관, 단체, 협회) - 옥외매체(현판, 현수막, 유도사인)
사후 홍보	· 포럼 참가자들에게 감사표시를 위해 대회 결과 홍보물 발송→포럼에 대한 인지도 및 만족감 제고 · 언론사(중앙지, 지방지, 관련잡지 등)를 통한 평가 기획기사화로 화제성 지속

Ⅵ. 예상 지출내역

1. 총 예상 지출내역

항 목	금 액	비 고
등록, 식사	8,300,000원	
세미나	4,750,000원	

전시회	6,500,000원	
사교행사	11,000,000원	연회, 견학 & 관광
홍 보	3,950,000원	매체 광고비 제외
사무국 경비	9,900,000원	
합 계	**44,400,000원**	
예비비	4,500,000원	약 10%
支出金額	**48,900,000원**	

2. 업무별 지출내역

1) 등록, 식사

항 목		수 량	내 역	금 액
식대		200명	1식 × 10,000원	2,000,000원
인건비	세미나 보조	2명	2일 × 50,000원	200,000원
	등록 Desk	4명	2일 × 50,000원	400,000원
	전시 Desk 운영	2명	3일 × 50,000원	300,000원
	영접 및 교통 안내	2명	1일 × 50,000원	100,000원
소 계				**3,000,000원**
Congress Kit		250set	× 10,000원	2,500,000원
기념품		250set	× 5,000원	1,250,000원
사무용품비		1일	× 200,000원	200,000원
통신비		2일	× 50,000원	100,000원
차량 임대료		1일	× 2대 × 450,000원	900,000원
소 계				**4,950,000원**
등록 Desk 운영비		1일	× 100,000원	100,000원
우편료		500통	× 500원	250,000원
소 계				**3500,000원**
合 計				**8,300,000원**

2) 세미나

항 목	수 량	내 역	금 액
회의장 임대료	1Room	× 1일 × 500,000원	500,000원
기자재 대여료	1Set	× 1일 × 500,000원	500,000원
논문 인쇄비	250부	× 5,000원	1,250,000원
커피 브레이크	200명	× 2회 × 5,000원	2,000,000원
행사장 운영비	1일	× 500,000원	500,000원
合 計			4,750,000원

3) 전 시

항 목	수 량	내 역	금 액	비 고
전시장 임대료		1일 × 500,000원	500,000원	
기자재 대여 및 공사비	5 Booth 20 Poster	1일 × 400,000원 = 2,000,000원 1일 × 100,000원 = 2,000,000원	4,000,000원	· Booth · Poster Board · Light · Carpet · Desk · Banner · Information Desk · 기타
전시장 입구 아치	1EA		1,000,000원	
전시장 운영비	2일	× 500,000원	1,000,000원	
合 計			6,500,000원	

4) 사교행사

항 목	수 량	내 역	금 액	비 고
환영연	200명	× 50,000원	10,000,000원	칵테일비 포함 연회장 사용료 포함
행사 진행 예비비			1,000,000원	견학 및 관광 등
合 計			11,000,000원	

5) 홍 보

항 목		수 량	내 역	금 액	비 고
인쇄비	행사 팸플릿	1연	× 1회 × 500,000원	500,000원	매체 광고비 포함
	감사장 제작비	500	× 1회 × 500원	250,000원	
	Home Page 제작비		× 1,000,000원	1,000,000원	
	소 계			1,750,000원	
장치물	행사장 안내도	2	× 150,000원	300,000원	전시
	회의장 유도사인	15	× 30,000원 (이젤보드, 이젤)	450,000원	
	행사 현수막	2	× 100,000원 (10m × 1m)	200,000원	
	유도 사인	5	× 100,000원 (1.8 × 0.9)	500,000원	배너
소 계				1,450,000원	
제작비	행사소품	250	× 1,000원	250,000원	
	진행소품	250	× 2,000원	500,000원	
소 계				750,000원	
合 計				3,950,000원	

6) 사무국(일반 경상비)

항 목		수 량	내 역	금 액
인건비	운영 Manager	1개월	× 3,000,000원	3,000,000원
	사무국 진행요원	1개월	× 1,000,000원 × 3명	3,000,000원
소 계				6,000,000원
사무용품비		1개월	× 200,000원	200,000원
통신비		1개월	× 300,000원(전화, 인터넷통신)	300,000원
준비회의비		2회	× 200,000원	400,000원
행사준비기간 진행비		1개월	× 3,000,000원	3,000,000원
소 계				3,900,000원
合 計				9,900,000원

Ⅱ. 아시아영상기술세미나

부산국제영화제가 올해(2010년)로 15년을 맞이하고 있다. 본 기획은 부산국제영화제가 시작되어 자리잡기 전 부산국제영화제를 통해 부산영상산업의 붐을 조성하기 위해 영화에 대한 비평과 영화의 제작을 위한 투자 및 기술회의 등의 행사를 적극 추진하여 아시아영화사업의 활성화에 기여하고, 멀티플한 영상신기술산업의 발전과 육성에 행사 취지를 두고 기획된 제안서이다.

■■■■■■■■■■■■■■■■■■■■■■■■■■

아시아영상기술세미나

20**. *

(株)A-Pex 국제 컨벤션 컨설팅

서울특별시 ㅇㅇ구 ㅇㅇ동 2XX-X번지 ㅇㅇ빌딩 602호

TEL : +02-7XX-60XX FAX : +02-7XX-60XX

목 차

I	기획 배경
II	행사 개요
III	행사 내용 1. 조직도 2. 주요 업무 분장 3. 추진 일정 4. 구성 및 세부 내용
IV	업무별 추진계획
V	홍보 및 마케팅 계획
VI	예 산

Ⅰ. 기획 배경

영화는 문화의 한 부분으로 자리잡아 국제영화제를 통해 작품에 대한 시상과 투자, 국가 상호 간의 교류가 이루어지고 있다.

이에 당국에서도 부산국제영화제를 통해 부산영상산업의 붐을 조성하기 위해 영화에 대한 비평과 영화의 제작을 위한 투자 및 기술회의 등의 행사를 적극 추진하여 아시아영화사업의 활성화에 기여하고 있지만, 신 영화전문기술산업 개발과 육성에 대한 국제 교류 세미나 기회는 다소 미약하다.

본 행사를 통하여

- 영화 및 영상 전문 관련자들에게 영상 신기술을 접할 수 있는 실질적인 기회와 교류를 제공함으써 부산지역의 21C 주력 영상산업으로 육성, 정착화시킨다.
- 한 · 중 · 일 영화인의 교류 및 우호증진을 통하여 한국 영상산업의 세계 진출의 장을 마련한다.

Ⅱ. 행사 개요

1. 행 사 명 : 20XX 아시아영화기술교류세미나
2. 일 시 : 20XX년 X월 XX일(×) ~ XX일(X) (1박 2일간)
3. 장 소 : 코모도호텔 충무홀
4. 참 가 국 : 아시아지역
5. 참가대상 : 영화 및 영상(방송)관련 업계 임직원, 관련학계 교수 및 학생
6. 행사목적
   - 한 · 중 · 일 영화기술 교류 및 우호증진
   - 한 · 중 · 일을 중심으로 한 아시아 문화교류 및 진흥
   - 한국영상산업 육성
7. 행사 내용
   1) 세미나
      - 5㎜ 영상기술세미나(발전, 특성, 활용방안)
      - 영화촬영기법세미나
      - 애니메이션 영화기술세미나
   2) 사교행사 : Welcome Reception, Farewell Banquet, 시사회
8. 주최 : 한일문화진흥협회, 부산국제영화제조직위원회
9. 주관 : ㈜A-Pex국제컨벤션컨설팅
10. 후원 : 문화관광부, 부산시, 문예진흥원, 부산국제영화고등학교
11. 협찬 : 아시아나항공(예정), 기타

Ⅲ. 행사 내용

1. 조직도

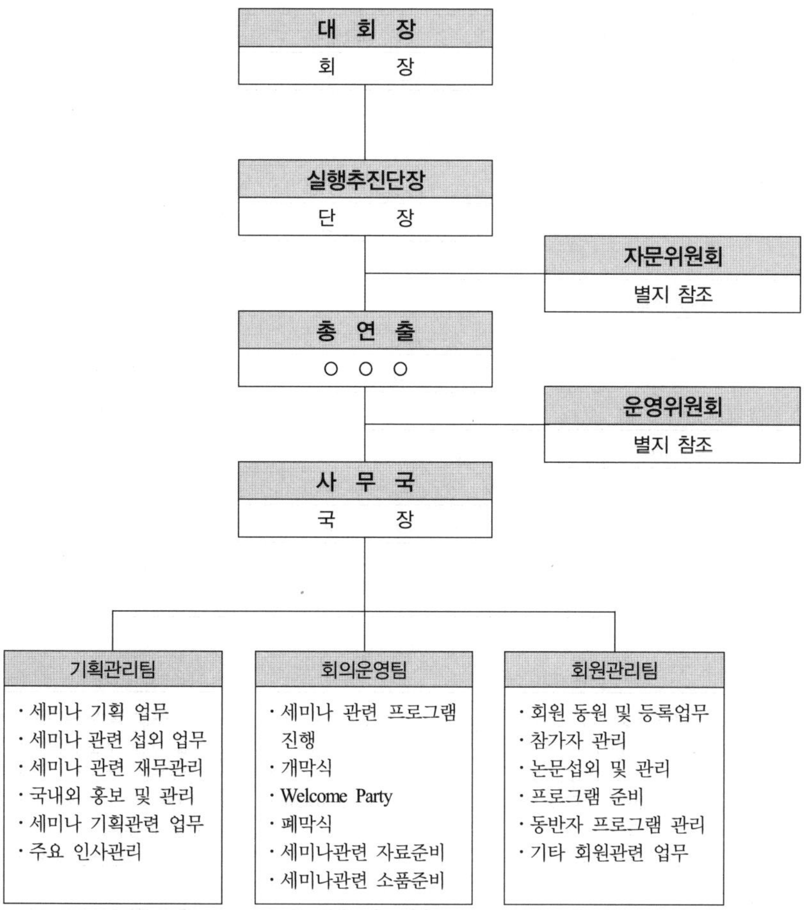
대 회 장
회 장
실행추진단장
단 장
자문위원회
별지 참조
총 연 출
○ ○ ○
운영위원회
별지 참조
사 무 국
국 장
기획관리팀
· 세미나 기획 업무
· 세미나 관련 섭외 업무
· 세미나 관련 재무관리
· 국내외 홍보 및 관리
· 세미나 기획관련 업무
· 주요 인사관리
회의운영팀
· 세미나 관련 프로그램 진행
· 개막식
· Welcome Party
· 폐막식
· 세미나관련 자료준비
· 세미나관련 소품준비
회원관리팀
· 회원 동원 및 등록업무
· 참가자 관리
· 논문섭외 및 관리
· 프로그램 준비
· 동반자 프로그램 관리
· 기타 회원관련 업무

2. 주요 업무 분장

구 분	한일문화진흥협회	A-Pex국제컨벤션컨설팅
사무국 구성	· 추진단 구성 · 대행업체 감리 및 감독 · 실무사항 결정 · 세미나의 진행 조정	· 사무국 Staff 구성 · 각종 문서 수·발신 · 추진단 회의자료 준비 · 회의 운영실무 관장 · 각종 실무회의 개최
회의개최 계획서 작성	· 회의 개요 및 주요 행사 내용 감수 · 개최목적 및 필요성 설정	· 기본계획서 · 각 업무별 세부추진계획서
예산서 작성 및 집행	· 세부 예산서 확정 · 예산 실무집행 및 감독	· 세부 예산서 작성 · 각종 견적서 수집 및 제출 · 예산집행 보조 · 기타 입금액 관리
회의장 및 숙박호텔 선정	· 회의장, 본부 호텔 확정 및 계약	· 회의장, 숙박호텔 조건협의 및 업무협조 · 주변 숙박시설 섭외
회의 주요행사 내용 기획	· 각 행사 시나리오 결정 · 회의 진행·감독 · 동반자행사 및 관광 Program 결정	· 각 행사기획 및 운영 · 회의기획 및 운영 · 행사관련 섭외
예상 참가자 Data 관리	· 예상 참가자 Mailing List 확보 · 대상 단체 협조요청 및 리스트 확보	· 예상 참가자 D/B 구축 · 주소 및 연락처 변경사항 Up Date · 주요인사 리스트 관리
초청연사 섭외 및 주제 구성	· 예상 초청인사 리스트 확보 · 초청연사 선정 · 발표주제 확정 · 초청조건 확정	· 초청연사 수락요청 서신업무 · 초청조건 협의 · 발표 스케줄 작성 · 항공 스케줄 Arrange 및 발송
사전등록자 Data 관리	· 사전 등록자 현황 파악	· 등록세부계획 수립 · 신청서 접수 · Confirmation Slip 발송 · 각종 Data, D/B 관리
유관기관 업무 협조	· 유관기관 업무 확정 · 업체 지원금 확보	· 공식 항공사 선정 · 공항 귀빈실 사용 및 입출국 수속 시 편의 제공 요청(공항관리공단/출입국 관리소/세관) · 부산시 경찰청 경호 업무 지원 요청 · 관광공사 업무 지원 요청

각 회의장 배치 / 구성	· 회의장 배치도면 결정	· 회의장소 Arrange · 시청각 기자재 소요 파악 및 배치 · 회의장 디자인 및 장식
Program북 제작	· 프로그램 확정	· 프로그램 내용 작성 · 참가자 편의제공 내용 작성, 디자인 및 제작
발표집 제작	· 디자인 및 책 규격 결정 · Acknowledgement 작성	· 원고정리 · Page, Contents, Index, Knowledgement 작업 디자인 및 제작
회의 제반 점검	· 회의 전반 사전 점검	· 회의 내용 및 장소 점검 · 관광 및 동반자 행사 점검 · 공항영접 사전 점검 · 각종 소요물품 제작 점검, 회의 예산 점검
회의 소요물품 선정 및 제작	· 수교품목 확정, 각종 제작물 및 디자인 확정	· 수교물 선정(가방, 볼펜, 메모지, 기념품 등) · 각종 제작물 선정(현판, 무대장식, 사인보드 등) 디자인 및 제작
회의 진행 요원 확보	· 행사 진행요원 인원수 확정	· 소요인력 산출 · 행사진행요원 확보 및 교육 · 리허설 및 배치 운영
사무국 이전	· 운영위원회 이전	· 본부호텔 사무국 장소 확보 · 필요기자재 및 사무집기 확보 · 필요인력 배치
총 평가회 개최 및 추진단 해산	· 총 평가회 개최 · 추진단 해산	· 총 평가회 자료 준비 · 감사패 준비 · 결과보고서 준비
최종 리허설 및 점검	· 최종 리허설	· 각 행사 시나리오 점검 · 회의 장소 및 소요기자재 점검 · 등록 및 안내데스크 점검 · 사교행사 점검
기자회견	· Press Kit 작성 · 기자단 섭외 범위변경	· Press Kit 작성 · 기자회견 장소 선정 · 기자단 연락 및 참석 여부 확인 · 기자회견 개최
회의결과 보고서 작성	· 결과보고서 검토	· 회의참가자 현황 파악(각종 통계) · 행사진행 결과 작성 · 디자인 및 제작

구　분	한일문화진흥협회	A-Pex국제컨벤션컨설팅
회의진행 및 운영	· 회의 전반의 총괄 지휘	· 회의진행의 전반적인 의무 관장 · 의전업무 · 참가자 편의제공 및 고충처리 · 각종 부대행사 진행 확인
참가자 감사편지 발송	· 감사편지 검토	· 참가자 리스트 작성 · 감사편지 작성·발송
각종 안내서 기획 및 제작	· 포스터 디자인 결정 · 1, 2차 안내서 기획안 결정 · 발표 스케줄 기획안 결정	· 포스터 디자인 및 제작 · 1, 2차 안내서 기획 및 제작 · 발표 스케줄 기획 · 참가자 편의를 위한 내용 기획 · 관광 및 여흥 프로그램 내용 기획

3. 추진 일정

구　분	2.1 ~ 5	2.6 ~ 10	2.11 ~ 15	2.16 ~ 20	2.21 ~ 25	2.26 ~ 3.2	3.3 ~ 8	3.9 ~ 14	3.15 ~ 19	3.20 ~ 24	3.25 ~ 29	3.30 ~ 4.3	4.4 ~ 8	4.9 ~ 13
기획서 작업 / 행사 결정														
행사장 예약														
조직구성 및 업무 분담														
참가 및 세미나 타깃 조사														
세부 일정표 확정														
실행계획서 작업 완료														
홈페이지 제작														
홍보 인쇄물 기획 / 제작														
1차 홍보물 발송(해외)														
관련매체 홍보														
국내 DM 발송														
상담 / 사전 등록														
1차 참가자 모집														
2차 홍보물 발송														
2차 참가자 모집														
행사 소품제작														
팀장 / 안내원 교육 실시														
회의장 구성 / 회의용품 준비														
세미나 리허설														
실시														
평가·결과 보고서 작성														

4. 구성 및 세부 내용

1) 기본 전략

계 획 성	→	운영 체크리스트에 의한 철저한 계획 및 공정 관리
분 담 성	→	전문팀의 구성 및 정확한 업무 분장
적 절 성	→	적절한 시간에 맞는 효율적인 운영 및 제작
활 동 성	→	철저한 사전준비 / 리허설에 따른 완벽한 현장 운영 수행

세미나	사교행사	시사회
· 영화기술에 초점을 맞춘 전문성, 실용성 측면의 주제 선정 · 한·중·일 및 아시아영화기술 교류 및 정보 습득 · 영상물을 이용한 동적인 세미나 구성	· 참가자들의 커뮤니티 조직을 위한 만남의 장으로서의 사교행사 · 비즈니스장으로의 유도	· 아시아 신작영화와 각국 대표 배우의 소개로 참가자들의 관심 및 영화비즈니스 유도

2) 세미나 일정표

<table>
<tr><th>날 짜 / 시 간</th><th>0월 00일</th><th>0월 00일</th><th>0월 00일</th></tr>
<tr><td>09 : 00 – 10 : 00</td><td></td><td rowspan="3">등 록</td><td rowspan="2"></td></tr>
<tr><td>10 : 00 – 10 : 30</td><td></td></tr>
<tr><td>10 : 30 – 12 : 00</td><td></td><td>Plenary Session 3</td></tr>
<tr><td>12 : 00 – 13 : 30</td><td></td><td>Luncheon</td><td>Luncheon</td></tr>
<tr><td>13 : 30 – 15 : 40</td><td></td><td>Opening Ceremony
Plenary Ssion 1</td><td>Plenary Session 4
Closing Ceremony
(13 : 30 – 15 : 30)</td></tr>
<tr><td>15 : 40 – 16 : 00</td><td></td><td>Coffee Break</td><td rowspan="2">칵테일 리셉션 및 아시아 신작 영화시사회
(15 : 40 – 17 : 30)</td></tr>
<tr><td>16 : 00 – 17 : 30</td><td rowspan="2">등 록</td><td>Plenary Session 2</td></tr>
<tr><td>17 : 30 – 18 : 30</td><td></td><td></td></tr>
<tr><td>18 : 30 – 20 : 30</td><td></td><td>환영 만찬
(부산시장 주최)</td><td></td></tr>
</table>

3) 세미나 구성내용

	날짜	시 간	내 용	비 고
DAY 1		09 : 00 – 12 : 00	등록	
		12 : 00 – 13 : 30	Luncheon	
		13 : 30 – 14 : 10	Opening Ceremony	
		14 : 10 – 15 : 40	5㎜영상기술세미나(발전, 특성, 활용방안)	
		15 : 40 – 16 : 00	Coffee Break	
		16 : 00 – 17 : 30	아시아디지털영화촬영기법 세미나	
		18 : 30 – 20 : 30	환영 만찬(부산시장 주최)	
DAY 2		10 : 30 – 12 : 00	인터넷 콘텐츠 개발과 영화발전세미나	
		12 : 00 – 13 : 30	Luncheon	
		13 : 30 – 15 : 00	아시아 애니메이션의 전망과 기술교류 논의	
		15 : 00 – 15 : 30	Closing Ceremony	
		16 : 00 – 18 : 00	칵테일 리셉션 및 한중일 신작 영화시사회	

Ⅳ. 업무별 추진계획

1. 세미나

가. 개 요

1) 일시 : 20XX년 X월 XX일~XX일
2) 장소 : 부산시 코모도호텔(잠정)
3) 학술 강연
   ① 기조연설(Keynote Speech) : 개회식
   ② 초청강연(Invited Speech) : Day 1
   ③ 학회 구성회의(Workshop) : Day 2

나. 기본계획

1) 관련분야 자료 점검
2) 단계별 계획 시안 작성
3) 분야별 계획 시안 작성(준비, 진행 등)
4) 업무별 담당구성(세부 담당업무 지정)
5) 준비 예산안(회의비, 초청경비, 자료수집, 기타)
6) 진행 예산안(기자재 임대, 행사요원, 자료 제작 : 인쇄물, Slide, 안내물 등)
7) 결과보고

다. 학술 진행계획

1) 임 무

구 분	임 무	비 고
학술 총괄 담당	· 학술세미나 운영 총괄 · 학술세미나 운영 세부계획 수립 · 조정 · 발표집 발간 · 학술운영요원 교육 · 운영 · 발표장별 기자재 소요 판단	
Preview Room 담당	· Preview Room 운영계획 실행 · 관련 기자재 내역 작성, 행사장 시설관리 담당자와 협조 · 슬라이드 접수, 운반, 반환 점검 · Preview Room 운영요원 관리 · 세미나장과 Preview Room의 사고에 대처, 기록 · 세미나장의 좌장 및 연사 출석 여부 파악 · 발표 진행 조장과 결석자의 대체방안 결정 · 좌장과의 Communication 수립 · 좌장 및 연설자의 변경사항 신속히 파악	
학술 진행 담당	· 슬라이드/OHP 필름 운영요원 관장 · 각 발표자의 슬라이드/OHP 필름 사고에 대처 · 슬라이드/OHP 필름 운반 및 반환 관장 · 발표 진행요원 교육 · 운영	
장비 관리 담당	· 호텔 측의 조달 가능 기자재 파악 · 외부 임대 기자재 종류 · 수량 판단 · Preview Room 장비 제공 · 발표장 장비 제공 · 발표장 장비의 관리 · 유지 · 장비 관리요원 운영 · 발표장 표지판 설치 · 유지	

라. 학술관련 업무

1) 장소 확정

① 회의 장소 확정

② 발표장 장비, 보유장비 파악

③ 사용계약 체결

2) 연사 초청

① 결정된 프로그램에 따라 선정된 초청연사의 명단을 인수하여 공식 초청장을 발송

② 수락 여부를 파악하여 최종 프로그램 확정

③ 연사별 논문, 이력서, 사진 등을 접수하고 초청조건을 이행하도록 조처

④ 초청연사와의 각종 연락통신물 담당

⑤ 초청연사의 등록, 호텔 예약, 항공권, 개인 일정 등의 파악 · 관리

3) 사전 준비

① 학술 기본계획 수립

② 전문인력 수급 : 회의요원 선발

③ 학술발표장 설치 계획

④ 세부시간표 작성

4) 발표집(강연내용) 준비

① 주제 선정

② 발표내용 송부요청 / 접수

③ 발표집 제작

5) 프로그램 구성 · 관리

① 학술위원회에서 선정한 주제에 따라 발표자의 발표내용 접수

② 결정된 발표일시, 장소를 연사 본인에게 통보

③ 불참 연사, 발표일시 변경 등의 사항을 정리하여 발표장 운영에 참고

6) 좌 장

① 학술세미나에 참가자 및 초청연사 중 선정된 좌장을 통보받아 초청서신 발송

② 수락자에게 구체적인 일시를 통보하고 연사와의 정보 교환

③ 거절한 경우, 다른 좌장을 선정하도록 학술위원회에 자료 제공

7) 기자재 수급

① 각 연사와의 커뮤니케이션을 통한 발표 시, 필요물품에 대한 사항을 정리

② 준비가 불가능한 기자재 요청 시 연락을 통해 다른 기자재 사용을 종용

③ 각 발표장별로 필요한 발표 기자재를 선정

④ 최신형으로 준비하며 고장에 대비한 철저한 관리 필요

8) 실제 진행

① 최종 프로그램에 따라 발표장의 배치를 결정하고 기자재 필요사항을 파악하여 장비를 준비

② 슬라이드/OHP 필름 담당요원의 교육 및 투입, 진행자와 수시 연락

③ 자료 수집 및 정리 및 주요 동선 및 휴게 공간에 안내판 설치

9) 결과보고

① 학술 관련기록 보관

② 결과보고서 작성

마. 업무 흐름도

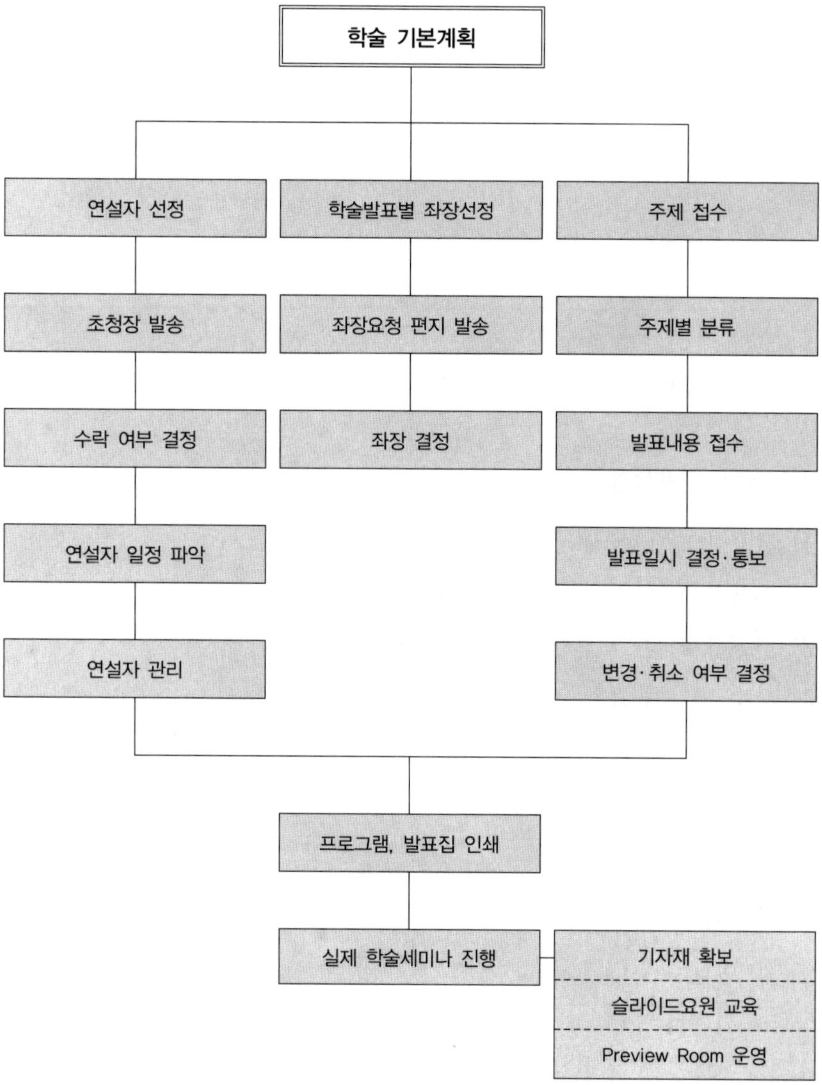
학술 기본계획
연설자 선정
학술발표별 좌장선정
주제 접수
초청장 발송
좌장요청 편지 발송
주제별 분류
수락 여부 결정
좌장 결정
발표내용 접수
연설자 일정 파악
발표일시 결정·통보
연설자 관리
변경·취소 여부 결정
프로그램, 발표집 인쇄
실제 학술세미나 진행
기자재 확보
슬라이드요원 교육
Preview Room 운영

바. 회의장 구성

회의명	주 테이블	방청석	필요 준비사항	비 고
초청강연	사회자석 발표자석	교실식 400석	테이블 마이크 스탠드 마이크 무선 마이크 연단 1 좌장석 1 발표자석 1 명찰 슬라이드 O H P	
세미나	사회자석	교실식 350석		

*학술세미나의 진행 형식, 발표장 조성, 장비 필요사항 등은 해당 사무국의 지시에 따르도록 함.

사. 기타 준비사항

1) 발표장 안내 : 안내 및 유도판 설치
2) 발표장 입장 안내 : 징 3번 울림(첫 시작 또는 커피 이후)
3) 발표장 조성 : 참석자의 수에 따라 좌석 재배치 실시
4) 특수 기자재 요청 시 임대
5) 진행요원 배치 : 음향기사, Messenger 등

아. 학술진행요원

1) 주요업무

① 발표장 Table Setting 점검
② 자료관리 및 배포
③ 발표 기자재 Operation

2) 선발 및 교육

선발기준 : 영어회화, WP 가능자

3) 기타 주요사항

① 발표장 안내 : 안내유도판 설치

② 학술진행요원 배치 : 안내요원, 음향기사 등

③ 단상테이블 준비 : 명패, 음료, 필기구 등

④ 각종 현판 준비 : 행사장 내벽 등

자. 동시통역 운영(안)

1) 통역 언어 : 한・일・중・영어

2) 통역 회의 : 개회식, 기조연설, 초청강연, 폐회식

3) 통역 형태 : 동시통역

2. 개회식

가. 개 요

1) 일시 : 20XX년 X월 중, 제X일(09 : 00 - 10 : 20)

2) 장소 : 부산 코모도호텔, 국제회의실

3) 사용언어 : 한・일・중・영어

4) 참석인원 : 400명

5) 참 석 자 : 국내 VIP 초청인사, 강사진, 일반참가자 및 행사요원

6) 주요업무

① 장소 확정

② 연사 결정 및 환영사, 치사 작성

③ 개회식 진행순서 결정, 시나리오 작성

④ 소요물품 및 기자재 조달, 설치

⑤ 좌석배치 단상, 참석자 좌석, 포디움

⑥ 개회식 문화행사 준비

나. 식순(안)

추후 작성

다. 단 상

1) 단상 배치도 : 추후 작성
2) 단상 준비물 : 추후 작성

라. 초청대상자 명단양식 : 추후 작성

마. 초청장 발송

1) 초청장 문안 결정 및 제작
2) 초청장 발송 시 주차권 동봉
3) 초청장 발송은 행사 15일 전까지 완료
4) 영문 철자 확인 및 명찰 사전 제작
5) 명찰은 리셉션 데스크에서 배부함

바. V.I.P 의전

1) 장차관 : 행사장 로비에서 영접하여 VIP실로 안내
2) 외부 초청자 : VIP실로 안내
3) 외국인 초청자 : VIP실로 안내
4) 기타 : 좌석 정렬을 Reserved로 지정하여 그 외 VIP 초청자 및 기타 초청인사 안내 및 착석 유도
5) VIP 출발시각
6) VIP Room 사용계획 통지(시간, 위치 등)
7) 안내 표지판(Stage Guests)

사. VIP Room 운영

1) 시간 : 개회식 전 30분간

2) 장소 : 소회의실
3) 이용인사 : 장차관, 초청자 대표, VIP 초청자
4) 준비사항
   ① 거울, 음료(행사요원 30분 전부터 대기) 준비
   ② 코사지 준비(호텔에 미리 발주)
   ③ 안내요원 2명
   ④ 단상배치도(영문 / 국문)

아. 안내요원

담 당	인원(명)	업 무	비 고
VIP 안내	1	VIP 영접, 환송	
단상인사 안내	1	단상인사 VIP실 안내 및 단상 안내	
입장 안내	2	식장 입장 안내	
초청자 안내	2	국내 초청자 명찰 배부	
계	6		

자. 연설문 작성(추후 작성)

차. 개회식 시나리오(예)

시 간	진행사항	세부사항	비 고
11 : 30–12 : 20	진행팀 준비	사무국, 행사요원, 호텔팀 각자 업무 점검	
12 : 20–12 : 40	개회식장 확인	준비물 확인 시설물, 무대 · 단상, 마이크, 조명 확인, 진행요원 업무 확인	
12 : 40–12 : 50	진행요원 배치	진행요원 정위치, 점검 완료	
13 : 00–13 : 25	개회식장 입장	참가자 식장 입장	
13 : 28–13 : 30	VIP 이동	VIP실에서 개회식장으로 이동 단상 착석	
13 : 31–13 : 32	개회시작 멘트	사회자 멘트 단상인사 소개	

시 간	진행사항	세부사항	비 고
13 : 33–13 : 40	개회사	추진단 대회장 개회사	
13 : 40–13 : 50	치사	장 · 차관	
13 : 50–14 : 00	축사	회장	
14 : 10–14 : 10	회의일정 소개	사회자	
14 : 10–15 : 00	기조연설	초청연사	

3. 등 록

가. 주요 업무

1) 기본업무

① 등록안내서 및 신청서 제작 · 발송

② 사전등록 접수 및 전산처리

③ 등록확인증 발송

④ 등록신청서 내용을 전산처리하여 신속 정확한 정보로 활용

⑤ 기타 송금액 처리

⑥ 참가자 등록내용 변경접수(취소 및 수정)

⑦ 대회 등록 Kit 준비 · 배부

⑧ 현장등록 데스크 운영

⑨ 등록데스크 각종 안내판 제작 · 설치

2) 등록홍보

① 참가 대상국별 주소록 확보

② 참가 대상자의 주소록 작성

③ 안내서 작성 및 발송

④ 1차 안내문 발송 및 회신자에 대한 후속 연락관계 유지

⑤ 2차 안내문을 완성하여 등록양식을 동봉하고 숙박 및 관광비 송금

3) 접수업무

① 각종 Data 입력
② 등록접수 즉시 등록확인증을 발송하여 등록내용 확인
③ 등록 및 기타 문의사항에 답신
④ 등록자 변경에 대처
⑤ 등록 프로그램을 사용하여 각종 등록통계 자료를 신속하게 처리

4) 현장 진행계획

① 현장등록 접수계획을 수립하여, 각종 등록용품/집기장비를 준비
② 등록요원을 교육/훈련시켜 현장에서 등록업무를 처리

나. 업무 흐름도

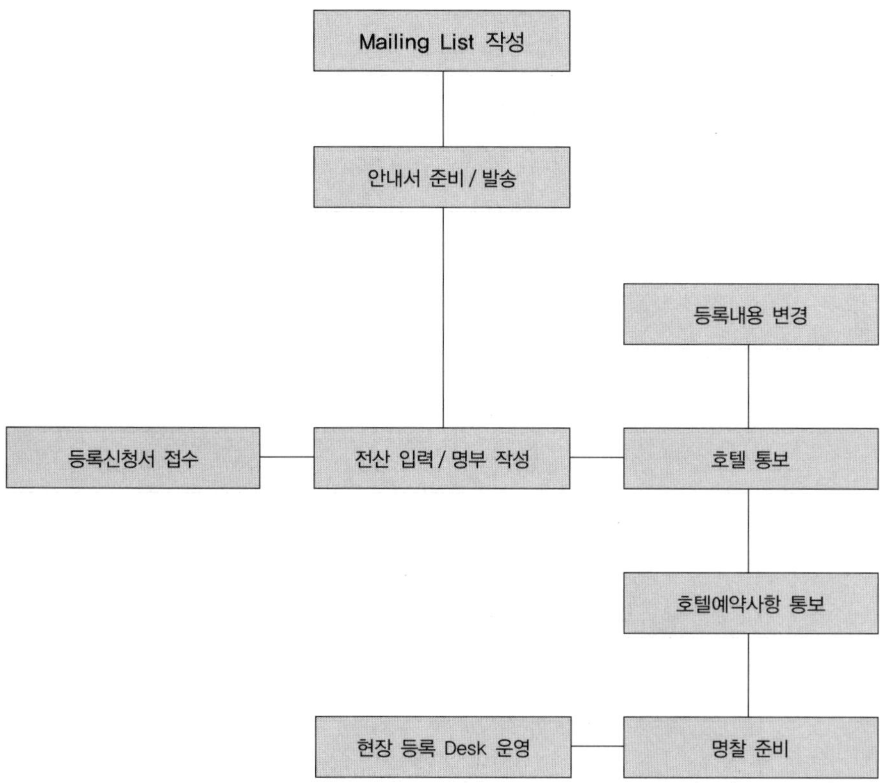

다. 사전등록 준비사항

1) 등록신청서

① 구성내용

가) 개인별 인적사항(성명, 국가, 소속, 주소, 전화번호, Fax번호, E-mail 등)

나) 동반자 참가 여부

다) 숙박일정 및 관광참석 여부

라) 입출국 일정, 항공편 등

마) 연회행사 참석 및 선호메뉴 여부

바) 송금액 발송 계좌안내

사) 최종 마감일 안내

② 신청서 제작·배포

가) 제작 완료일 : 미정

나) 배포 : 2차 안내서에 동봉하여 회원국에 외교채널을 통해 발송

③ 등록접수 및 등록확인증 발송

가) 등록신청서 접수 확인 후 개인별 등록확인증 송부

나) 등록변경 접수 시 변경확인증 발송

다) 참가자 입국 시 부착용 스티커 동봉(Delegate / Baggage Sticker)

④ 참가신청인 전산작업

가) 등록신청서 내용을 A-Pex관리시스템으로 전산처리

나) 주요출력 항목 리스트

(가) 전체항목 출력작업(등록번호별, 성명별, 국가별)
인적사항, 송금액, 관광 등 전반적 사항 포함

(나) 호텔 / 기숙사 예약자 명단

(다) 국가별 참가자 등록현황 통계표

(라) 일자별 입출국자 명단 및 항공일정 현황표

(마) 국가별 참가자 리스트

(바) 등록확인증 출력
(사) VIP 명단
(아) 참가자 명단(국가별+성명별, 성명별)
(자) 관광별 신청인 명단
(차) 우편발송용 DM 출력
(카) ID카드(Name Tag) 발급

라. 대회 등록 Kit 준비

Kit 가방, 개인봉투, 명찰, 각종 초청장, 프로그램북, 호텔 안내 브로셔, 부산, 경주지역 관광안내도, 메모용지 및 필기도구 등

1) ID카드 제작

① 참가자별 구분 : 명찰 색상으로 구분

구 분	색 상	매 수	비 고
초청 강연자			
일반 참가자			
동반자			
조직위 Staff			

② 도 안

가) 규격 : 9㎝(가로) × 6㎝(세로)
나) 형태 : 유백색 투명 라미네이팅 코팅(집게식)
다) 뒷면 : 대회 일정표 및 비상연락처 인쇄
라) 제작방법 : 기본 인쇄 내지에 전산출력하여 코팅처리

2) 코모도호텔 / 행사장 안내서

① 호텔 및 행사장의 인쇄물을 수령하여 사용
② 객실, 식당 및 기타 편의시설의 위치 표시

3) 프로그램북 기획 인쇄

① 구성 : 실행추진단장(한일문화진흥협회 회장) 인사말, 프로그램, 주최지 안내, Author Index 및 General Information

② 인쇄 : 20페이지 정도에 4도 또는 2도 인쇄

③ 지질 : 백상 아트지

4) 메모지 및 볼펜

① 세미나 기간 중 사용할 수 있도록 메모지 및 볼펜에 행사명을 인쇄하여 배부

마. 등록데스크 운영

1) 데스크 설치 및 운영

일 자	설치 장소	운영 시간
20XX년 0월 00일	세미나장 로비	08 : 00 - 13 : 30
20XX년 0월 00일		

2) 업무 흐름도

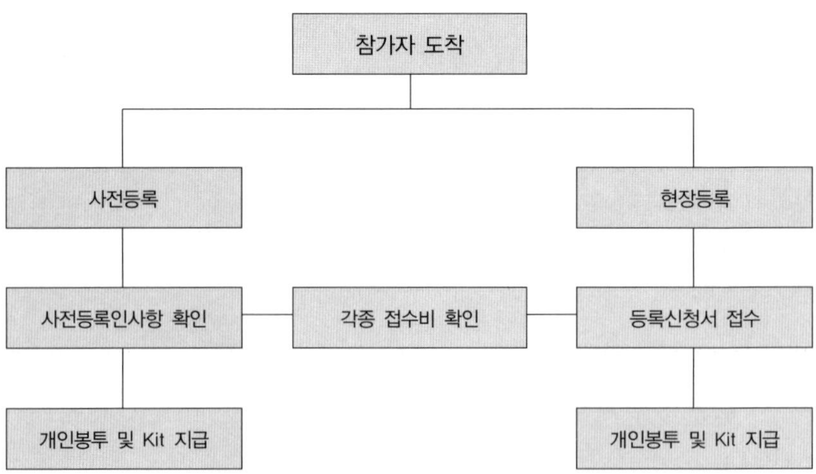

3) 준비물

① 등록대용 참가자 현황(국별, 이름별, 소속별, 등록번호별)
② 현장등록신청서
③ 등록신청서 원본
④ 개인봉투(동봉 : ID카드, 영수증, 개인별 일정표)
⑤ 대회 가방
⑥ 필기구, 인주, 스탬프 등

4) 소요 집기

구 분	종 류	수 량	비 고
책 상	등록 책상 사무용 책상	1식 2개	10명 등록요원용 작성용, 물품지급용
의 자	등록데스크용 사무용	10개 2개	
음료대	생수공급대	1조	
컴퓨터	펜티엄급	3대	ID카드 제작용
프린터	레이저 프린터	1대	ID카드 제작용
코팅기	ID카드 제작용	1대	ID카드 제작용
안내 표지	등록대 및 등록절차 안내	각 1개	

5) 데스크 배치도 : 추후 제작

6) 등록요원 운영

① 등록기간

일 자	시 간	인 원	비 고
20XX년 0월 00일	08 : 00 - 13 : 30	2명	현장등록 및 사전등록 확인
20XX년 0월 00일		6명	

② 등록요원 선발 및 교육

가) 선발기준 : 해당언어 및 워드 프로세서 가능자, 용모단정한 유경험자

나) 선발 및 교육 : A-Pex컨벤션 컨설팅에서 선발하여 교육 배치

다) 자원봉사요원 : 주최 측에서 예산 절감을 위해 자원봉사요원 수급 시 단순업무 배정

7) 현장 진행요원 운영계획

구 분	근무일	인 원	담당업무
등록 및 숙박 (안내)	2일	6명	· 참가자 등록현황 관리 · 등록확인 및 참가확인증 발급 · Congress Kit 및 명찰 배부 · 현장등록자 접수 · Congress List 배부 · 호텔 변경 시 숙박시설 확보 · 참가자 체크인, 아웃 파악 · 대회 전반사항 안내 · 기타 참가자 문의사항 처리
회의장 및 사무국 보조	3일	8명	· 회의진행 보조 · 시설물, 기자재, 명패, 좌석배치 및 복사 · Preview Room / Session 관리
공항 영접 / 환송	영접 1일 환송 2일	4명	· 김해공항 영접 · 입출국 김해공항 수속 시 편의 제공 · VIP 승용차 관리 · 일반참가자 김해공항 / 경주 수송

8) 등록 운영요원 일과표

시 간	내 용
08 : 00 – 08 : 20	· Staff 회의(사무국) · 등록준비물 점검(참가자 리스트, 등록자 명단, 참가자 현황, Congress Kit, 가방, 영수증) · 명찰패용
08 : 20 – 08 : 30	· 각자 성위치(등록데스크)

08 : 30 – 13 : 30	· 등록현장 근무
13 : 30 – 14 : 30	· 등록 마감 및 데스크 정리 · 일일 등록현황 집계 및 보고서 정리 · 영수증 정리
14 : 30 – 16 : 30	· Staff 회의 · 일일 등록현황 집계 및 보고서 제출 · 영수증 제출 · 기타 문제사항 보고
17 : 00 –	· 해산

4. 숙 박

가. 기본 업무

1) 호텔 선정 및 계약
2) 참가자 호텔 예약 및 객실 배정
3) 객실 예약 유지 및 해약 관리
4) 참가자 변경 접수(취소 및 수정)
5) 코모도호텔 외 장급별 숙박리스트 작성(Check In / Out 확인)
6) 초청연사를 위한 호텔 예약 및 객실 배정
7) 초청연사 변경 접수(취소 및 수정)
8) 국내 참가자를 위한 지정 숙박업체 선정, 공고 및 접수
9) 기타 협조사항 확인

나. 호텔 객실 확보 계획(총 314실 중) : 지정 호텔

호텔명	등 급	객실 확보	기 타
코모도호텔		총 314실 중 150실	

다. 남포동 지역 숙박업체(개인 예약)

업소명	전화번호	규 모	가 격
대영장호텔		한실 15, 양실 30	₩25,000
부산포호텔		한실 10, 양실 21	₩38,000
알프스장여관		한실 5, 양실 31	₩30,000
그랜드장여관		한실 8, 양실 24	₩30,000 ~ ₩40,000
새한장여관		한실 15, 양실 30	₩30,000
동신장여관		한실 15, 양실 20	₩35,000
경동장여관		한실 12, 양실 10	₩20,000
황금장여관		한실 13, 양실 23-1	
상그리아		한실 5, 양실 24	₩25,000

라. 객실 배정

1) 참가자 구분별 호텔은 조직위에서 직접 배정
2) 객실은 호텔 측에서 도착 순서대로 직접 배정(동일지역 참가자는 같은 층에 배정)
3) 임원 및 VIP 객실 배정은 조직위 사무국과 협의하에 결정
4) 객실배정 후 사무국에 호텔별로 투숙자명 및 객실번호 통보

마. 호텔 협조사항

1) 투숙 시 Information 메시지 배부
2) 지정된 임원진 및 VIP 객실에 과일 및 꽃바구니 전달
3) 가능한 영자신문 배부
4) 호텔 외부에 환영현판 준비
5) 행사 종료 후 호텔요금 일괄 지불조건

바. 숙박 안내데스크 운영

1) Check In & Out 시 발생되는 문제를 호텔 측과 신속히 해결 및 대처

2) 투숙기간 중 호텔 변경을 원할 시 타 호텔 확보
3) 투숙기간 중 발생될 수 있는 긴급상황 대처 및 사고 예방
4) 정확한 투숙자의 Check In & Out 파악 및 전산처리

5. 공항 영접/수송

가. 공항 영접

1) 초청연사 공항영접 및 입출국 교통 편의 안내
2) 초청연사 입출국 상황 파악
3) 행사장 이동 시 교통편 제공
4) 주차장 확보
5) 각종 수송관련 안내 표시물 제작 및 설치

나. 참가자 수송

1) 공식항공사 지정: 대한항공 or 아시아나
2) 공식항공사 지원 요청사항
   ① 세미나 참가자 항공료 할인
   ② 세미나 참가자 항공권 우선 예약
   ③ 항공편 예약, 변경, 재확인 업무
   ④ 공항, 터미널에서 호텔까지 셔틀버스 서비스 제공
   ⑤ 행사 중 필요 시 차량 예약 및 운행

V. 홍보 및 마케팅 계획

1. 기본 전략

구 분	내 용
사전 홍보	· 참가자 유치 강화 - 한 · 중 · 일 유명배우 및 감독 초청 세미나를 통한 이미지 제고 및 화재성 유발 - 세미나 관련 로고 디자인 공모를 통해 사전 붐 조성 - 영화관련 참가자들의 커뮤니티 구성을 위한 모임 마련을 통한 참가율 제고 및 친밀감 강화 대국민 공감대 형성 - 공중파 방송과 연계하여 영화기술교류세미나 홍보와 영화 잡지사를 이용한 홍보로서 광범위 홍보 실시 - 사전 및 세미나기간 중에 한 · 중 · 일 유명배우 초청을 통해 연예가 프로그램에 세미나에 대한 정보노출 유도 - 설명회 개최 1) 한 · 중 · 일 영화인들 대상 설명회 2) 영화 관련 교수 및 학생들 대상 설명회
기간 중 홍보	· 문화관련 VIP 초청으로 신문지상 홍보
사후 홍보	· 대회 참가자들에게 감사표시를 위해 대회 결과 홍보물 발송, 세미나에 대한 인지도 및 만족감 제고, 중요 회의내용을 영상물로 편집하여 대회의 파급효과 기대, 언론사의 세미나에 대한 평가 기획기사화로 화제성 지속

Ⅲ. 서울·중국 산업 EXPO

서울·중국 산업 EXPO는 중화인민공화국 건립 50주년 기념에 의해 제안되었던 실무 기획제안서이다. 본 기획서에서는 행사내용에 따른 세부운영과 기획, 홍보, 전시업체 유치, 제작, 진행 등의 업무추진에 따른 세부일정표를 중심으로 기획 학습 시 그 실무기획력이 배가될 것이다.

중화인민공화국 건립 50주년 기념

'XX 서울 · 중국 산업 EXPO 제안서

2XXX. X

주 최 : 중국대외무역촉진위원회, 한국무역협회(예정)

주 관 : 'XX 서울·중국 산업 EXPO 조직위원회(가칭)

기 획 : (주)XX XXX

목 차

Ⅰ. 기획 개요
1. 기획 목적
2. 행사 개요
3. 진행조직도
4. 행사장 구성
5. 행사 구성

Ⅱ. 행사계획
1. 산업전시
2. 투자설명회
3. 공식행사
1) 전야제
2) 개막식
3) 폐막식
4) 중국어 연극제
5) 논문 공모전

Ⅲ. 세부 운영계획
1. 기획관련 업무 기본 방침
2. 진행관련 업무 기본 방침
3. 행사장관리 기본 방침
4. 운영관리 방침
5. 시스템 관리 방침

Ⅳ. 업무 추진 일정표
1. 기획관련 업무표
2. 홍보관련 업무표
3. 부스 유치관련 업무표
4. 제작관련 업무표
5. 진행관련 업무표

Ⅴ. 홍보계획
1. 목표 및 기본 전략
2. 매체 홍보

Ⅵ. 예산 계획
1. 총괄표
2. 수입부문
3. 지출부문

Ⅰ. 기획 개요

1. 기획 목적

중화인민공화국 건립 50주년을 기념하고 사회주의 시장경제방식의 높은 경제발전 성과를 집대성하는 중국 산업 EXPO를 대한민국 서울에서 개최하여 두 나라의 미래지향적 동반자 관계를 증진시키고, 함께 세계 시장을 개척해 나갈 수 있는 계기를 만든다.

↓

산업 전시

- 첨단기술 공업제품(전기, 통신, 전자, 화공)
- 중공업제품
- 경공업제품
- 생활용품

↓

- BUYER 상담으로 수출 확대
- 중국 내 투자유치 확대
- 첨단기술 교류
- 양국 간 무역 불균형 해소

2. 행사 개요

행사명	중화인민공화국 건립 50주년 기념 'XX 서울 · 중국 산업 EXPO
주 제	21세기 아시아 산업 르네상스를 향하여(가칭)
일 시	1안 행사일시 XXXX년 XX월 X일(금)~X일(일) : X일간 10 : 30 개장 / 21 : 00 폐장 / 22 : 00 전 행사 종료
	2안 행사일시 XXXX년 XX월 X일(금)~X일(일) : X일간 10 : 30 개장 / 21 : 00 폐장 / 22 : 00 전 행사 종료
징 소	서울 여의노 특설전시장
대 상	한국 국민 및 주한 외국인, 해외 바이어 및 관광객
행사 내용	① 산업전시 ② 투자설명회 ③ 공식행사
주 최	중국대외무역촉진위원회, 한국무역협회, 내외 경제(예정), 주한중국대사관
주 관	'XX 서울 · 중국 산업 EXPO 조직위원회(가칭)
후 원	중국대외경제무역위원회, 한국무역협회, 중국 CCTV, 중국인민일보, 한 · 중우호협회, KBS, 산업자원부

3. 진행조직도

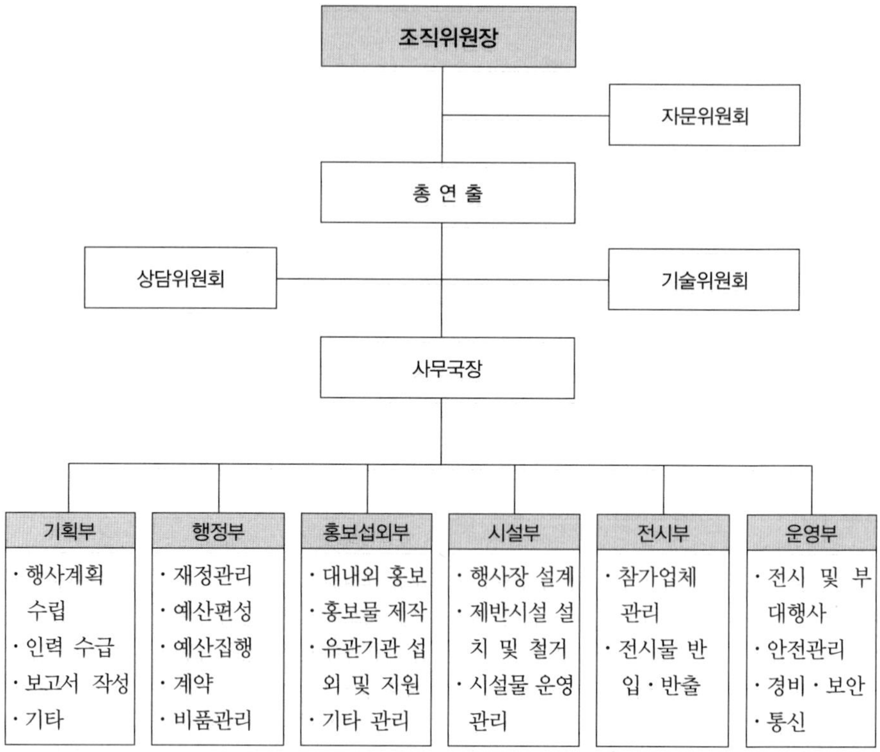

4. 행사장 구성

위 치	서울특별시 여의도동 23번지
장소명	여의도 종합전시장, 통일주차장
행사장 규모(11,340㎡)	통일 전시장 12,960㎡(4,000평)
구 성	· 첨단기술제품관(1,200㎡) · 중공업제품관(1,500㎡) · 경공업제품관(1,800㎡) · 원자재전시관(1,000㎡) · 생활용품관(1,800㎡) · 투자설명회(1,200㎡) · 사무국, 편의시설(1,500㎡) · 만남의 광장 : 2개소(1,500㎡) · 기타(1,460㎡)
교통편	· 지하철 5호선 여의나루역 및 여의도역 근접 · 버스정류장 근접으로 교통 용이
비 고	외벽은 만리장성, 출입구는 산해관, 가욕관 묘사

5. 행사 구성

'XX 서울·중국 산업 EXPO

1. 산업전시

① 첨단기술제품관
② 중공업제품관
③ 경공업제품관
④ 생활용품관

2. 투자설명회

① 각 성/시의 날 제정
② 각 성/시의 투자설명회
③ 각 성/시의 문화 소개
④ 각 성/시의 투자 상담

3. 공식행사

① 전야제
② 개회식
③ 폐막식
④ 중국어 연극제
⑤ 논문 공모전

Ⅱ. 행사계획

1. 산업 전시

1) 전시 기본 Concept

각 분야별 산업물품전시	운 영
○ 첨단산업기술제품관 (전기·전자·통신·화공)	○ 무역 상담데스크 운영
○ 중공업제품관	○ 원활한 상담을 위한 통역 서비스
○ 경공업제품관	○ 중국기업 투자유치 확대
○ 원자재전시관	
○ 생활용품관	

→ 성공적인 산업 EXPO

2) 전시장 구성 계획

구 분	예정부스	전시내용	운영방향	비 고
첨단산업기술제품관	60부스 (1,200㎡)	· 전자 · 통신 · 전기 · 항공 · 첨단소재	· 진행요원 배치 · 컴패니언(Companion) 배치 · 통역사 배치 · 안전관리 · 도난방지 · 관리일지 작성 · 동선 유도 · 홍보책자, 판촉물 제공 · 운영요원에 대한 사전교육 → 업무 표준화 · 매일 개관 전과 폐관 후 수량 파악	· 휴게실 · 상담실 · 안내데스크
중공업제품관	60부스 (1,500㎡)	· 화학 · 기계 · 건설 · 에너지산업		
경공업제품관	100부스 (1,800㎡)	· 섬유 · 식품 · 완구류		
원자재전시관	50부스 (1,000㎡)			
생활용품관	100부스 (1,800㎡)	· 생활용품 · 수공업		
총 계	부스(7,300㎡)			

3) 부스 운영방안

구 분		내 용	비 고
기본제공	부스규격	가로 3m × 3m × 2.5m	
	전력량	삼상 380V~450V 단상 220V~100V	
	사용시간	개장 전 09 : 00 ~ 폐관 후 22 : 30	
	책상 및 의자	각 1개(60cm × 90cm), 기본	
	상호 간판	1개(300cm × 50cm)	
	전기	조명용 백열등 1개(100W)	
신청사항	상수도 사용료	1톤당 1,100원	
	하수도 사용료	1톤당 540원	
	전기	실비 정산(1kW / 1h당 120원)	
	전화	실비 정산(예치금 100,000원)	
	디스플레이	개별 견적에 의한 시공	
관리사항	전시장 설치기간	XX월 X일 ~ X일(X일간)	
	부스 설치기간	XX월 X일 ~ X일(X일간)	
	물품 반입기간	XX월 X일 ~ X일(X일간)	
	물품 반출기간	XX월 X일 ~ X일(X일간)	
	부스 철거기간	XX월 X일 ~ X일(X일간)	
	전시장 철거기간	XX월 X일 ~ X일(X일간)	

2. 투자설명회

구 분	내 용	비 고
일 시	20XX년 XX월 X일~X일(매일 14 : 00 – 16 : 00)	
장 소	· 투자설명회장(600㎡) · 각 성 · 시 투자상담실(600㎡)	
인 원	300~350명	
대 상	· 한국 內 기업인 · 중국 투자에 관심 있는 者 · 기타	
연출의도	중국 각각의 省 · 市가 선정한 하루를 "省 · 市의 날"로 선포하여 투자설명 및 문화 소개	
행사내용	· 각 省 · 市별 투자설명 · 개별 투자상담 · 진행 프로그램은 각 省 · 市 정부와 협의 후 결정	

3. 공식행사

순번	행사명	일 시	내 용	비 고
1	전야제	XX. XX. X 18 : 00 – 11 : 30	· 리셉션 · 축등 퍼레이드 · 공연 · 불꽃놀이	
2	개막식	XX. XX. X 11 : 00 – 11 : 30	· 개막식 · 퍼레이드 · 공연	
3	폐막식	XX. XX. X 18 : 00 –	· 폐막식 · 폐막공연	
4	중국어 연극제	예선 : XX. XX. XX ~ XX 본선 : XX. XX. XX	· 각 대학 중국어과 대학생	우승팀 : 중국 여행티켓 제공
5	논문 공모전	접수 : XX. XX. XX ~ XX 심사 : XX. XX. XX ~ XX 발표 : XX. XX. XX 시상 : XX. XX. XX	· 주제 : 아시아 경제 활성화방안 · 대상 : 대학생 경제 관련 논문	포상 : 중국 국비장학생 선발

1) 전야제(문화대제전과 공동 진행)

가. 전야제 개요

구 분	내 용	비 고
일 시	20XX년 XX월 X일 18 : 00 - 21 : 00	
장 소	여의도 행사장 : 여의도 시민공원 야외 무대	
예상인원	· 행사 관계자 : 250명 · 행사 참가자 : 5,000명 이상 · 안전 요원 : 300명	도우미 활용
대 상	· 한 · 중 정치 경제 인사 · 재한 중국인 · 주한 외국인 · 행사에 관심이 많은 일반인 · 전시회 참가업체 전원 · 기타	
연출의도	· 중국산업 EXPO행사의 시작을 알린다. · 중화인민공화국 건립 50주년 홍보 · 한 · 중 문화교류를 위한 청소년 가수 합동공연	
행사구성	· 축등 퍼레이드 · 중국 폭죽놀이 · 중국 전통용춤 시범 · 소수민족 전통무용 · 소림사 무예 · 중국 국립 서커스 묘기 · 인형극팀의 재롱 · 청소년 가수 공연 · 리셉션	
비 고	· 퍼레이드 코스 : 행사장 → MBC → 여의나루역 → SBS → 동아일보 → KBS → 여의도 시민공원 공연장	

나. 전야제 세부 프로그램

순번	시 간	항 목	내 용	비 고
1	17 : 30 - 17 : 50	앞풀이	· 출연진 전원 퍼레이드 준비 · 전원 대기상태에서 장기자랑 · 퍼레이드 동참 일반인 응집	
2	17 : 50 - 18 : 00	대기	· 퍼레이드 순서로 정렬 · 정렬상태로 장기자랑 · 축등팀 대기 · 행운의 오색띠 일반 참가 대기 · 시차별 도로통제 확인 · 선도 통제차량 대기	
3	18 : 00 - 18 : 30	퍼레이드	· 행사장 출발 · MBC앞 1차 장기 연출 · SBS, 국민일보 앞 2차 장기연출 · KBS, 동아일보 앞 3차 장기연출 · 여의도 시민공원 광장 도착	
4	18 : 30 - 19 : 00	뒤풀이	· 전 퍼레이드팀 무대 앞에서 장기 · 진행요원 축하공연 준비 확인 · 중국 전통용춤팀 공연	
5	19 : 00 - 21 : 00	축하공연	· 축하공연 개회 멘트 · 개회 인사 · 인기 가수 공연(한 · 중) · 소림사 묘기 일부 · 국립기예단 묘기 일부 · 인형극 인사 · 소수민족춤 일부	
6	21 : 00 -	폐 회	· 사회자 폐회 멘트	

2) 개막식(문화대제전과 공동 진행)

가. 개막식 개요

구 분	내 용	비 고
일 시	19XX년 XX월 X일 11 : 00 a.m.	
장 소	여의도 행사장	
예상인원	· 행사 관계자 : 250명 · 행사 참가자 : 800명 이상 · 기자단 : 30명	
대 상	· 한 · 중 정치 · 경제 인사 · 재한 중국인 · 주한 외국인 · 행사에 관심이 있는 일반인 · 기자단 · 기타	
연출의도	· 산업 EXPO 행사의 개막을 알린다. · 산업 EXPO의 홍보 극대화를 위해 화려한 거리 퍼레이드 연출	
행사구성	· 개막의식 · Tape Cutting · 개막 공연 · 거리 퍼레이드 · 리셉션	
비 고	· 퍼레이드 코스 : 행사장 → MBC → KBS별관 → 거평마트 → 증권거래소 → 행사장	

나. 개막식 프로그램

번호	시 간	항 목	내 용	비 고
1	10 : 30 – 10 : 50	개막식 준비	· 진행요원 개막식 준비 · 개막식 관계자 전원 대기 · 행사 소품 및 시스템 체크 · 행사 음악	
2	10 : 50 – 11 : 00	대 기	· 개막식 관계자 정위치 · 참가자 전원 착석 유도 · 전 진행요원 정위치	
3	11 : 00 – 11 : 50	개막식	· 개회 멘트 · 중화인민공화국 국민의례 · 대한민국 국민의례 · 중국 산업 EXPO 경과보고 · 개막인사(중국 고위인사) · 축사(한국 고위인사) · 개막 축하공연 · 폐회 멘트 · Tape Cutting · 행사장 참관 (공연장 → 소수민족촌 → 미락전)	
4	11 : 50 – 13 : 00	리셉션	· 중국음식 오찬 · 소수민족춤, 인형극, 소림사 무예 등 공연 하이라이트 소개	
5	11 : 30 – 12 : 00	퍼레이드	· 중국 용춤팀 · 소수민족 · 인형극 · 소림사 · 국립기예단	

3) 폐막식(문화대제전과 공동 진행)

가. 폐막식 개요

구 분	내 용	비 고
일 시	19XX년 XX월 X일 18 : 00	
장 소	여의도 행사장	
예상인원	· 행사 관계자 : 250명 · 행사 참가자 : 500명 이상 · 기자단 : 20명	
대 상	· 한 · 중 정치 · 경제 인사 · 재한 중국인 · 주한 외국인 · 행사진행 관계자 및 참관자 · 기자단 · 기타	
연출의도	· 중국 산업 EXPO 행사 폐막을 알린다. · 서울 개최 중국 산업 EXPO 폐막의 아쉬움과 미래의 만남을 기약하는 장으로 연출	
행사구성	· 폐막 의식 · 폐막 공연 · 석별의 장	
비 고		

나. 폐막식 프로그램

순번	시 간	항 목	내 용	비 고
1	17 : 00 - 17 : 50	폐막식 준비	· 진행요원 폐막식 준비 · 폐막식 관계자 대기 · 행사 소품 및 시스템 체크 · 폐장 안내방송	
2	17 : 50 - 18 : 00	대 기	· 폐막식 관계자 정위치 · 참가자 전원 착석 유도 · 전 진행요원 정위치	
3	18 : 00 - 18 : 30	폐막식	· 개회 멘트 · 중화인민공화국 국민의례 · 대한민국 국민의례 · 중국 문화대제전 결과보고 · 폐막 인사 · 감사패 전달 · 폐회 멘트 · 폐막 공연	
4	18 : 30 - 19 : 30	석별의 장	· 참가자 전원 석별가 합창 · 참가자 전원 강강술래 · 참가자 전원, 아쉬움과 미래를 기약하는 건배	

4) 중국어 연극제

구 분	내 용	비 고
일 시	· 예선 : 19XX년 XX월 X일~X일 · 본선 : 19XX년 XX월 X일, X일(2일간)	
장 소	· 여의도 전시장 內 이벤트 행사장	
참가 대상	· 한국 內 중국 관련학과 재학생	
심사위원	· 한국 內 중국 문화계 인사 및 교수 · 주한중국대사관 직원	
시상 내역	· 대상, 금상, 은상, 동상, 각 1팀	

5) 논문 공모전

구 분	내 용	비 고
주 제	· 아시아경제활성화방안	
참가 대상	· 대학 및 대학원 재학생	
일 정	· DM 발송 : 19XX년 X월 X일~X일 · 접수 : 19XX년 X월 X일~X일 · 심사 : 19XX년 X월 X일~X일 · 시상 : 19XX년 X월 X일	
심사위원	· 경제연구소 위원(양국) · 경제관련 대학 교수(양국) · 재정경제부 소속 공무원(양국)	
시상 내역	· 대상, 금상 각 1편 · 은상 : 2편 / 동상 : 3편 / 장려상 : 5편	

Ⅲ. 세부 운영계획

1. 기획관련 업무 기본 방침

행사 참가자 기본원칙

· 안전사고 발생 시 진행요원 및 컴패니언에 의한 참가자 통제
· 입장 및 퇴장은 행사장 및 Booth를 중심으로 동선 유도

컴패니언 업무

· 참석 행사관계 단체장 파악 : 추후 협의
· 주요 VIP 초청 대상자 : 추후 협의

행사 장소 인허가 및 계약업무

· 행사장 담당관할 : 구청, 동사무소, 경찰서, 소방서
· 행사장 인허가
◈ 사용기간 : 설치 및 철거 포함
◈ 사용에 따른 협의사항
- 제반시설 사용
- 홍보물(배너, 유도사인물 등) 설치 관련
- 무대 설치 및 Booth 설치
- 교통 통제 및 행사장 내 질서 유지, 경비 관리
- 통신시설 및 시설 손·망실 처리방법

교통 및 수송

· 행사장비 수송
◈ 대상 장비 및 소요차량 분석, 수송계획 수립
◈ 참가업체 및 참관자 주차 협의
· 참가자 단체 수송방안 강구
◈ 가능한 단체버스 이용
◈ 일반 참가자는 개별주차 원칙

컴패니언 선발 및 교육

① 선발・방법 : 서류(이력서) 심사 및 면접을 통하여 선정
・자격 : 용모 단정하고 책임감 있는 자
② 교육・방법 : X일 소집하고(2일 이론교육, 3일 현장교육)
・교육내용 : 'XX 서울・중국 산업 EXPO에 대한 교육/안전 및 관객 대응법 등

진행 및 안전요원 교육

① 선발・방법 : 행사기간 동언 상주 가능한 자 선발 및 유경험자
・자격 : 용모단정한 자
② 교육・방법 : X일 소집교육
・교육내용 : 'XX 서울・중국 산업 EXPO에 대한 교육/관람객 대응법/일반적 유의사항/업무분장
③ 업무・업무내용 : 동선유도・행사장 내 안전 유도・담당구역 운영

안내데스크 운영

① 위치 : 행사장 입구(주 출입구에서)
② 안내데스크 운영 방침
・내방객 안내 및 업무 기록
・전문지식이 필요한 문의사항은 Staff에게 안내
・친절을 최우선으로 안내

물품 도난 및 파손 방지

① 매일 개관 전, 폐관 후 수량 파악
② 개관 중 도난 및 파손 방지/파손 시 즉각 수리 및 대체
③ 전문 경비업체 계약

기 타

① 음료추진 : 행사장 주변에 음료수대 배치
② 초청장 관리 : 제작 배포 및 관리사항 추후 협의

2. 진행관련 업무 기본 방침

행사운영

① 본부 관리 : 기획부
② 행사장 관리 : 시설부
③ 전시장 관리 : 전시부

운영 상황실

① 전시장 업체별 Staff 동원 : 전문단체 및 일반용역업체 동원
② 대기 내 보조업무를 위한 인력지원

전시 운영 준비

① Que-Sheet : 전시장 상황별 운영 매뉴얼 작성
② 전시 관련인 : D-30일까지 섭외 완료
③ 음악 준비물 : 행사용 음악은 D-15일까지 준비
④ 행사용 소품 : 진행용 소품준비 D-7일까지 완료

행사진행 리허설 계획

① 일시 : XXXX년 X월 XX일~XX일. 최종 리허설 : XXXX년 X월 XX일
② 참가대상 : Staff, 현장진행요원 전원, 리허설이 필요한 퍼포먼스 출연자
③ 준비물 : 현장 배치도, 수칙사항 등
④ 행사 동선 마킹 및 상황 점검

청소업무

① 청결상태 유지로 쾌적한 관람환경 / 분위기 조성
② 미화요원이 순회청소로 항상 청결상태 유지
③ 개장에 대비한 일제 청소 완벽 실시
④ 이벤트 진행 시 쓰레기 발생분에 한하여 Break Time에 처리

혼잡대책

① 입구, 출구 대기공간의 명확한 구분으로 질서 유지
② 안내홍보에 의한 유도 : 안내사인물 이용
③ 관람객 동선의 규제 : 동선의 변경, 자연스러운 제한 유도
④ 진행요원 배치로 일시 밀집현상 방지
⑤ 대기공간 확보와 행렬의 질서유지 동선 조성
⑥ 컴패니언, 진행요원의 원활한 동선 유도

안전 / 경비

① 목적에 따른 주요업무와 돌발사태에 따른 경비체제 확립
② 개장시간대(주간) 경비체제 : 행사장 내 돌발사태 발생 시 청원경찰 지원
③ 폐장 시간대(야간) 경비체제 : 순찰업무, 자체요원이 처리 불가능사태 발생 시 청원경찰과 연계 대응

3. 행사장관리 기본 방침

① 관람객의 자발적인 참가로 일체감 조성
② 안전, 쾌적, 청결 유지 : 난장과 확실한 차별화
③ 강제 동선 유도를 통해 관람 동선의 유기적인 효율성 구현
④ 안내, 관리, 진행, 안전요원의 업무 분장 명료화
⑤ 홍보책자, 판촉물 제공을 통하여 2차 광고효과 기대(필요 시)
⑥ 운영요원 사전교육 및 표준업무 확립으로 전시효과 극대화

4. 운영관리 방침

1) 전시장 설영 특허

• 여의도 종합전시장을 보세 전시장 설영 특허를 받아 운영

2) 전시품 반·출입

구 분	화물구분	산출내역	금 액
부두 사용료	L C L	C B M당 U$15	MIN U$15
	F C L	1 × 20″	U$100
		1 × 40″	U$145
창고료			실비청구
보세운송 수수료		B / L(선하 증권) 1건당	U$15
운송비 (인천 → 전시장)	L C L	CBM당 U$30	MIN U$120
	F C L	1 × 20″	U$300
		1 × 40″	U$450
전시장 작업비	L C L	CBM당 U$40	MIN U$140
	F C L	1 × 20″	U$1,000
		1 × 40″	U$2,000
통관수수료		CIF × 2 / 1000	MIN U$40
세관 파출 검사료		B / L 1건당	U$10
소모품 통관료		업체당	U$30
제수수료		B / L 1건당	U$30
비 고	· FCL(인천 → 전시장 일체비용) - 1 × 20″ → 약 U$1,500 - 1 × 40″ → 약 U$2,700 · LCL : CBM별로 금액 산출		

① 반입 시 비용 : 인천부두 사용
② 반출 시 비용 : 반입 시 비용과 동일(창고료, 세관 파출검사 수수료 제외)
③ 상기 비용은 부가세가 포함되지 않은 비용이며 환율변동 등에 의하여 변동될 수 있음

3) 전시물품 판매 시

① 전시장에서 판매할 것을 목적으로 하는 물품은 수입신고 처리 후 사용 가능
② 전시를 목적으로 하지만, 관람자에게 직매될 경우에는 수입신고가 처리된 후 매수인에게 인도
③ 전시장 파견 세관 공무원의 확인으로 수입신고 처리 결정
④ 수입신고 시 제세 내역
- 감정가격 : 수입신고 가격(CIF)
- 관세 : 품목별로 감정가격에 관세율표에 따른 세율 적용
- 특소세, 교육세
- 부가세 : (관세 + 특소세 + 교육세) × 10%

5. 시스템 관리 방침

업 무 \ 직 위		스태프	진 행	도우미	통 역	경 비	미 화	계	비 고
사무국	상황실	1	2		1	1		5	
	기획 행정	1	1					2	
	운영관리	1	1		1	1	1	5	
	시설관리	1	1					2	
	전시관리	1						1	
	홍보 섭외	1						1	
전시	첨단산업관		1	4	1	2	2	10	
	중공업관		1	4	1	2	2	10	
	경공업관		1	4	1	2	2	10	
	생활관		1	4	1	2	2	10	
투자설명회			1	3	1	2	1	8	
안내소				5		2	1	8	
입·퇴장 관리			2			2	1	5	
총 계		6	12	24	7	16	12	77	

Ⅳ. 업무 추진 일정표

1. 기획관련 업무표

내 용 \ 月	1	2	3	4	5	6	7	8	9	10	11	비고
기획운영 제안서 승인	➡											
대행계약 체결	➡											
행사장 대관		➡										
시설사용 협의		➡										
세부운영계획 수립	➡	➡										
세부운영계획 승인		➡										
일반 행정업무		➡	➡									
인력수급 계획수립		➡	➡									
행사 인허가/관공서			➡	➡								
행사진행본부 운영안			➡	➡								
동선계획 수립			➡	➡								
시스템계획 확정			➡	➡								
각종 지원반 구성				➡	➡							
교통 및 수송계획				➡	➡							
홍보물 제작 지원					➡	➡						
퍼포먼스 출연진 계약					➡	➡						
의전계획 수립		➡	➡									
초청 계획 및 초청								➡	➡			
보조스태프 선발, 교육								➡	➡			
현장추진본부 구성												
리허설						➡	➡					
숙소계약												

2. 홍보관련 업무표

내 용 \ 月	1	2	3	4	5	6	7	8	9	10	11	비고
애드벌룬 시안 및 발주					➡	➡			➡			
유도사인물					➡	➡			➡			
TV Program 기사화							➡	➡				
Press Kit 발송								➡				
보도 의뢰 / 지면 확보							➡	➡				
행사장 스케치기사									➡	➡		
포스터 제작, 배포						➡		➡	➡			
프로그램 제작, 배포						➡		➡	➡			
초청장, 인쇄물						➡	➡	➡	➡			

3. 부스 유치관련 업무표

내 용 \ 月	1	2	3	4	5	6	7	8	9	10	11	비고
참여대상 협의·확정	➡	➡										
부스참가 원칙 확정			➡									
대사관 중심 1차 조사	➡											
참가안내 DM 발송			➡									
방문 및 2차 조사		➡										
1차 참가업체 확정				➡								
가계약금 납부					➡							
2차 참가업체 확정						➡						
계약금 납부							➡					
참가자 최종 확정						➡	➡					
잔금 납부								➡				
행사장 손망실 협의		➡									➡	
행사장 철수											➡	

4. 제작관련 업무표

내 용 \ 月	1	2	3	4	5	6	7	8	9	10	11	비고
콘셉트 디자인	➡	➡										
디자인 확정		➡	➡									
설 계		➡	➡				➡					
시공협의 / 관련기관						➡	➡					
투시도 작성							➡	➡				
내부 Display 확정								➡				
현장 시공계획 확정								➡				
현장 설치									➡			
시스템 설치									➡			
개별 부스 입점									➡			
전시물 협의 확정	➡	➡				➡	➡					
전시물 계획 확정							➡					
전시장 제작									➡			

5. 진행관련 업무표

내 용 \ 月	1	2	3	4	5	6	7	8	9	10	11	비고
Staff 최종 결정								➡				
인력수급 계획						➡	➡					
안전대책							➡	➡				
보험관련 업무							➡	➡	➡			
현장 운영매뉴얼 작성							➡	➡	➡			
보조스태프 선발, 교육									➡			
현장 리허설									➡			
전시품 철수											➡	
전시장 철거											➡	
전시행사 보고서 작성											➡	

Ⅴ. 홍보계획

1. 목표 및 기본 전략

중국 산업 EXPO에 대한 인지도 및 이미지 제고 ⇨ 광범위한 참여 유도와 언론매체의 화제성 유발

1단계	· Press Kit와 연계 프로그램을 통한 Boom-Up 및 News Release 효과 · TV, 라디오 프로그램에 중국 산업 EXPO 소개
2단계	· 이벤트 행사를 통한 Publicity · 직접 프로모션을 통한 홍보 극대화
3단계	· 전체적인 행사에 대한 실질적 효과 및 지속적인 관심 유도 · 이벤트를 통해 주최자와 관객을 프로그램화한다.

구분			
시 기	19XX년 X월 ~ 19XX년 X월	19XX년 X월 X일 ~ 1999년 X월 X일	19XX년 X월 X일 ~ 19XX년 X월 X일
목 적	· 화제성 유발 · 기대감 조성	· 인지도 확산을 통한 위상 정립	· 중국산업과 역사 이해 · 다양한 정보 획득

구분		
전개방향	· 사전행사 진행 · 신문매체 연계 · 잡지매체 연계	· 축제분위기 조성 · TV매체 연계 · PC통신, 인터넷 홍보

2. 매체 홍보

1) 전파매체 홍보

구 분	일 시	방 법	비 고
1단계	XX. X. ~ X	· TV 광고, 행사 추진 상황 · 스케치, 행사 관련인 인터뷰 등	
2단계	XX. X. X ~ X	· 전시물의 뉴스화 · 기존 방송 프로그램에 홍보	6시 내고향, 아침마당, 모닝 와이드 등
3단계	XX. X. X ~ X	· 행사장 상황 뉴스화 및 특집 구성	

구 분	광 고	뉴 스	프로그램	비 고
TV공중파	Spot 30회 이상	5회 이상	3개 프로그램	후원업체 KBS
유선 TV	Spot 50회	10회 이상	2개 프로그램	
라디오	Spot 60회 이상	5회 이상	3개 프로그램	후원업체 KBS

2) 인쇄매체 홍보

구 분	광 고	방 법	비 고
1단계	XX. X. X ~ X	· 중앙지 및 전문지 행사 스케치, 기사화 주력	
2단계	XX. X. X ~ X	· 중앙지 및 주간지에 행사 내용 소개, 기사 및 특집화	주간지 특집 4page 구성
3단계	XX. X. X ~ X	· 경제지 경제관련 특집화(아시아 경제의 방향 등)	

3) 옥외매체 홍보

구 분	광 고	방 법	비 고
1단계	XX. X. X ~ X	· 전광판, 플래카드, 현수막, 육교현판	
2단계	XX. X. X ~ X	· 안내 유도판, 배너, 상징탑, 전광판	
3단계	XX. X. X ~ X	· 이벤트 옥외 홍보물	

Ⅳ. 부산국제교육산업전

부산국제교육산업전은 꾸준히 확대되어 가는 우리나라 교육시장과 2월 신학기를 맞아 제2의 도시인 부산에서 개최되었던 기획제안서이다.

즉, 본 기획의 의의처럼 급변하는 교육정보화시대에 올바른 국내외 교육정보 교류를 통한 21세기 첨단국제 해양항만도시로서의 전문인재 육성 및 경쟁력 강화에 목적을 두어 전문 기술교육에서 일반교육, 조기교육에 이르기까지 다양한 교육 정보와 용품, 기자재, 체험 이벤트 등이 개최되었다.

모든 교육정보가 여기에…

20**

20 부산국제교육산업전 조직위원회**

■ 목 차

1	전시회의 목적
2	전시회의 개요
3	전시관 구성
4	홍 보 계 획
5	전시참가 신청안내
6	부스 설치 및 철거
7	전시회 기간 중 준수사항
8	전시장 경비 및 전시품 관리
9	전시품 선적 및 통관
10	부 대 시 설
11	주차권 / 출입증 / 초대권 / 개관식 초청장
12	참가업체 홍보 및 광고 안내
13	참가업체와 바이어를 위한 현장 서비스
14	기 타

1. 전시회의 목적

급변하는 교육정보화시대에 올바른 국내외 교육정보 교류를 통한 21세기 첨단 국제 해양항만도시로서의 전문인재 육성 및 경쟁력 강화에 본 행사의 목적이 있다. 전문 기술교육에서 일반교육, 조기교육에 이르기까지 다양한 교육 정보와 용품, 기자재, 체험 이벤트 등 교육의 비전을 제시한다.

2. 전시회의 개요

1) 전시회 명 : 20XX국제교육산업전
2) 테마 : 모든 교육 정보가 여기에!
3) 일시 : XXXX. X. XX(X) ~ X월 X일(X) / X일간
4) 장소 : 부산전시컨벤션센터(BEXCO)
5) 참가 업종
   ① 해외교육관 : 해외 전문교육 관련, 해외 일반교육 관련
   ② 국내교육관
      *일반교육학원, 전문기술(자격증)관련 대학 및 학원
      *평생교육관련센터 및 기관
   ③ 교육홍보관
      *사이버교육관련 기관 및 업체, 방송교육관련 업체
      *해외 교육홍보(각국 대표 전문기술교육 홍보단체)
   ④ 교육자료관
      *국내외 교육용품(학습교재 및 용품업체 등)
      *국내외 교육기자재(과학, 예체능, IT, 일반 등)
   ⑤ 교육체험관
      *적성 / 직능 테스트관련 업체, 두뇌개발, 두뇌클리닉 등
6) 참관 대상 : 부산 및 인근 도시의 학생, 일반, 학부모

7) 관람 인원 : 100,000명(예상)

8) 주최 : 부산전시컨벤션센터(BEXCO), 부산 MBC, XXXX

9) 주관 : 20XX 부산국제교육산업전조직위원회

10) 후원 및 협찬 : 차후 지정

3. 전시관 구성

1) 해외교육관

테 마	구 성 내 용
유학, 교육이민 이렇게 시작하십시오!	해외 교육 정보를 전시 · 전문화시대에 맞는 해외 전문교육 : 메이크업, 요리, 미용, 마사지, 네일아트, 패션, 디자인, 애니메이션, 음악, 발레, 승마, 골프, 스키, 미술, 영화, 연극, 모델, 어학연수 등 · 각 국가의 교육시스템 홍보 및 일반 유학상담 등 · 해외 인턴십 관련 기관 및 단체

2) 국내교육관

테 마	구 성 내 용
교육 정보에 대한 고민은 이제 그만!	· 일반교육학원 : 입시, 어학, 피아노, 발레, 웅변, 컴퓨터, 학습 등 · 전문 기술교육학원 : 메이크업, 요리, 미용, 마사지, 네일아트, 패션, 디자인, 애니메이션, 음악, 발레, 골프, 스키, 미술, 연기, 모델, 검정고시, 전문자격증, IT 등

3) 교육자료관

테 마	구 성 내 용
Start! 신학기 준비!	· 일반 학습교재 및 용품(기자재) · 전문 학습교재 및 용품(기자재) : 전문기술 기자재, 천체, 자연 및 예·체능 관련 기자재, 컴퓨터 및 주변기기 등

4) 교육홍보관

테 마	구 성 내 용
홍보는 여기에서	· 각국 대표 전문기술교육 · 정규교육 및 전문분야(자격증) · 사이버교육 및 방송

5) 교육체험관

테 마	구 성 내 용
교육체험의 즐거움이 여기에!	세미나 · 나도 프로가 될 수 있다! · 전문기술로 성공하는 법! · 성공적인 유학과 교육 이민 이렇게 시작하십시오! · 해외 인턴십 · 수석자들은 이렇게 말한다! 행 사 · 외국어 뽐내기대회(가족 자랑, 부산시 자랑) · 학교 대항 퀴즈대회(중·고등학생) · 레고 쌓기 대회(유치원 대항) · 장원급제 5행시 대회(초등학생) · 애국가 빨리 치기 대회(Speed Typing) · 내 책 후배에게 물려주기 · 프로와의 만남 체험교육 · 두뇌가 좋아지는 체험교실 - 음악, 소리, 체조, 음료 등 · IQ/EQ 테스트, 적성 및 직능 테스트

4. 홍보계획

1) 기본 전략

- 부산 방송 및 중앙 일간지를 통한 홍보

- 참여와 체험의 즐거움이 함께하는 교육 정보의 산실로 홍보
- 관련단체 및 각 사회단체 등과 연계한 교육 Boom 조성

2) 매체별 계획

매 체	내 용
TV	· Spot 30회(MBC) / TV자막광고 20회 이상, 행사관련 뉴스 및 방송
Radio	· Spot 40회(MBC), 행사관련 뉴스 및 방송 프로그램화
신문 / 잡지	· 행사관련 고지, 기획기사 유도
옥외 POP	· 부산시의 주요 시내 홍보탑, 배너현수막, 입간판 등
통신 / 인터넷	· 인터넷을 이용한 행사 홍보, 마니아 클럽 뉴스 제공 · 인터넷 사이트 연계 프로그램 기사화
교육 정보지	· 부산 지역 대학 및 중 / 고등학교에 행사 홍보
기 타	· XX월 중 사전홍보물 배포 · BEXCO Homepage 자체 홍보 · 부산시내 주요 교육센터 및 지하철, 버스정류소, 터미널에 각종 행사 인쇄물에 삽입(포스터, 팸플릿, 쿠폰북 등) · 지하철, 부산 시내버스 현수막 홍보

5. 전시참가 신청안내

1) 참가 비용

구 분	내 용	가 격	비 고
기본 부스	부스(3m × 3m)	1,200,000원	부가세 별도
독립 부스	면적 제공 1㎡당	120,000원	부가세 별도
전기료	실전기료 kW / h당	130원	실비 정산 부스당 예치금 ₩40,000
상하수도료	상 / 하수도 ㎥당	1,400원	
전화사용료	전화가설비	30,000원	사용 요금은 각 업체 이월 국제전화 ₩100,000(가설비 포함)
인터넷(LAN)	사용회선당	100,000원	설치 / 철거 및 사용료 포함

2) 참가 신청

① 참가방법

본 조직위원회에서 배포하는 안내서에 첨부된 신청서 또는 On-Line 신청서를 작성하여 보내 주시고 참가비용의 50%(VAT 포함)를 선납해 주시기 바람(선착순 마감).

② 신청서 접수 : 20XX국제교육산업전 조직위원회 사무국

XX시 XX구 XX동 XX－XX XXXXXX

☎ : 02-000-0000 / Fax : 02-000-0000

E-mail : 가메일@XXXX.NET

③ 참가 신청기한

XXXX년 X월 X일 한

④ 신청 서류

참가 신청서 1부, 사업자등록증 사본 1부

⑤ 참가비 납부

은행구분	계좌번호	예금주
국민은행		
부산은행		
조흥은행		

⑥ 참가비 납입시기

구 분	금액(부가세 포함)	기 한
계약금	참가비 총액의 50%	참가신청서 제출 시
잔 금	참가비 총액의 50%	XXXX. X. XX

⑦ 전시부스 배정

출품업체의 부스 위치는 효율적인 전시장의 구성을 위하여 참가신청순, 전시품목, 전시면적 등을 고려하여 주최 측에서 배정함을 원칙으로 한다.

⑧ 참가업체 가이드북 신청 안내

게재면	색 도	사이즈	광고료(원)	발행 부수
표 2	컬러	A5	1,000,000원	10,000부(예정)
표 3	컬러	A5	500,000원	
표 4	컬러	A5	1,500,000원	
내지	흑백	A5	300,000원	

⑨ 세미나실 이용 안내

20XX국제교육산업전 사무국에서는 전시기간 중 참가업체 여러분이 주최하는 사업설명회의 성공적인 개최를 위해 Seminar실 임대에서 직・간접적인 홍보에 이르기까지 다양한 지원계획을 마련하고 있다. 전시기간 중 개최되는 사업설명회는 관람객들에게 양질의 정보를 제공할 수 있는 좋은 기회가 될 뿐 아니라 설명회를 통한 홍보 극대화 및 정보 교류의 장으로써 제 기능과 역할을 다할 수 있다.

- 일시 : XXXX. X. X ~ X. X
- 장소 : BEXCO 세미나실
- 대상 : 20XX국제교육산업전 참가업체
- 사용료 : XX, XXXX만 원 / 1시간
- 문의 : 00 국제교육산업전 사무국

  ☎ 02-000-0000 / Fax : 02-000-0000

  ✉ : 가메일@XXXX.XXX

⑩ 전시 부스

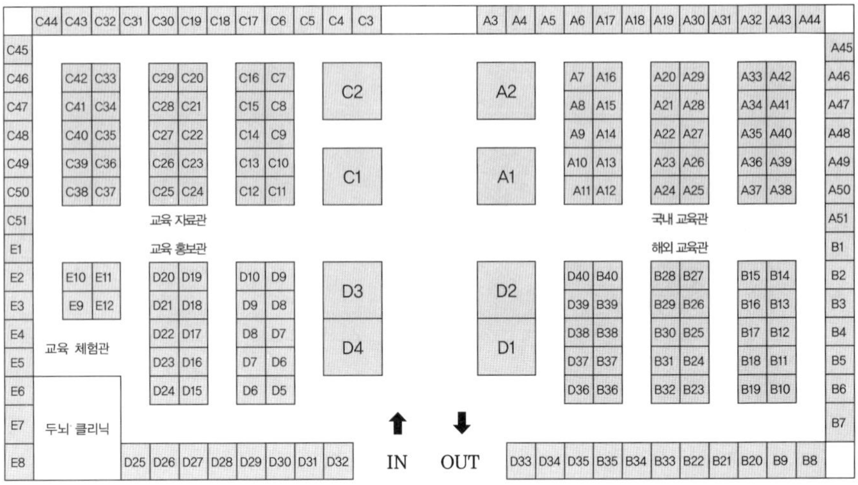

6. 부스 설치 및 철거

가. 유의사항

1) 면적 및 위치

독립 부스 설치는 업체가 신청한 면적과 정해진 위치에 정확히 설치되어야 하며, 장치물 또는 전시품이 통로를 막지 않도록 해야 한다.

2) 기간 및 시간

부스 설치 및 철거와 전시품 반/출입을 위한 시간은 다음과 같다.

- 부스 설치기간
  XXXX. X. X(월)~X. X(화), 시간 : XX : XX - XX : XX
- 전시품 반입기간
  XXXX. X. XX(화), 시간 : XX : XX - XX : XX
- 전시품 반출/부스 철거기간

반출 일자 : XXXX. X. X(일) ~ X. X(월)
반출 시간 : XXXX. X. X(일) XX : XX ~ X. X(월) XX : XX

3) 시간 외 전시장 사용

시간 외 전시장 사용이 불가피할 경우 참가업체는 현장 주최자 사무국에 '시간 외 전시장 사용 신청서'를 제출함과 동시에 해당 사용료를 납부해야 한다.

4) 장치물 / 전시품 설치에 대한 제한

전시장 내 기존 시설물(천장 및 벽면)에는 일체의 장치물 / 전시품을 매달거나 부착할 수 없으며 전시장 내에서는 페인트, 컴프레서, 전기톱 / 대패, 전기 그라인더 등 전동작업공구는 사용할 수 없다. 바닥은 철거가 용이한 제품을 사용해야 한다.

5) 소방법규 준수

전시장치물은 방염 처리되었거나 불연성인 자재를 사용해야 한다. 소화전은 긴급 시 사용할 수 있도록 개방되어야 하므로, 해당부스 내에 소화전이 있는 참가업체는 이곳에 어떠한 장치도 설치할 수 없다.

6) 장치물 / 전시품 중량 제한

전시장 내로 반입되는 장치물과 전시품의 무게는 BEXCO 규정에 따라 다음과 같이 제한한다 : 제1 전시실 – 5톤 / sqm

7) 화물차량 출입구 위치

화물차량의 BEXCO 출입구는 컨벤션센터 뒤쪽 화물출입구를 이용해야 한다.

8) 화물차량 출입제한

전시장 내 작업용 화물차량의 중량, 높이, 운행속도는 다음과 같이 제한한다 : 차량 중량 – 5톤 이하, 차량 높이 – 4.2m(출입구 최대높이)

9) 폐자재 회수

참가업체 및 장치업체는 부스 시공 및 철거 시에 발생되는 각종 쓰레기를 재활용 쓰레기와 산업 폐기물로 분리해야 하며, 산업폐기물은 반드시 자체 수거해야 한다. 만약 이를 이행치 않을 경우 제3자 수거에 따른 비용은 참가업체 혹은 장치업체가 부담해야 한다.

10) 원상복구

참가업체 및 장치업체는 전시장 내 모든 시설물에 손상을 가하지 않도록 주의해야 하며 이를 파손할 경우 원상복구비용 일체를 부담해야 한다.

11) 위험물 반입 제한

가연성 물질과 폭발물, 방사능물질, 액체수은 등 화재의 위험이 있거나 인체에 유해한 물질은 전시장으로 반입할 수 없으며, 불가피하게 전시준비를 위해 반입이 필요할 경우에는 반드시 '위험물 반/출입 허가신청서'를 주최자 사무국에 제출한 뒤 주최자 사무국과 BEXCO의 사전 승인을 받아야 한다.

12) 부산컨벤션센터 운영 규정 준수

부스 설치/철거 시 모든 참가업체와 장치업체는 BEXCO 운영 규정을 준수해야 한다.

나. 독립 부스

1) 설치 및 철거

참가업체는 배정된 독립 부스 위치에 BEXCO에 등록된 장치업체를 통해 개별 시공/철거하는 것을 원칙으로 하며 모든 장치물은 사전에 제작하여 준비기간 내에 조립·시공되어야 한다. 부스 설치/철거 시 참가업체와 장치업체는 'BIEF 2002 참가업체 매뉴얼'에 언급된 모든 지침과 BEXCO 운영 규정을 준수해야 한다.

- 독립 부스 장치물 시공기간 : XXXX. X. XX ~ X. XX(X일간)

- 전시품 반입기간 : XXXX. X. XX(X일간), XX : XX – XX : XX

2) 장치업체 선정

장치업체는 BEXCO에 등록된 용역업체 중에서 선정되어야 하며 참가업체가 BEXCO에 등록된 업체가 아닌 장치업체를 선정함으로써 발생하는 전시장 출입 통제 등 공사진행에 따른 제반 불이익에 대하여 주최자 사무국은 일체 책임을 지지 않는다.

부득이한 사유로 비등록업체를 선정하거나 자체시공이 불가피할 경우에는 사유서와 함께 '독립 부스 설치(변경) 신청서'를 XXXX년 X월 XX일까지 주최자 사무국으로 제출해야 한다.

3) 부스 설계도 제출(이벤트 무대위치 표시)

참가업체 혹은 장치업체는 부스도면을 XXXX년 X월 XX일까지 주최자 사무국에 '독립부스 설치(변경) 신청서'와 함께 평면도와 입면도를 각각 2부씩 제출하여 부스 시공에 대한 사전승인을 받아야 한다. 참가업체는 부스설계도 제출 시 이벤트 무대의 위치를 주최자 사무국에 알려야 하며, 이벤트 무대가 통로에 인접해 있어 인접부스의 거래 상담에 방해가 된다고 판단될 경우 부스시공이 승인되지 않을 수도 있다.

4) 부스 복층 설치

부스의 복층 설치는 BEXCO 운영 규정을 만족시키는 경우에만 가능하다.

- 복층 면적은 사용 면적의 1/3 이내로 해야 한다.
- 복층 계단의 폭은 1.2m 이상으로 해야 한다.
- 복층 내부에는 소화기비치, 안전관리요원을 상주시켜야 한다.
- 복층 출입구 넓이는 0.9m 이상으로 피난방향으로 열려야 하며, 입구 앞 상단에 비상조명을 설치해야 한다.
- 복층 설치 시에도 부스 최고높이(10m)를 초과하여서는 안되며, 안전을 위하여 설치신청서 및 구조 계산근거 자료를 전시 주최자에게 X월 XX일까지 제

출하여 사전 승인을 받아야 한다.

*복층 설치는 전시 주최자와 최종 협의를 거친 후 진행할 수 있다.

5) 부스높이 제한

부스의 최고 높이는 부스의 규모와 위치에 따라 다음과 같이 제한한다.

그러나 경우에 따라 효율적인 전시장 구성을 위하여 주최자 사무국이 부스 최고 높이를 임의로 지정할 수 있다.

6) 전시 종료 전 부스철거 금지

공식적인 폐막일의 폐막시간(XXXX. X. X, XX : XX) 전에는 주최자 사무국의 사전 승인 없이 부스 및 전시품을 철거할 수 없으며, 이를 위반할 시 해당업체는 차기 전시회에 참가할 수 없다.

다. 기본 부스

1) 설치 및 철거 방법

기본 부스 장치공사는 주최자 사무국이 시공업체를 선정, 일괄 시공/철거한다.

- 조립부스 시공기간 : XXXX. X. XX ~ X. XX(X일간)

2) 시공내역

- 업체 간 벽 칸막이 및 부스 내부 바닥 파이텍스
- 국문 상호간판(청색바탕 백색글씨, Lighting Acryl 사용)
- 영문 상호간판(백색바탕 청색글씨, Lighting Acryl 사용)
- 부스번호판(Lighting Acryl 사용) 및 전기배선
- 안내데스크 1개(규격 : 1,000㎜ × 500㎜ × 750㎜) 및 접의자 1개
- 콘센트 1개 및 20W 형광등 1개(부스번호 판용), 40W 형광등 1개(부스 수에 따라 배수 증가)
- 100W 스포트라이트 2개(부스 수에 따라 배수 증가) 및 휴지통 1개

3) 시공내역 추가 및 변경

상기 언급된 시공내역 외에 미팅룸 설치, 참가업체의 심벌 마크/로고 장식, 부스색상 변경 등 설계변경이 필요한 경우 참가업체는 선정된 기본 부스 장치업체에 의뢰해야 하며, 추가적인 서비스에 대한 비용을 부담해야 한다. 세부내용은 해당 장치업체와 협의하여 주시기 바람.

4) 부스 규모별 기립부스 설계도면

매뉴얼 뒤쪽에 있는 설계도면을 참조하시기 바람.

5) 전시품 진열대 및 가구 임대

전시품 진열대 및 가구 등 내부 장치물은 사전에 자체 제작하거나 가구/비품 임대업체(XXXX BIEF 지정업체)로부터 임대하여 기본 부스가 완공된 후 부스 내에 반입하여 설치해야 한다.

7. 전시회 기간 중 준수사항

가. 전시장 출입통제

전시회 행사기간 동안의 전시장 출입시간은 전시품의 도난 방지와 안전을 위해 다음과 같이 모든 참가업체에게 일률적으로 적용한다.

- 전시기간 : XXXX. X. XX(X) ~ X. X(X), X일간
- 운영요원 입장시간 : XX : XX
- 운영요원 퇴장시간 : XX : XX
- 참관객 관람시간 : XX : XX ~ XX : XX

나. 시간 외 전시장 사용

행사기간 동안 전시장치의 보수 등 전시준비를 위해 상기에 명시된 시간 외에

전시장 사용이 불가피한 참가업체는 '시간 외 전시장 사용신청서'를 주최자 사무국에 제출한 뒤 승인을 받아야 하며, 08 : 00 이전 혹은 20 : 00 이후 사용에 대해서는 소정의 시간 외 사용료를 납부해야 한다.

다. 음향통제

영상 / 음향기기를 이용한 이벤트 행사 시 발생하는 음향 방출은 인접 부스상담에 방해가 되지 않도록 해야 한다. 참가업체의 과도한 음향방출(3m 거리에서 측정 시 95dB 이상)로 인하여 전시운영에 방해가 될 경우 주최자 사무국은 해당 부스의 전력차단, 부스폐쇄 등 필요한 조치를 취할 수 있으며, 이로 인한 손해에 대한 책임은 참가업체에게 있다.

라. 통로 이벤트 제한

전시장 통로 혹은 통로에 인접한 곳에서는 공연 또는 이벤트를 할 수 없다. 주최자 사무국은 각 참가업체들의 부스 설계도면 검열 시 공연 또는 이벤트 무대가 인접 부스의 거래 상담에 방해가 될 수 있다고 판단될 경우 해당업체의 부스 시공을 허가하지 않을 수도 있다.

마. 지적재산권 보호

전시회 행사기간 중 모든 참가업체는 다른 회사의 저작권, 상표권, 의장권, 특허권 등 지적재산권을 침해하는 제품이나 서비스를 전시할 수 없다. 만약 BIEF에 전시한 제품이나 서비스가 지적재산권을 위반한 것으로 판명된 사례가 주최자 사무국으로 신고될 경우 해당업체는 지적재산권 위반 품목을 즉시 반출해야 하며 이를 위반하는 참가업체는 차기 전시회 참가 기회가 주어지지 않을 것이다.

바. 지정 장소 외 흡연금지

전시장 내에서는 흡연을 할 수 없다. 다만, 주최자 사무국이 화재 예방을 위하여 필요한 조치를 취하고 경비원을 배치한 지정 흡연구역에서는 예외로 한다.

사. 화환 / 화분 반입 금지

전시장 내에는 화환 및 대형 화분을 반입할 수 없다.

8. 전시장 경비 및 전시품 관리

가. 전시장 경비

참가업체의 부스 및 전시품을 보호하기 위해 주최자 사무국은 전시 준비기간, 전시기간, 철거기간 동안 24시간 경비활동을 한다.

전시장 출입을 위해 참가업체 관계자들은 주최자 사무국이 발급한 출입증을, 장치업체 관계자들은 BEXCO가 발급한 출입증을 반드시 패용해야 한다.

나. 전시품 관리

주최자 사무국이 참가업체 전시품의 도난, 파손, 화재 예방을 위해 24시간 경비 서비스를 제공하지만, 이에 대한 최종적인 책임은 참가업체에 있으므로 참가업체들은 전시품 관리에 만전을 기해야 하며 특히 고가의 전시품 및 장비에 대해서는 개별적으로 보험에 가입할 것을 권함.

1) 개관 전 준비시간 / 폐관 후 점검시간

참가업체 상주요원은 전시품 도난 방지를 위해 전시기간(XX : XX – XX : XX)뿐만 아니라 '개관 전 준비시간'과 '폐관 후 점검시간'에도 전시품 관리에 만전을 기해 주시기 바람.

- 개관 전 준비시간 : 09 : 00-10 : 00
- 폐관 후 점검시간 : 17 : 00-18 : 00

2) 전시품 반출

전시기간 중 전시품 반출이 필요한 업체는 '전시품 반출신청서'를 주최자 사무국에 제출하고 승인을 받아야 한다.

9. 전시품 선적 및 통관

가. 보세구역

BEXCO 전시장에 반입되는 전시품은 2002년 1월 30일부터 2월 3일까지 보세적용을 받게 된다. 보세구역에 반입된 전시품은 세관원의 사전승낙 없이는 일체 다른 장소로 이동시킬 수 없다.

- 보세구역 내에서는 절대 판매행위를 해서는 안된다.
- 참가업체는 국제 간 통관운송 및 전시장 내 작업 시 전시장에 등록된 지정 용역업체를 이용한다.

나. 통관업체 서비스 내용

항공/해상 운송 및 통관상의 서류절차 일체 및 도착화물에 대한 항비 지불 보세창고에 전시품 단기 보관 및 공항(항구)으로부터 전시장까지 보세 운송 전시품 하차 및 부스에 전시품 입고 및 포장해체 및 공박스 보관 및 반출을 위한 장내작업 및 반출 운반

다. 보세 전시품 최종 도착일

- 항공화물 : XXXX년 X월 XX일
- 해상화물 : XXXX년 X월 XX일

라. 보세 전시품 반입/반출 검사

- 반입검사 : XXXX년 X월 XX일(X)~X. XX(X)
- 반출검사 : XXXX년 X월 XX일(X) XX : XX~X. X(X), XX : XX

*모든 전시품은 X월 XX일까지는 반입 요망

*전시품 반/출입 세관검사 시에는 내용물을 상세히 설명할 수 있는 책임자가 필히 입회하여 세관검사를 받아야 한다.

마. 제출서류

참가업체는 전시품이 선적되면 인보이스, 패킹 리스트, B / L Copy, 적하증권(Cargo Policy), 선적 스케줄을 팩스로 해당 통관업체에 송부해야 한다. 전시품의 중량이 무거운 장비일 경우에는 통관업체가 적절한 부스 내 위치에 하적할 수 있도록 전시품이 놓여질 위치가 표시된 부스 평면도를 제출서류와 함께 통관업체로 송부해 주시기 바람.

바. 선적서류 작성 시 유의사항

인보이스와 B / L상의 수화인(Consignee)은 참가업체 혹은 참가업체 국내 에이전트의 명의로 하고 통보인(Notify Party)은 통관업체로 해야 한다.

최종 도착지(Final Destination)는 항공화물일 경우 불필요한 도착 지연 및 할증료를 피할 수 있도록 'Busan, Korea'로 해주시기 바람.

모든 전시품의 인보이스, 패킹 리스트, B / L상에는 'Exhibition Goods for Brief XXXX at BEXCO'를 기재해야 한다.

인보이스와 패킹 리스트는 통관 수속이 편리하도록 반송품(Return Goods), 소모품(Consumable Goods), 판매품(Sold Goods), 기증품(Giveaway Goods) 등을 구분하여 기재해 주시기 바람.

선적서류상에 기입하는 무게와 용적은 미터법으로 표기해야 한다.

10. 부대시설

가. 종 류

1) 전 력

모든 참가업체에게는 전시기간 동안 전시조명 및 전시기기 작동용 전력이 공급된다(단상 혹은 삼상 220V / 60Hz, 삼상 380V / 60Hz). 전시기간 동안 필요한 전력은 사용업체가 다음의 사용료를 납부해야 한다.

구 분	사 용 료
전력요금	kW당 140원(부가세 포함)

전시준비(XXXX. X. XX~X. XX), 철거기간(XXXX. X. X~X. X) 동안 필요한 임시 작업전력을 공급받고자 하는 참가업체 혹은 장치업체는 하루 전에 주최자 사무국에 사용신청을 하고 상기의 사용료에 의거 정산해야 한다.

- 부스 내 전력공급 시간 : XXXX. X. XX~X. XX XX : XX 이후 공급(전시준비 상황에 따라 전력공급 시간은 달라질 수 있다)
- 전시기간 전력공급 : XXXX. X. XX~X. X XX : XX - XX : XX

*전시장비의 특성상 24시간 전력공급이 필요한 참가업체는 반드시 사전에 주최자 사무국에 신청해야 한다. 110V 사용업체는 자체적으로 변압기를 설치하여 사용해야 한다.

*독립 부스 설치업체는 전기공사 시 다음 각호의 사항을 준수해야 한다.

① 국부조명 전력은 1㎡당 100W를 초과할 수 없다.

② 배선공사는 600볼트 EV케이블을 사용해야 하며 600볼트 IV 전선이나 PVC 코드는 절대로 사용할 수 없다.

③ 전시스탠드마다 주 전원에 MCCB(Molded Case Circuit Breakers)를 사용해야 한다.

④ 220볼트용 콘센트 설치 시 220볼트 전용품을 사용해야 하며 콘센트는 바닥에서 30㎝ 이상의 높이에 설치해야 한다.

⑤ 전시품 작동과 국부조명용 전원의 스위치는 구분해서 설치해야 한다.

⑥ 전시품 작동용 모터 및 기기에는 제3종 접지공사를 해야 한다.

⑦ 모든 전기시설공사는 전기설비기술 기준령이 정하는 바에 따라 설계 · 시공되어야 한다.

⑧ 전기사용은 (주)부산전시컨벤션센터의 안전점검을 받은 후에 할 수 있다.

2) 전 화

국내전화는 시내/외 통화가 가능하고, 국제전화는 시내/외 통화 및 국제통화 모두 가능하며 사용료는 다음과 같다.

구 분	사 용 료
국내전화	대당 30,000원(부가세 별도)
국제전화	대당 100,000원(설치비 30,000원+예치금 70,000원)

국제전화 신청자는 전시회 종료 후 설치비와 사용료를 제외한 나머지 금액을 환불받게 되며 통화는 X월 XX일 오후부터 가능하고, 통화가능 시간은 전시 준비 상황에 따라 달라질 수 있다.

3) 압축공기 / 급·배수 사용료 내역

구 분		사 용 료		비 고
상하수도료		m^3	1,400원	
압축공기	기본장비 사용료	개소	18,000원	
	압축공기 사용료	분	24원	

나. 신청방법

부대시설을 신청하고자 하는 참가업체는 다음의 내용을 참고하시어 주최자 사무국으로 신청서류를 제출함과 동시에 설치비를 납부해야 한다. 상기 언급된 부대시설(전력, 전화, 압축공기, 급/배수)의 설치는 주최자 사무국이 참가업체들의 신청을 받아 일괄 시공한다.

- 제출서류 : '부대시설 사용신청서', 온라인 입금증
- 신청기한 : XXXX. X. XX(X)
- 접수처 : 20XX국제교육산업전 조직위원회 사무국

11. 주차권 / 출입증 / 초대권 / 개관식 초청장

가. 주차권 제공내역

차량종류	무료주차 적용기간	주차권 발급처
승용차	· 기간 : XXXX. X. XX ~ X. X (무료 주차는 참가업체의 부스 규모별 차등 적용)	현장 주최자 사무국에서 X. XX ~ X. XX 사이에 발급
화물차량 (작업차량)	· 준비 : X. XX ~ X. XX · 철거 : X. X. XX : XX ~ XX : XX X. X. XX : XX ~ XX : XX	차량 출입구 정산소

무료주차권이 없는 차량은 1시간 1,000원, 30분 초과 시 500원의 주차비가 적용된다.

승용차 무료주차권 지급기준

부스 규모	무료주차권
1부스 ~ 9부스	5일간 무료주차 1대
10부스 ~ 29부스	5일간 무료주차 2대
30부스 이상	5일간 무료주차 3대

무료주차권은 BEXCO 규정에 따라 5일 이상 행사차량에 대해서만 일일(24시간) 20,000원의 가격으로 할인 적용된다.

나. 출입증

참가업체는 출입증을 발급받기 위해 '상주요원 출입증 발급 대상자명단'을 2002년 1월 20일까지 주최자 사무국에 제출해야 한다. 출입증 배포는 참가업체당 기본 5매를 제공하고 전시면적 1부스(9sqm) 초과마다 1매씩을 추가로 발급할 것이다.

• 배포기간 : XXXX. X. XX ~ X. XX
• 배포처 : 부산국제교육산업전 사무국.

*참가업체 관계자들은 전시장 내에서 출입증을 항상 패용해야 한다.

다. 초대권

초대권은 참가업체 고객용으로 발급되는 것으로서 참가업체 이외의 업체에게는 발급되지 않는다. 초대권 배포는 참가업체당 기본 50매를 제공하고 전시면적 1부스(9sqm) 초과마다 20매씩 추가로 발급된다.

• 배포기간 : XXXX. X. XX ~ X. XX
• 배포처 : 20XX국제교육산업전 사무국

무료로 제공되는 매수 이외에 필요한 수량은 100매 단위로 유료 제공됨(1,500원/1매)

라. 개관식 초청장

개관식 참석자는 각 업체당 대표 1명, 임원급 1명, 기술요원 1명, 안내 1명을 기본원칙으로 하며 계열기업 등 공동참가의 경우에는 추가가 될 수 있다. 이에 따른 '개관식 참석자 명단'은 주최자 사무국에 XXXX년 X월 XX일까지 제출해야 한다.

• 개관식 초청장 배포 : X월 XX일(목) ~ XX(월)

12. 참가업체 홍보 및 광고 안내

가. BIEF 20XX Directory

주최자 사무국은 참가업체의 거래상담 지원과 홍보를 위해 모든 참가업체에 대한 정보와 제품 소개를 국·영문판 'BIEF 20XX Directory'에 텍스트 형식으로 무료 게재하여 BIEF 참관 바이어 등 해외 49개 교육관련 전시회 관련 업체들에게 배포할 계획임.

광고효과 증대를 위해 BIEF 디렉토리에 유료 컬러 광고게재를 희망하는 업체는 다음을 참고하시어 주최자 사무국으로 'BIEF 20XX Directory 광고게재 신청서'를 제출하여 주시기 바람.

------- 다 음 -------

- 매체명 : BIEF 20XX Directory
- 발간일 : XXXX. X. XX
- 무료수록내용 : 업체명, 주소, 전화 / 팩스, URL, E-mail, 전시품명 등
- 발행부수 : 국·영문판 20,000부
- 판형규격 : 가로 15cm × 세로 21cm
- 제출자료 : 'BIEF 20XX 광고게재신청서' / 원색분해필름
- 광고필름 사양
  - Color-Separated Positive Film, Right Reading
  - Emulsion Side Down, Screen Lines : 150
  - Film Size : 15cm(W) × 21cm(H)
- 신청기한 : XXXX. X. XX까지
- 필름제출 : XXXX. X. XX까지
- 신청 및 문의 : 20XX국제교육산업전 사무국
- 광고 게재료(부가세 별도)

게재면	광고료	게재면	광고료
표 4	1,500,000원	내지	300,000원
표 2	1,000,000원	2면 이상	10% 할인
표 3	500,000원		

나. BIEF 20XX Web Site

주최자 사무국은 BIEF 20XX의 홍보매체 다양화와 참가업체의 효과적인 홍보를 위해 BIEF 20XX 홈페이지(http://www.XXXXXXXXXX.com)에 'BIEF 20XX Directory'에 수록된 내용뿐만 아니라 제품 사진과 사양을 등록하여 전 세계 인터넷 사용자들에게 서비스할 것임.

따라서 주최자 사무국이 참가업체 및 제품에 대한 정보 제공을 요청할 경우 참가업체 여러분께서는 적극 협조하여 주시기 바람.

13. 참가업체와 바이어를 위한 현장 서비스

가. 비즈니스서비스센터

주최자 사무국은 전시회기간 동안(XXXX. X. XX ~ X. X) 참가업체들과 바이어간 거래상담을 지원하고, 참가업체와 바이어들에게 편의를 제공하기 위해 아래와 같이 비즈니스서비스센터를 설치 · 운영할 계획이다. 비즈니스서비스센터에서 제공되는 서비스는 다음과 같다.

- 통역 도우미 및 인터넷 정보검색
- E-mail 송수신 및 전화 / 팩스
- 문서 출력 및 음료 등
- 상담 테이블

나. 해외 바이어 사전 등록 및 무료출입증 발급

해외 바이어는 BIEF 20XX 홈페이지(http://www.XXXXXXXXXX.com)를 통해 사전등록(XXXX년 X월 XX일까지)하거나 전시장 바이어 등록데스크에서 현장등록하면 무료출입증을 발급받을 수 있다.

참가업체들은 해외 바이어들에게 현장등록으로 인한 혼잡을 피할 수 있도록 사전등록을 권하여 주시기 바란다.

14. 기 타

가. 개관식 행사

- 일시 : XXXX. X. XX(X), XX : XX(주최자 사정에 따라 시간 변경 가능)
- 장소 : BEXCO 1층 제1관 입구

나. 20XX국제교육산업전 참가신청

모든 '20XX국제교육산업전' 참가업체는 '20XX국제교육산업전'에 신규업체보다 먼저 신청할 수 있다. 'BIEF 20XX 참가신청서'를 작성하시면 참가신청번호를 부여받게 되며, '20XX국제교육산업전'의 사업일정 및 부스도면이 정해지면 기부여받은 참가신청 번호순서대로 부스 위치를 선택할 수 있다. 또한 선 신청자 우대원칙에 의한 할인 혜택을 약속함.

Ⅴ. 2004년 동계 안전캠프

2004년 동계 안전캠프는 지구촌 곳곳에 천재와 인재로 몸살을 앓고 있다는 뉴스가 흘러나오듯이 급속한 도시화·산업화 사회로 인해 필요해진 안전의식 제고와 안전교육의 중요성 인식 및 사회 전반에 안전에 대한 관심 증대와 교육의 필요성에 의해 작성된 제안서이다.

즉, 본 기획은 안전교육을 통한 안전의식 향상 및 사전예방능력을 강화하여 안전을 생활화하고 실천함에 목적을 두고 있으며, 현재도 기관, 단체, 협회, 학교 등에 제안될 수 있는 기획이라 할 수 있다.

2004년 동계

안전캠프 기본계획(案)

11월

(사) 한 국 안 전 인 증 원

목 차

2004 동계 어린이 안전캠프

Ⅰ 행 사 취 지

Ⅱ 행 사 개 요

Ⅲ 행 사 세 부 계 획

Ⅳ 행 사 운 영 계 획

Ⅴ 행 사 홍 보 계 획

Ⅵ 행 사 예 산 계 획

Ⅰ. 행사 취지

2004 동계 어린이 안전캠프

초등학생을 대상으로 안전교육을 실시하여 안전의식 향상 및 사전예방능력을 강화하여 안전을 생활화하고 실천할 수 있도록 한다.

⇒ 안전캠프를 통한 사전예방능력 강화 및 안전 생활화의 실천

□ 推進方針

○ 참가대상은 초등학교 3학년~6학년생 위주

○ 안전사고 유발 요소(물리적 환경 및 정신적 환경 등)에 대한 정확한 정보 전달 및 체험을 통하여 예방능력을 향상하고 대처할 수 있도록 함

- 소방 안전 : 화재에 대한 안전대책법
- 교통 안전 : 횡단보도 및 교통수단 이용 시 안전수칙법
- 식품 안전 : 학교 주변에 노출된 식품에 대한 안전교육
- 놀이기구 안전 : 주요 놀이기구(킥보드, 롤러 브레이드, 자전거 등)에 대한 안전사용법
- 사이버 안전 : 올바른 컴퓨터 활용법
- 생태환경 안전 : 생태안전에 대한 올바른 인식

○ 재미와 흥미 위주의 프로그램 운영으로 학습능력 배양

○ 소요비용은 참가비를 받아 운영

○ 완벽한 체험캠프 준비 및 시설관리로 안전사고 절대 방지

Ⅱ. 행사 개요

2004 동계 어린이 안전캠프

구 분	내 용
행 사 명	2004 동계 안전캠프
Concept	안전캠프를 통한 사전예방능력 강화 및 안전 생활화의 실천
일 시	1차 : 2005 / 1 / 4(화) ~ 1 / 6(목) 2차 : 2005 / 1 / 6(목) ~ 1 / 8(토) 3차 : 2005 / 1 / 10(월) ~ 1 / 12(수) 4차 : 2005 / 1 / 13(목) ~ 1 / 15(토) 5차 : 2005 / 1 / 17(월) ~ 1 / 19(수) 6차 : 2005 / 1 / 20(목) ~ 1 / 22(토) 7차 : 2005 / 1 / 24(월) ~ 1 / 26(수)
장 소	전남 함평군
대 상	초등학교 3학년~6학년생 희망자
인 원	700명(수도권을 중심으로 한 전국 대상)
내 용	1. 입교식 및 전야제 1) 캠프 입교식 2) 캠프팀 편성 3) 소방안전 체험 및 훈련 4) 팀별 화합 및 장기자랑 2. 안전체험 및 훈련 1) 테마별 안전체험 및 훈련 - 놀이기구 안전 - 사이버 안전 - 응급처치법, 소방과학 실험, 교통 및 생활 안전 2) 겨울철 농촌체험놀이에 의한 조직력 및 사회성 강화 행사 3) 안전신문 만들기 3. 안전캠프 해단식 및 수료식 1) 안전캠프 퇴교식 2) 안전캠프 평가 및 시상식 3) 수료증 전달 및 송별 한마당
추진조직	주최 : (사)한국안전인증원 후원 : 소방방재청, 함평군, 한국컨벤션전문가협회 협찬 : 추후

Ⅲ. 행사 세부계획

2004 동계 어린이 안전캠프

1. 행사 추진 일정

순번	추진 업무명	추진 일정	추진 업무내용
1	행사기본(안) 작성	11월 10일	*추진 방향 및 프로그램안 작성
2	행사 실행 확정	11월 12일	*행사 추진 조직구성
3	행사 실행계획 수립	11월 15일	*행사 실행계획 수립
4	행사관련 공문 발송	11월 16일	*행정 및 단체 협조 공문 *후원명칭 사용 공문
5	행사 추진 준비	11월 25일	*대외 홍보 준비 *행사 제작물 시안 작업 *홍보물 기획/제작 및 배포(ON/OFF)

Ⅲ. 행사 세부계획

2004 동계 어린이 안전캠프

6	행사 추진 개시	12월 1일	*개최 홍보 · DM / TM · 인쇄매체(신문기사화, 관련 잡지 등) · On-Line 홍보 - 이메일 및 공지 / 게시판 올리기 · Fax 홍보 - 관련 기관, 단체, 학교, 학원 등 *개최지 인근 대상 학교, 단체, 교육청 등

⇩

7	행사 참가자 접수	12월 1일 ~ 30일	*전국 참가자 접수(600명) *개최 인근지역 참가자 접수(100명)

⇩

8	행사 준비	12월 15일 ~ 1월3일	*프로그램 및 소품 준비 완료 *캠프 기념품 준비 완료 *교통편 및 숙박관련 준비 완료

⇩

10	행사 실시	1월4일 ~ 1월 26일	* 입교식 및 전야제 * 안전체험 및 훈련 * 해단식 및 수료식

⇩

11	행사 평가	1월 31일	*캠프 평가 및 추진 조직 해단식

Ⅲ. 행사 세부계획

2004 동계 어린이 안전캠프

2. 조직 구성도

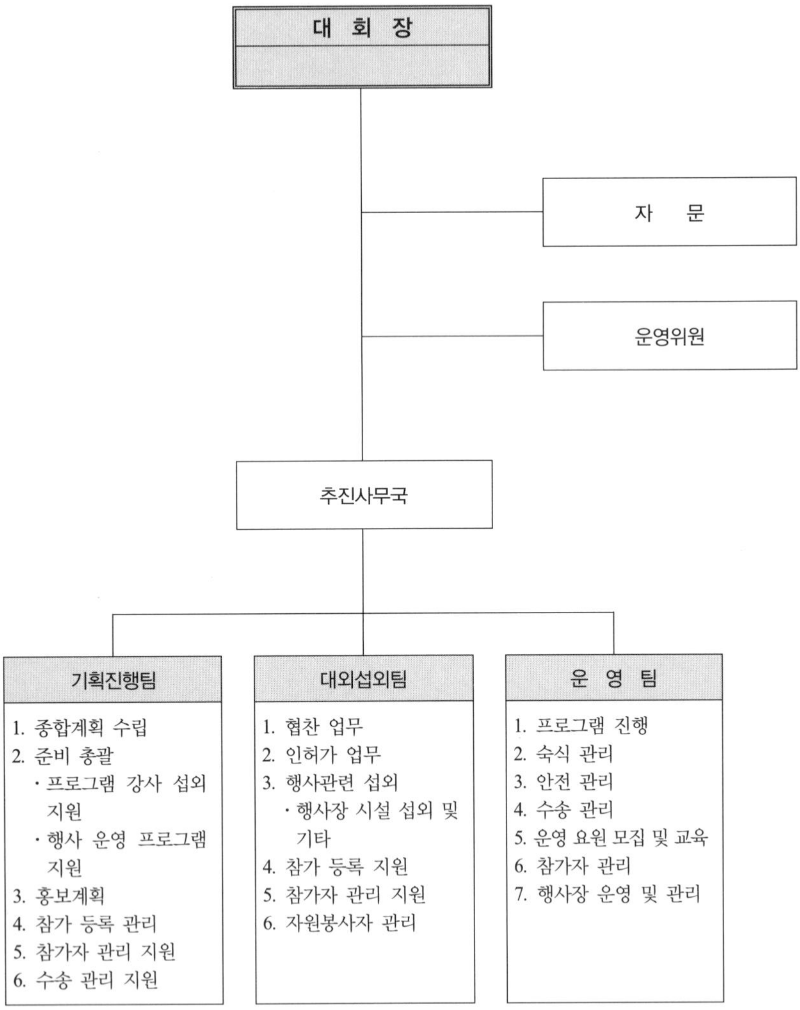

Ⅲ. 행사 세부계획

2004 동계 어린이 안전캠프

3. 행사 운영요원 현황

장소 \ 직위			팀장	진행요원	운영요원	의무요원	숙식관리	안전요원	시설관리	총계
사전	서울 추진 사무국		1	3						
	현지 진행 사무국		1							
행사시	행사 총 책임 감독		1							
	프로그램 진행									
	인솔관리	서울 경인								
		경상 충청								
		개최지 인근								
	행사장 시설									
	캠프장 운영									
	팀별 담임									
총 계							함평군			

Ⅲ. 행사 세부계획

2004 동계 어린이 안전캠프

4. 행사 진행 내용

구분	시 간	프 로 그 램	담당강사
1일	08 : 00	집결 및 인원 파악	
	08 : 30	캠프장으로 이동	
	12 : 00	도착 및 점심식사	
	13 : 00	신변정리 및 4개조 조원 및 조교 배정	
	13 : 30	동계 안전캠프 입교식 및 오리엔테이션	
	14 : 30	안전퀴즈 동서남북(상품준비)	
	15 : 30	소방안전체험(인명구조 시범, 굴절차, 사다리차, 연기체험 등)	
	17 : 00	저녁식사	
	18 : 00	Magic Fire!(상품준비) · 헬륨가스 마시고 다 함께 하하하! · 유황 불꽃놀이 · 적린과 삼산화크롬의 혼촉발화 등	
	19 : 00	환영의 밤	
	21 : 00	협동작업[조별신문 계획 짜기 및 사전준비]	
	21 : 30	세면 및 점호	
	22 : 00	취침	

Ⅲ. 행사 세부계획

2004 동계 어린이 안전캠프

구분	시 간	프 로 그 램	담당강사
2일	06 : 00	기상 및 아침운동	
	06 : 30	세면	
	07 : 00	아침식사	
	08 : 00	조별 프로그램(A조 : 놀이기구 및 사이버 안전, B조 : 응급처치법, C조 : 소방과학실험, D : 교통 및 생활안전)	
	10 : 00	조별 프로그램	
	12 : 00	점심식사	
	13 : 00	조별 프로그램	
	15 : 00	조별 프로그램	
	17 : 00	저녁식사	
	18 : 00	농촌 체험놀이[짚풀체험, 인절미 만들기, 떡 / 고구마 구워 먹기]	
	20 : 00	캠프파이어	
	21 : 00	협동작업[조별 안전신문 만들기]	
	21 : 30	세면 및 점호	
3 일	06 : 00	기상 및 아침운동	
	06 : 30	세면	
	07 : 00	아침식사	
	08 : 00	체험학습[나비와 함께하는 생태환경]	
	11 : 30	신변정리	
	12 : 30	점심식사	
	13 : 00	퇴교식 및 시상	
	14 : 00	귀가행	

Ⅳ. 행사 운영계획

2004 동계 어린이 안전캠프

1. 참가자 모집계획

1) 모집 방법

① 매체를 통한 모집
② 인터넷을 통한 모집
③ 관계 단체 및 기관 등의 인적 조직을 통한 모집

2) 모집 시기

2004년 11월 24일~12월 30일

3) 모집 인원

① 서울을 중심으로한 전국 대상 : 600명
② 개최 현지 대상 : 100명

2. 참가자 교통지원계획

참가자의 동계 교통편 안전 및 편의 도모를 위해 기차편을 사전에 협의하여 정해진 캠프 일정에 따라 참여할 수 있도록 한다.

1) 기 차

① 서울 · 경인을 중심의(용산역, 대전역, 대구역, 부산역) 4개 노선을 철도청과 협의하여 전용 객차를 활용하거나 좌석을 배정받아 주요 기차역 홍보는 물론 만남의 장소를 선정하여 단체로 행사에 참가할 수 있도록 한다.
② 사전 협의를 통해 단체 예약과 할인 서비스를 적용시켜 참가자들의 편의를 제공한다.

Ⅳ. 행사 운영계획

2004 동계 어린이 안전캠프

2) 개최지 현지 참가자 교통

현지 참가 희망자들은 행사장 자율 입교 원칙에 의해 캠프 참가비 중 교통비를 할인해 주며, 입교 예약 및 기타 편의를 제공

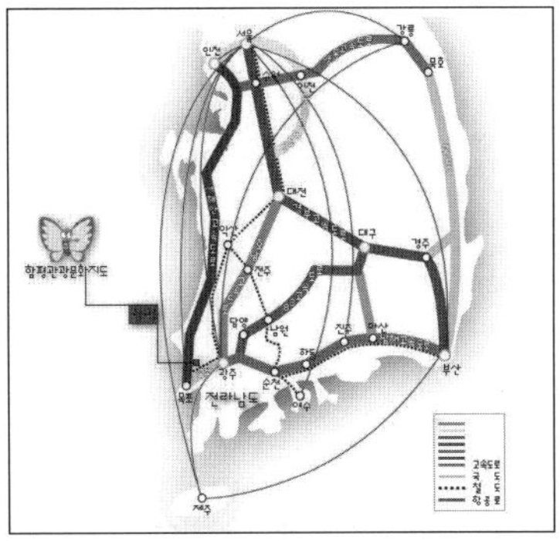

3) 기 타

개인별 교통편에 의한 캠프 참가 희망 신청자들에게는 신청에 따라 교육비 중 교통비 할인 등의 기본적인 편의를 제공

3. 참가자 환영계획

1) 기차이용 참가자

계획된 일정에 따라 함평역 도착 참가자들을 수송 담당자와 행사 관련자들이 환영한다.

2) 개인 교통편 이용 참가자

입교 환영 안내데스크를 설치하여 참가자들을 환영한다.

4. 캠프팀 구성계획

1) 팀 구성

① 20명을 1개 팀으로 구성한다.

② 남녀 비율은 1:1을 원칙으로 신청에 따라 각 조로 나누어 평등하게 구성한다.

③ 각 팀에는 지역별 참가자와 현지 참가자를 일정 비율로 구성한다.

④ 동행자의 팀 구성은 참가자의 의견을 적극 수용한다.

Ⅳ. 행사 운영계획

2004 동계 어린이 안전캠프

2) 팀의 수 : 팀을 총 4개 팀으로 구성한다(4팀×25명 = 100명).

3) 팀별 캠프 주제와 팀 노래, 팀 깃발을 자체 제작하도록 부자재를 지원한다.

4) 팀별로 체험 및 훈련, 휴식을 원칙으로 하며 숙식은 지정된 장소와 시간에 의해 진행토록 한다(점수 누적제로 팀별 경쟁심 유발).

5. 캠프팀 숙식계획

1) 숙박시설

① 남녀 숙소 구분을 원칙으로 한다.
② 숙박 기본시설에 의해 기본명 1룸의 원칙으로 한다.
③ 층별로 남녀 각 1명씩 담임책임자를 둔다.

2) 식사 시설

① 식사는 제공함을 원칙으로 한다.
② 식사는 팀별로 식판을 이용한 식사를 한다.
③ 함평군이 제공하는 식사준비에 의해 제공받으며 사전에 식단과 조리사자격증을 체크하도록 한다.
④ 지역의 농수산물을 최대 활용하여 지역의 이미지를 부각시킨다.

6. 일정별 프로그램계획

1) 안전체험 및 훈련 프로그램

정해진 일정 프로그램별로 진행하며 지역 특유의 환경 관광지를 관람하는 시간을 갖는다(함평 나비생태 관찰을 통한 환경 안전에 대한 인식 증대).

Ⅳ. 행사 운영계획

2004 동계 어린이 안전캠프

2) 저녁 프로그램

① 정기 프로그램 후 지녁 프로그램으로 자체 친목도모 프로그램을 실시한다.

② 주제에 따른 의견을 팀별로 토론하여 그 내용을 바탕으로 일지에 정리한다.

③ 전국 각 지역에서 온 참가자들과의 만남을 통한 조직/사회성 강화 레크리에이션 프로그램을 실시한다.

7. 행사용품 계획

구 분	품 명	수 량	비 고
개인 준비물품	체육복 또는 간소한 복장	1	
	운동화	1	
	모자	1	
	양말, 속옷	2~3	
	필기도구	1	
	우의	1	
	개인별 세면도구	1	치약, 칫솔, 비누, 수건, 로션 등
	티셔츠	2~3	
	담요	1	
	기타 개인별 동계 방한복	1	
팀별 지급물품	교육 교재	700	
	훈련복	700	
	수료증 및 표창장		
	기념사진	700	
	기타 체험 및 훈련소품	700	
	기타 숙박용 비품	700	

Ⅴ. 행사 홍보계획

2004 동계 어린이 안전캠프

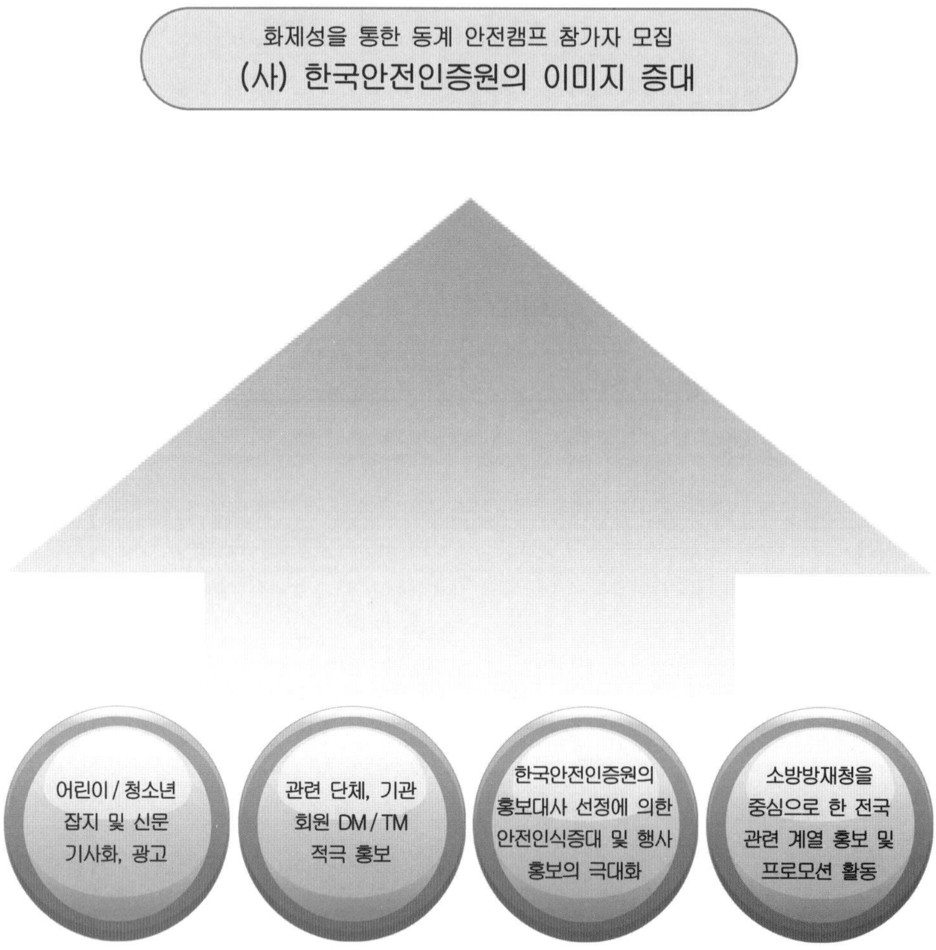

V. 행사 홍보계획

2004 동계 어린이 안전캠프

1. 목표 및 기본 전략

지금까지 치른 이론적 안전교육과는 달리 좀 더 체험적인 훈련학습, 문화탐방, 봉사활동, 합숙훈련 등의 프로그램을 통해 청소년들의 관심 유발 및 참석유도와 한국안전인증원의 이미지 증대에 목적이 있다.

1) 소방방재청의 전국 계열조직을 통한 행사 홍보
2) 시사성 있는 한국안정인증원의 홍보대사를 통한 안전인식 증대 및 캠프 이미지 홍보(예 : 박준형, 윤정수, 박수홍 등)
3) 3대 통신사(청소년 Event 코너), 청소년 일간지, 잡지 등에 행사 내용 기사화를 통한 참가 유도
4) 함평군과 연계한 지역 청소년들을 본 행사에 참석 유도
5) 관련단체, 기관 등의 홈페이지 게시판 공지를 통한 행사 인지 및 참여 극대화
6) 청소년단체에 행사 자료발송을 통한 참석 유도
7) 청소년 관련 TV 및 라디오에 본 행사 프로그램 유도를 통한 화제성 유발
8) 소년소녀 가장 참가를 통한 소외감 해소 및 참가자 간의 우의 증진
9) 경향신문의 후원을 통하여 행사를 기사화하므로 전국에 PR
10) Man To Man식 인지 홍보
    - 대상 참가자들의 동선 거점지를 최대한 활용한 인지 홍보
    - 게임방, 만화방, 도서대여점, 책방, 학교 앞 분식점, 문방구, 미술학원, 피아노, 학원 등 포스터 / 리플릿 배포

V. 행사 홍보계획

2004 동계 어린이 안전캠프

2. 세부매체 홍보계획

1) 방송매체 홍보

홍보대사를 통한 중앙방송 매체의 보도화 및 지방매체를 통한 뉴스화

2) 인쇄매체 홍보

홍보용 팸플릿과 포스터 배포를 통한 홍보

3) 인터넷 매체 홍보

서울 및 경인지역을 중심으로 관련단체 홈페이지 게시판에 행사참가 안내게시

4) 인터넷 홍보대상 현황

순 번	홍보대상	내 용	비 고
1	소방 본부	· 서울소방방재본부 · 중앙소방학교 · 경기소방재난본부 · 경북소방본부 · 대구소방본부 · 대전소방본부 · 울산소방본부 · 충남소방안전본부중앙119구조대 · 강원소방본부 · 경남소방본부 · 광주소방안전본부 · 부산소방본부 · 인천소방본부 · 전남소방본부 · 충북소방본부 · 제주소방방재본부 · 전북소방본부	

V. 행사 홍보계획

2004 동계 어린이 안전캠프

2	소방관련 기관	· 한국소방안전협회 · 119안전신고센터 · 한국소방방송한국소방검정공사 · 한국화재보험협회 · 서울시민안전체험관 · 위험물정보관리	
3	유관기관 및 단체	· 서울특별시건설안전본부 · 한국전기안전공사 · 한국방재협회 · 한국산업방재공단 · 한국시설안전기술공단 · 한국가스안전공사	
4	어린이 소방관련	· 어린이 안전넷(한국소비자보호원) · (사)세이프키즈코리아 · 어린이안전학교(한국어린이안전재단) · 꼬마안전짱(적십자간호대학) · 어린이안전학교(어린이교통안전연구소) · 어린이배움터(기상청)	
5	관련 매체	· 119매거진 · 경기소방인터넷방송 · 서울응급의료정보센터 · 한국소방방송 · 소방방재 신문 · 한국어린이신문, 어린이경제신문 · 소년동아일보, 소년조선일보 · 소년한국일보, 틴틴경제	

Ⅵ. 행사 예산계획

2004 동계 어린이 안전캠프

(단위 : 원)

순번	항목	내 용	수량	산출 근거	금 액	비 고
1	인건비	주임 강사	1명	20만 원×20회	만 원	교통비 포함
		프로그램 강사	3명	20만 원×7회	만 원	
		보조 강사	5명	4만 원×20회	만 원	
		수송 운영요원	4명	5만 원×7회	만 원	
		소 계			**만 원**	
2	교통비	기차 승차비	700명	*만 원	만 원	
		소품운반 및 운영 교통비	1대	*만 원×20일	만 원	
		소 계			**만 원**	
3	식비 및 간식대	식대	700명	**원×7식	***만 원	
		간식대	7회	*만 원	***만 원	
		소 계			******만 원**	
4	진행비	준비 진행비	5회	*만 원	***만 원	준비회의회합비
		사무국 행사 준비 사무비 (인건비 포함)	3개월	***만 원	***만 원	사무국 운영비 / 통신비, 사무용품비 등 기타 비용 포함
		섭외 진행비		***만 원	***만 원	강사 숙소, 캠프장 후원 협찬 등
		소 계			******만 원**	

Ⅵ. 행사 예산계획

2004 동계 어린이 안전캠프

5	인쇄비	포스터 인쇄비	1연	기획/제작비	***만 원	
		팸플릿 인쇄비	1연	기획/제작비	***만 원	
		현수막	7개소	*만 원	***만 원	
		소 계			*****만 원**	
6	보험료	캠프안전보험	700명	****원	****만 원	
		소 계			*****만 원**	
7	소모품비	교육 교재	700명	1연	***만 원	
		훈련복	700명	*** 원	***만 원	
		캠프파이어 및 이벤트	7회	***만 원	***만 원	
		기타 소품 제작	700명	***원	***만 원	네임텍, 수료증, 기념사진, 표창장, 우수상품 등
		소 계			*****만 원**	
8	홍보비	매체 홍보		***만 원	***만 원	신문, 방송, 홍보대사, 섭외
		DM/TM/EM 및 ON/OFF 홍보물 기획/제작/발송 등		***만 원	***만 원	
		인터넷 방송				
		홈페이지 기획 제작		***만 원	***만 원	
		소 계			*******만 원**	
합 계						*******만 원**

참고문헌

【국내】

강규선, "우리나라 국제회의 유치 증대 방안에 관한 연구", 경기대학교 관광학보 제4집, 1987.

교통부, 관광진흥법규집, 1987.

국제회의전문가교육원, 국제회의 교재 Ⅰ·Ⅱ, 1999.

김병문, 국제관광론, 백산출판사, 1991.

김성혁, 관광마케팅론, 대왕사, 1992.

_____, 컨벤션 산업론, 2002.

김성혁·오재경 공저, MICE 산업론, 2010.

김수현, 국제회의 실무, 문지사, 2001.

_____, 컨벤션 실무영어회화, 문지사, 1999.

_____, 국제회의 실무, 문지사, 2001.

_____, 컨벤션 실무론 Ⅰ, 플래너트레이닝센터, 2002.

_____, 컨벤션 실무론 Ⅱ, 플래너트레이닝센터, 2002.

_____, 컨벤션 실무론 예상문제집, 플래너트레이닝센터, 2002.

_____, 컨벤션 산업론, 플래너트레이닝센터, 2002.

_____, 컨벤션 산업론 예상문제집, 플래너트레이닝센터, 2002.

_____, 컨벤션 영어, 플래너트레이닝센터, 2002.

_____, 컨벤션 영어 예상문제집, 플래너트레이닝센터, 2002.

_____, 컨벤션 산업론, MJ미디어, 2003.

_____, 컨벤션 영어, MJ미디어, 2003.

_____, 컨벤션 영어 예상 문제집, MJ미디어, 2003.

김수현, 컨벤션 산업론 예상 문제집, MJ미디어, 2003.

_____, 국제회의 실무 eBook, MJ미디어, 2006.

_____, 컨벤션 산업론 eBook, MJ미디어, 2006.

_____, 컨벤션 영어 eBook, MJ미디어, 2006.

_____, 컨벤션 실무영어회화 eBook, 문지사, 2008.

김영준 저, 컨벤션 산업론, 2006.

김장신 지음, 컨벤션 기획 및 실무, 2008.

김충호, "관광도시 형성을 위한 컨벤션 유치 방안", 경기대 논문집 제17집 제1호, 1985.

대한상공회의소, 컨벤션산업 지역 경제를 살린다. 대한상공회의소편집부, 1999.

마거리트 L. 웨이리치, 컨벤션 경영론, 일신사, 1999.

박상수, 국제관광론, 형설출판사, 1994.

박현지, 인터넷시대의 관광이벤트론, 형설출판사, 1998.

손정미 · 석재민 공저, 컨벤션전략기획실무, 2005.

신왕근, 현대 국제회의산업론, 백산출판사, 1995.

_____ 외, 국제회의 기획경영론, 백산출판사, 1999.

_____ 외, 국제회의 실무기획, 백산출판사, 1995 · 1999.

안경모 · 이민, 컨벤션경영론 : 기획 · 운영, 2006.

이장춘 외, 국제회의론, 대왕사, 2001.

이호길 · 김형섭 공저, (국제회의중심의) 컨벤션연회기획론, 2004.

정익준, 최신관광사업론, 형설출판사, 1990.

정주영 외, 국제회의경영론, 학문사, 2001.

주현식 저, 컨벤션경영론, 대명, 2008.

주현식 외 저, 컨벤션산업의 이해, 대명, 2004.

주현식 · 박봉규 공저, 컨벤션관리론, 대명, 2004.

주현식 · 여호근 공저, 컨벤션 산업론, 대명, 2003.

주현식 · 우석봉 · 박봉규 공저, 컨벤션 기획과 실무, 대명, 2002.

지방자치단체 국제화재단, 국제회의 유치 · 준비 · 운영 실무 매뉴얼, 1995.

최승이 외, 국제회의 산업론, 백산출판사, 1995.

최태관, "지역발전가 컨벤션 도시화 전략", 관광연구, 한국관광개발연구원, 1990.

최태광, 국제회의 경영론, 기문사, 1999.

한광종, "국제회의의 유치 및 운영을 위한 광고·홍보 활동 전개과정에 관한 연구", 관광학연구 제16호, 한국관광학회, 1992, pp. 283-303.

한국관광공사, '98 국제회의전문가 양성교육, 1998.

__________, 2000 세계 및 국제회의개최 현황, 한국관광공사컨벤션 뷰로, 2000.

__________, 2001 국제회의 기획 및 운영 실무 교육, 한국관광공사, 2001.

__________, 관광정보DB서비스, 2000.

__________, 국제회의 개최 실적보고서, 2000.

__________, 국제회의 운영 요령, 1994·1999.

__________, 국제회의 운영 편람, 1989.

__________, 컨벤션산업 현황 및 활성화 방안, 1995.

__________, 한국국제회의산업 현황, 1998·1999.

한국관광공사 & 한국무역협회, 컨벤션산업 현황과 전망, KNTO & KOTRA, 2001.

한국컨벤션학회, 한국컨벤션산업의 현재와 미래, 2001.

【국외】

高橋秀雄, サ-ビス業の戰略的マーケティング, 中央經濟社, 1992.

國際觀光振興會, 國際會議開催のためにケーススタディ報告書, JNTO, 1999.

國際觀光振興會, 國際會議準備の手引, 1987.

運輸省, 21C世紀コンベンション戰略, 國際運輸, 觀光局 觀光部, 1986.

運輸省運輸政策局觀光部 & 特殊法人國際觀光振興會, コンベンション法解說, アイシ-エス企劃, 1995.

日本觀光協會, これらの觀光產業 1, 1985.

日本國際會議事務局, Congress & Convention, 1999.

日本イベト產業振興協會, 會議イベトの構成と業務管理, 日本イベト產業振興協會, 1997.

日本コングレス & コンベンションビュ-ロ-外, コンベンションによるハンド ブック, 日本觀光協會, 1996, p. 4.

日本コングレス & コンベンションビュ-ロ-, 全國コンベンション施設案內 1999/2000, JCCB, 1999.

全國展示場運絡協議會, EVENT & CONVENTION, 日本實務出版, 1999.

JNTO / 國際コンベンションセンタ-, 國際會議マニュアル, JNTO, 1999.

Dotson, C. Penny, Introduction to Meeting Management, Professional Convention Management Association, 1998.

Edward G. Polivka, Professional Meeting Management, PCMA, 1996.

Hildreth, The Essentials of Meeting Management, Prentice Hall, 1996.

JACE, The Journal of Creative Events, JACE, 2002-2003.

Marguerite L. Weirich, Meeting & Convention Management, Delmar, 1992.

Meeting Planner International, International Meeting Planning A To Z, MPI Educational Research Foundation, 1994.

Montgomery, R. Meeting · Convention, & Exposition, VNR, 1995.

PCMA, Convene : The Journal of Professional Convention Management Association, 2002~2003.

Pohl, Meeting : Rule & Procedures, NTC, 1997.

Robert G. Simerly, Strategic Financial Management, Jossey-Bass, 1993.

Rutherford, G. Denny, Introduction to the Convention, Expositions and Meeting Industry, Van Nostrand Reinhold, 1990.

Sam Black, How to Plan Exhibition & Conferences from A to Z, Ubs, 1998.

The Convention Liaison Council, A Working Guide for Successful Convention, 1985.

The Convention Liaison Council, The Convention Liaison Council Manual, CLC., 1985.

Voso Michele, Convention & Meeting Planner's Handbook, Lexington, 1997.

저자약력

김수현 *Kim, Soo-hyun*

- 일본 와세다대학원 졸업
- 영국 Leeds Metropolitan University 교환학생
- 인하대학교 대학원 박사과정 중
- 위클리우먼 부사장
- 대한민국 국회입법정책연구회 Fellow
- 사단법인 한국평생교육복지진흥회 사무총장
- 한국컨벤션전문가협회 명예회장
- 전)민주당 대표 한화갑 의원 정책보좌관(4급)
- 전)인하대학교 경영대학원 컨벤션전문가과정 전문교수
- 전)매경전시컨벤션센터 원장
- 전)영국 MSN사 시스템 코디네이터
- 국내 컨벤션분야 관련서 최다수 저작
- 국내 최초 컨벤션기획사 국가기술자격시험 콘텐츠 개발(사이버교육)

How To

컨벤션 기획론 (CD 포함)

2011년 2월 10일 초판 1쇄 인쇄
2011년 2월 15일 초판 1쇄 발행

저 자 김 수 현
발행인 (寅製) 진 욱 상
발행처 백산출판사

서울시 성북구 정릉3동 653-40
등 록 : 1974. 1. 9. 제 1-72호
전 화 : 914-1621, 917-6240
FAX : 912-4438
http://www.ibaeksan.kr
editbsp@naver.com

저자와의 합의하에 인지첩부 생략

값 17,000원
ISBN 978-89-6183-401-8